JN091274

消防設備士　第6類　総目次

◎本書は、消防設備士第6類の試験合格に必要な知識及び過去の試験問題をまとめたものです。

◎試験問題は合計35問で構成されており、科目別の内容及び本書の章は次のとおりとなっています。

試験問題の科目別の内容		問題	本書	
筆記	消防関係法令（共通）	6問	第1章	消防関係法令（全類共通）
	消防関係法令（6類）	4問	第2章	消防関係法令（第6類）
	機械に関する基礎的知識	5問	第3章	機械に関する基礎的知識
	構造・機能及び整備 / 機械部分	9問	第4章	消火器の構造・機能
			第5章	消火器の点検・整備
	規格部分	6問	第6章	消火器の規格に関する省令
実技	鑑別等	5問	第7章	実技／鑑別等

◎合格基準は、筆記と実技で分かれています。

◎筆記の合格基準は各科目毎に40％以上の点数で、かつ、全体の出題数の60％以上の点数となっています。従って、ある科目の正解率が40％未満の場合は、他の科目全て満点であっても不合格となります。

◎実技の合格基準は、60％以上の点数となっています。実技は1つの問題について、問いが2～3問程度出されている場合が多く、この場合は配点が細分化されます。ただし、配点内容は公表されていません。

◎試験に合格するためには、筆記及び実技の両方で合格基準に達していなければなりません。なお、実技は「写真・イラスト・図面等による記述式」となっています。

◎各章では、項目を更に細かく区分し、各項目ごとにテキスト⇒過去問題⇒問題の正解・解説、の順番に編集してあります。消防設備士第6類について、基礎知識がない読者の方は、テキスト⇔過去問題⇔正解・解説を見比べて、問題の中身を理解して下さい。

◎基礎知識がついたら、過去問題を繰り返し解いて、必要な知識や数値を暗記するようにします。

◎過去問題の左端にある「□」はチェックマークを表しています。習熟度に応じてご活用下さい。また、問題文の最後の［★］は頻出問題であることを表し、［改］は法改正等に合わせて内容を一部変更していることを表しています。

◎［編］は、2つの類似問題を編集部で1つの問題にまとめたものであることを表しています。

◎「第1章　消防関係法令（全類共通）」「第4章　消火器の構造・機能」「第6章消火器の規格に関する省令」及び「第7章　実技／鑑別等試験」に使われている写真は、弊社が実物を撮影したものを除き、次のメーカー各社からご提供いただいたものです。本文で表記している略称と会社名は、次のとおりです。

〈写真協力〉

> ◇ヤマトプロテック…ヤマトプロテック株式会社
> ◇モリタ宮田…モリタ宮田工業株式会社
> ◇ハツタ…株式会社初田製作所
> ◇セコム…セコム株式会社

令和6年4月　消防設備士　編集部

一部免除について

◎消防設備士 甲種第5類または乙種第5類の免状を所有している方は、受験申請時に「科目免除」を行うと、以下のアミ部分が免除となり、太枠部分の問題で受験することになります。

試験問題の科目別の内容		問題	本書	
筆記	消防関係法令（共通）	6問	第1章　消防関係法令（全類共通）	
	消防関係法令（6類）	4問	第2章　消防関係法令（第6類）	
	機械に関する基礎的知識	5問	第3章　機械に関する基礎的知識	
	構造・機能及び整備	機械部分	9問	第4章　消火器の構造・機能
				第5章　消火器の点検・整備
		規格部分	6問	第6章　消火器の規格に関する省令
実技	鑑別等		5問	第7章　実技／鑑別等

◎消防設備士 甲種第1・2・3・4類または乙種第1・2・3・4・7類のいずれかの資格を有している方は、受験申請時に「科目免除」を行うと、以下のアミ部分が免除となり、太枠部分の問題で受験することになります。

試験問題の科目別の内容		問題	本書	
筆記	消防関係法令（共通）	6問	第1章　消防関係法令（全類共通）	
	消防関係法令（6類）	4問	第2章　消防関係法令（第6類）	
	機械に関する基礎的知識	5問	第3章　機械に関する基礎的知識	
	構造・機能及び整備	機械部分	9問	第4章　消火器の構造・機能
				第5章　消火器の点検・整備
		規格部分	6問	第6章　消火器の規格に関する省令
実技	鑑別等		5問	第7章　実技／鑑別等

◎その他、詳細については消防試験研究センターのHPをご確認ください。

法令の基礎知識

◎法令は、法律、政令、省令などで構成されている。法律は国会で制定されるものである。政令は、その法律を実施するための細かい規則や法律の委任に基づく規則をまとめたもので、内閣が制定する。省令は法律及び政令の更に細かい規則や委任事項をまとめたもので、各省の大臣が制定する。

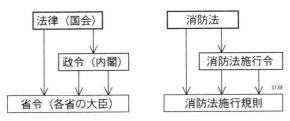

◎消防設備士に関係する法令をまとめると、次のとおりとなる。

消防設備士に関係する法令		本書の略称
法律	消防法	法
政令	消防法施行令	令、政令
	危険物の規制に関する政令	危険物令
総務省令	消防法施行規則	規則
	危険物の規制に関する規則	危険物規則
	消火器の技術上の規格を定める省令	消火器規格
	消火器用消火薬剤の技術上の規格を定める省令	消火薬剤規格

◎法令では、法文を指定する場合、条の他に「項」と「号」を使用する。

〔法令の例（途中一部省略）〕

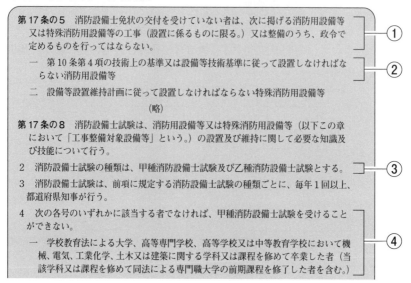

第17条の5 消防設備士免状の交付を受けていない者は、次に掲げる消防用設備等
又は特殊消防用設備等の工事（設置に係るものに限る。）又は整備のうち、政令で
定めるものを行ってはならない。 ──①

　一　第10条第4項の技術上の基準又は設備等技術基準に従って設置しなければな
らない消防用設備等 ──②

　二　設備等設置維持計画に従って設置しなければならない特殊消防用設備等

（略）

第17条の8 消防設備士試験は、消防用設備等又は特殊消防用設備等（以下この章
において「工事整備対象設備等」という。）の設置及び維持に関して必要な知識及
び技能について行う。

2　消防設備士試験の種類は、甲種消防設備士試験及び乙種消防設備士試験とする。 ──③

3　消防設備士試験は、前項に規定する消防設備士試験の種類ごとに、毎年1回以上、
都道府県知事が行う。

4　次の各号のいずれかに該当する者でなければ、甲種消防設備士試験を受けること
ができない。 ──④

　一　学校教育法による大学、高等専門学校、高等学校又は中等教育学校において機
械、電気、工業化学、土木又は建築に関する学科又は課程を修めて卒業した者（当
該学科又は課程を修めて同法による専門職大学の前期課程を修了した者を含む。）

①第17条の5　1項。1項しかない場合は「第17条の5」と略す。
②第17条の5　1項1号または第17条の5　1号。
③第17条の8　2項。
④第17条の8　4項1号。

第1章　消防関係法令（全類共通）

1. 消防法令上の定義

◎**防火対象物**とは、山林又は舟車、船きょ若しくはふ頭に繋留された船舶、建築物その他の工作物若しくはこれらに属する物をいう（法第2条2項）。

〔解説〕船きょとは、ドックとも呼ばれ、船の建造や修理などを行うために構築された設備である。工作物とは、人為的に作られたもので、建築物のほか橋やトンネルなど。

◎**消防対象物**とは、山林又は舟車、船きょ若しくはふ頭に繋留された船舶、建築物その他の工作物又は物件をいう（法第2条3項）。

〔解説〕物件とは、「又は」の前部で示されているもの以外の全てが対象となる。

防火は、火災を防ぐこと。また、消防は消火＋防火の意。

```
┌─────────────────────────────┐ ┌─┐
│         防火対象物            │ │こ属│
│ ［山林］ ［舟車］ ［船きょ（ドック）］ │ │れす
│ ［繋留中の船舶］ ［建築物］ ［工作物］ │ │らる
└─────────────────────────────┘ │に物│
                                 └─┘
          ［物件］
消防対象物                        S140
```

【防火対象物と消防対象物のイメージ】

◎**関係者**とは、防火対象物又は消防対象物の**所有者**、**管理者**又は**占有者**をいう（法第2条4項）。

◎**関係のある場所**とは、防火対象物又は消防対象物のある場所をいう（法第2条5項）。

◎**舟車**とは、船舶安全法第2条1項の規定を適用しない船舶、端舟、はしけ、被曳船その他の舟及び車両をいう（法第2条6項）。

〔解説〕船舶安全法は船体、機関および諸設備について最低の技術基準を定め、船舶がこれを維持するよう強制している法律である。

◎**危険物**とは、消防法 別表第1の品名欄に掲げる物品で、同表に定める区分に応じ同表の性質欄に掲げる性状を有するものをいう（法第2条7項）。

〔消防法 別表第1〕

類別	性 質	品 名
第1類	酸化性固体	1．塩素酸塩類 　2．過塩素酸塩類 　（3～ 省略）
第2類	可燃性固体	1．硫化リン 　2．赤リン 　（3～ 省略）
第3類	自然発火性物質及び禁水性物質	1．カリウム 　2．ナトリウム 　（3～ 省略）
第4類	引火性液体	1．特殊引火物（ジエチルエーテルなど） 2．第一石油類（ガソリンなど） 3．第二石油類（灯油、軽油など） 　（4～ 省略）
第5類	自己反応性物質	1．有機過酸化物 　2．硝酸エステル類 　（3～ 省略）
第6類	酸化性液体	1．過塩素酸 　2．過酸化水素 　（3～ 省略）

◎**消防用設備等**とは、政令で定める消防の用に供する設備、消防用水及び消火活動上必要な施設をいう（法第17条1項）。

◎**特定防火対象物**とは、法第17条1項の防火対象物（劇場、病院、飲食店、百貨店、旅館、地下街等）で多数の者が出入するものとして政令で定めるものをいう（法第17条の2の5　2項4号）。

◎**複合用途防火対象物**とは、防火対象物で政令で定める2以上の用途に供されるものをいう（法第8条1項）。

◎**住宅用防災機器**とは、住宅における火災の予防に資する機械器具又は設備であって政令で定めるものをいう（法第9条の2　1項）。

◎**無窓階**とは、建築物の地上階のうち、総務省令で定める**避難上又は消火活動上有効な開口部を有しない階**をいう（令第10条1項5号）。

◎令第10条1項5号の総務省令で定める避難上又は消火活動上有効な開口部を有しない階は、11階以上の階にあっては直径50cm以上の円が内接することができる開口部の面積の合計が当該階の床面積の30分の1を超える階（普通階）以外の階、10階以下の階にあっては直径1m以上の円が内接することができる開口部又はその幅及び高さがそれぞれ75cm以上及び1.2m以上の開口部（大型開口部）を2以上有する**普通階以外の階**とする（規則第5条の3　1項）。

〔解説〕　無窓階については、この規定の他にも細かく定められている。無窓階では、内部からの避難が困難であり、かつ、消防隊の進入も困難と推測されるため、施設内に設置する消防用設備の基準が厳しくなる。

10階以下の階で床面積が15m×10m＝150m^{2}の場合、75cm×1.2mの引き違い窓の必要個数を調べてみる。開口部の面積の合計（最小値）は、150m^2／30＝5m^{2}となる。引き違い窓1個当たりの開口部面積は75cm×1.2m×2＝1.8m^{2}となり、普通階にするためには3個以上設置する必要がある。2個では無窓階となる。

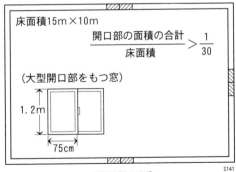

【普通階の例】

◎**地階**とは、床が地盤面下にある階で、床面から地盤面までの高さがその階の天井の高さの3分の1以上のものをいう（建築基準法施行令第1条1項2号）。

第1章

【1】消防法令に定める「関係者」として、誤っているものは次のうちどれか。

- □　1．防火対象物の管理者
- 　　2．消防対象物の所有者
- 　　3．防火対象物の防火管理者
- 　　4．消防対象物の占有者

【2】無窓階の説明として、消防法令上、正しいものは次のうちどれか。[編]

- □　1．建築物の外壁に窓を有しない階
- 　　2．採光上又は排煙上有効な開口部を有しない階
- 　　3．排煙上又は消火活動上有効な窓が一定基準に達しない階
- 　　4．消火活動上有効な窓が一定基準に達しない階
- 　　5．消火活動上有効な窓を有しない階
- 　　6．避難上又は排煙上有効な開口部が一定基準に達しない階
- 　　7．窓を有しない階
- 　　8．避難上又は消火活動上有効な開口部を有しない階

【3】消防法令に定められている用語の定義として、誤っているものは次のうちどれか。

- □　1．関係のある場所………防火対象物又は消防対象物のある場所をいう。
- 　　2．舟車………………船舶安全法第2条1項の規定を適用しない船舶、端舟、はしけ、被曳船その他の舟をいう。
- 　　3．関係者………………防火対象物又は消防対象物の所有者、管理者又は占有者をいう。
- 　　4．複合用途防火対象物…防火対象物で政令で定める2以上の用途に供されるものをいう。

▶▶ 正解＆解説 ………………………………………………………………………………

【1】正解3

【2】正解8

【3】正解2

　2．舟車とは、船舶安全法第2条1項の規定を適用しない船舶、端舟、はしけ、被曳船その他の舟及び車両をいう。「車両」が抜けている。

2．消防法の基本

■1．消防用設備等の設置及び維持

◎学校、病院、工場、事業場、興行場、百貨店、旅館、飲食店、地下街、複合用途防火対象物その他の防火対象物で政令で定めるものの関係者は、政令で定める消防の用に供する設備、消防用水及び消火活動上必要な施設（「消防用設備等」という）について消火、避難その他の消防の活動のために必要とされる性能を有するように、政令で定める技術上の基準に従って、設置し、及び維持しなければならない（法第17条1項）。

〔解説〕消防用設備規制の基本法は、この第17条1項にある。すなわち、

①政令で定める防火対象物の関係者は、

②政令で定める技術上の基準に従って、

③政令で定める消防用設備等を設置し、及び維持しなければならない。

①の政令で定める防火対象物は、法第2条2項で定める防火対象物のうち、令第6条（具体的には令別表第1）で指定されているものである。令別表第1には、戸建て一般住宅が含まれておらず、消防用設備等を設置・維持しなければならない防火対象物からは除外されている。

◎法第17条1項の政令で定める防火対象物は、「令別表第1（13P参照）」に掲げる防火対象物とする（令第6条）。

◎住宅の用途に供される防火対象物の関係者は、次項（法第9条の2　2項）の規定による**住宅用防災機器**（住宅における火災の予防に資する機械器具又は設備であって政令で定めるものをいう）の設置及び維持に関する基準に従って、住宅用防災機器を設置し、及び維持しなければならない（法第9条の2　1項）。

▶▶過去問題◀◀

【1】次の記述のうち、消防法令上、誤っているものは次のうちどれか。[★]

□　1．消防用設備等とは、消防の用に供する設備、消防用水及び消火活動上必要な施設をいう。

　　2．防火対象物の関係者とは、防火対象物の所有者、管理者又は占有者をいう。

　　3．消防用設備等を設置することが義務付けられている防火対象物は、病院、旅館等不特定多数の者が出入りする防火対象物に限られる。

　　4．戸建て一般住宅については、消防用設備等の設置義務はない。

【2】消防用設備等に関する記述として、消防法令上、正しいものは次のうちどれか。[★]

□ 1. 消防用設備等を設置することが義務付けられている防火対象物は、学校、病院及び旅館等の不特定多数の者が出入りする防火対象物に限られている。

2. 戸建て一般住宅についても、一定の規模を超える場合、消防用設備等を設置しなければならない。

3. 消防用設備等とは、消防の用に供する設備及び消火活動上必要な施設をいう。

4. 政令で定める防火対象物の関係者は、政令で定める技術上の基準に従って消防用設備等を設置し、及び維持する義務がある。

▶▶正解＆解説……………………………………………………………………………………

【1】正解3

1. 法第17条1項。

2. 法第2条4項。

3. 消防用設備等の設置が義務付けられている防火対象物は、政令別表第1（13P参照）に掲げる用途の防火対象物である。病院、旅館等不特定多数の者が出入りする防火対象物に限られているわけではない。

4. 戸建て一般住宅については、「消防用設備等」の設置義務はないが、法第9条の2により、「住宅用防災機器」の設置義務がある。

【2】正解4

1. 消防用設備等の設置が義務付けられている防火対象物は、政令別表第1（13P参照）に掲げる用途の防火対象物である。

2. 戸建て一般住宅は、その規模に関わらず「消防用設備等」を設置しなくてもよい。ただし、「住宅用防災機器」を設置しなければならない。

3. 消防用設備等とは、消防の用に供する設備、消防用水及び消火活動上必要な施設をいう。「消防用水」が抜けている。

4. 法第17条1項。

3．防火対象物の区分

◆施行令 別表第1

　　　　　　　　　　　　　　　　　　　　　　　　　　　　は特定防火対象物

◎法第17条1項で定める**防火対象物**は、以下のとおりである。

(1)	イ	劇場、映画館、演芸場又は観覧場
	ロ	公会堂又は集会場
(2)	イ	キャバレー、ナイトクラブ、その他これらに類するもの
	ロ	遊技場又はダンスホール
	ハ	風俗店
	ニ	カラオケボックス、インターネットカフェ、漫画喫茶など個室を営む店舗
(3)	イ	待合、料理店その他これらに類するもの
	ロ	飲食店
(4)		百貨店、マーケットその他の物品販売業を営む店舗又は展示場
(5)	イ	旅館、ホテル、宿泊所その他これらに類するもの
	ロ	寄宿舎、下宿又は共同住宅
(6)	イ	①〜③病院、入院・入所施設を有する診療所・助産所 ④入院・入所施設を有しない診療所・助産所
	ロ	①老人短期入所施設、養護老人ホーム、有料老人ホーム、②救護施設、 ③乳児院、④障害児入所施設、⑤障害者支援施設
	ハ	①老人デイサービスセンター、老人福祉センター ②更生施設 ③助産施設、保育所、幼保連携型認定こども園、児童養護施設、 　児童自立支援施設、児童家庭支援センター ④児童発達支援センター　　⑤身体障害者福祉センター
	ニ	幼稚園又は特別支援学校
(7)		小学校、中学校、義務教育学校、高等学校、中等教育学校、高等専門学校、大学、専修学校、各種学校その他これらに類するもの
(8)		図書館、博物館、美術館その他これらに類するもの
(9)	イ	公衆浴場のうち、蒸気浴場、熱気浴場その他これらに類するもの
	ロ	イに掲げる公衆浴場以外の公衆浴場
(10)		車両の停車場又は船舶若しくは航空機の発着場（旅客の乗降又は待合いの用に供する建築物に限る）
(11)		神社、寺院、教会その他これらに類するもの
(12)	イ	工場又は作業場、冷凍倉庫を含む作業場
	ロ	映画スタジオ又はテレビスタジオ

(13)	イ	自動車車庫又は駐車場
	ロ	飛行機又は回転翼航空機の格納庫
(14)		倉庫
(15)		（1）～（14）に該当しない事業場（事務所、事務所からなる高層ビル、官公庁等）
(16)	イ	複合用途防火対象物のうち、その一部に特定用途（特定防火対象物となる用途）があるもの
	ロ	イに掲げる複合用途防火対象物以外の複合用途防火対象物
(16の2)		地下街
(16の3)		準地下街（地下道とそれに面する建築物の地階（（16の2）を除く））
(17)		重要文化財、重要有形民俗文化財、史跡、重要な文化財、重要美術品として認定された建造物
(18)		延長50m以上のアーケード
(19)		市町村長の指定する山林
(20)		総務省令で定める舟車

備考

1．2以上の用途に供される防火対象物で第1条の2　2項後段の規定の適用により複合用途防火対象物以外の防火対象物となるものの主たる用途が（1）から（15）までの各項に掲げる防火対象物の用途であるときは、当該防火対象物は、当該各項に掲げる防火対象物とする。

2．（1）から（16）に掲げる用途に供される建築物が（16の2）に掲げる防火対象物内に存するときは、これらの建築物は、同項に掲げる防火対象物の部分とみなす。

3．（1）から（16）に掲げる用途に供される建築物又はその部分が（16の3）に掲げる防火対象物の部分に該当するものであるときは、これらの建築物又はその部分は、同項に掲げる防火対象物の部分であるほか、（1）から（16）に掲げる防火対象物又はその部分でもあるものとみなす。

4．（1）から（16）に掲げる用途に供される建築物その他の工作物又はその部分が（17）に掲げる防火対象物に該当するものであるときは、これらの建築物その他の工作物又はその部分は、同項に掲げる防火対象物であるほか、（1）から（16）に掲げる防火対象物又はその部分でもあるものとみなす。

【1】消防法令上、特定防火対象物に該当しないものは、次のうちどれか。［★］
☐　1．小学校
　　2．物品販売店舗
　　3．旅館
　　4．公衆浴場のうち、蒸気浴場、熱気浴場その他これらに類するもの

【2】消防法令上、特定防火対象物に該当するものは、次のうちどれか。
☐　1．小学校
　　2．共同住宅
　　3．百貨店
　　4．図書館

【3】消防法令上、特定防火対象物に該当しないものは、次のうちどれか。
☐　1．飲食店
　　2．映画館
　　3．テレビスタジオ
　　4．幼稚園

【4】特定防火対象物の組合せとして、消防法令上、正しいものは次のうちどれか。
☐　1．劇場、小学校及び幼稚園
　　2．公会堂、飲食店及び図書館
　　3．百貨店、ナイトクラブ及び工場
　　4．旅館、病院及びダンスホール

【5】消防法令上、特定防火対象物に該当するものは、次のうちどれか。
☐　1．図書館と事務所からなる高層ビル
　　2．蒸気浴場、熱気浴場その他これらに類する公衆浴場
　　3．テレビスタジオが併設された映画スタジオ
　　4．冷凍倉庫を含む作業場

【1】正解1　　【2】正解3　　【3】正解3　　【4】正解4

主な特定防火対象物	特定防火対象物ではないもの
劇場、映画館、公会堂	共同住宅
ナイトクラブ、ダンスホール	小学校
飲食店	図書館
百貨店、物品販売店舗	工場、作業場（冷凍倉庫を含む）
旅館	映画スタジオ、テレビスタジオ
病院、保育所、幼稚園	倉庫
公衆浴場のうち、蒸気浴場、熱気浴場	事務所、事務所からなる高層ビル

【5】正解2

　　1と4は、2以上の用途に供されるため、複合用途防火対象物となる。ただし、いずれも特定用途ではないため、特定防火対象物とはならない。

4. 防火対象物の適用

■1. 同一敷地内における2以上の防火対象物

◎同一敷地内に管理について権原を有する者が同一の者である令別表第1 (13P 参照) に掲げる防火対象物が2以上あるときは、それらの防火対象物は、法第8 条1項 (防火管理者の選任等) の規定の適用については、一の防火対象物とみなす (令第2条)。

■2. 防火対象物の適用

◎防火対象物が開口部のない耐火構造の床又は壁で区画されているときは、その区画された部分は、この節 (消防用設備等の設置及び維持の技術上の基準) の規定の適用については、それぞれ別の防火対象物とみなす (令第8条)。

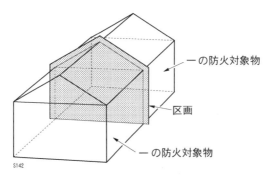

一の防火対象物

区画

一の防火対象物

S142

【開口部のない耐火構造の床又は壁による区画】

◎複合用途防火対象物の部分で、令別表第1の (1) ～ (15) の用途のいずれかに該当する用途に供されるものは、この節 (消防用設備等の設置及び維持の技術上の基準で、一部除く) の規定の適用については、その管理者や階に関係なく、同一用途に供される部分を一の防火対象物とみなす (令第9条)。

◎特定防火対象物の地階で、地下街と一体をなすものとして消防長又は消防署長が指定したものは、スプリンクラー設備に関する基準、自動火災報知設備に関する基準、ガス漏れ火災警報設備に関する基準、非常警報器具又は非常警報設備に関する基準 (それぞれ一部) の適用については、地下街の一部であるものとみなす (令第9条の2)。

■3．消防用設備等の１棟１設置単位の原則と例外

◎法第17条では、防火対象物の関係者について、消防用設備等の設置・維持の作為義務を定めている。

◎この場合、防火対象物の単位が重要となってくる。法令では、防火対象物について消防用設備等を設置する上での基本単位を、建築物の「棟」としている（「消防用設備等の設置単位について」）。

◎ただし、同じ棟であっても別の防火対象物とみなす場合がある。この例外規定を定めているのが、令第８条・９条・９条の２などである。

◎令第８条は、一の防火対象物であってもある条件を満たせば、区画された部分は別の防火対象物と見なすというものである。この規定による区画は、第８条による規定であることから、「令8区画」と俗称されている。ただし、「開口部」のないことが厳格に運用されている。この「開口部」とは、採光、換気、通風、出入等のために設けられた出入口、窓、パイプ、階段等を指す。

◎令第９条は、令別表第１の（16）の複合用途防火対象物で（1）～（15）までのいずれかの用途に供されるものは、その管理者や階に関係なく、同一用途に供される部分を一の防火対象物とみなして、技術上の基準を適用するというものである。

◎ただし、火災発生時に極めて重要な役割を果たすスプリンクラー設備、自動火災報知設備、ガス漏れ火災警報設備、漏電火災警報器、非常警報装置、避難器具及び誘導灯は、この令第９条の適用を受けることができない。

▶▶過去問題◀◀

【1】消防用設備等を設置する場合の防火対象物の基準について、消防法令上、正しいものは次のうちどれか。[★]

☐　1．防火対象物が開口部のない耐火構造の床又は壁で区画されているときは、それぞれ別の防火対象物とみなされる。

　　2．同一敷地内にある２以上の防火対象物は、原則として一の防火対象物とみなされる。

　　3．設置することが義務付けられている防火対象物は、百貨店、病院、旅館等不特定多数の者が出入りする防火対象物に限られている。

　　4．戸建て一般住宅についても一定の規模を超える場合、消防用設備等の設置を義務付けられる場合がある。

【2】消防用設備等の設置に関する説明として、消防法令上、正しいものは次のうちどれか。

□ 1．防火対象物が開口部のない耐火構造の床又は壁で区画されているときは、それぞれ別の防火対象物とみなして消防用設備等を設置しなければならない。

2．防火対象物が耐火構造の壁で区画され、かつ、階層を異にするときは、それぞれ別の防火対象物とみなして消防用設備等を設置しなければならない。

3．複合用途防火対象物については、常にそれぞれの用途ごとに消防用設備等を設置しなければならない。

4．複合用途防火対象物については、主たる用途に適応する消防用設備等を設置しなければならない。

【3】消防用設備等の設置単位は原則として棟ごとであるが、同一棟内の部分でも別の防火対象物とみなされるものとして、消防法令上、正しいものは次のうちどれか。［編］

□ 1．耐火構造の建物で、特定防火設備である防火戸又は壁で区画された部分。

2．耐火建築物又は準耐火建築物で、特定防火設備である防火戸及び耐火構造の床又は壁で区画された部分。

3．耐火建築物で、特定防火設備である防火戸及び耐火構造の床又は壁で区画された部分。

4．防火構造の床又は壁で区画され、開口部は特定防火設備である防火戸で区画された部分。

5．防火構造の床又は壁で区画され、かつ、開口部にはドレンチャー設備が設けられた部分。

6．開口部のない耐火構造の床又は壁で区画された部分。

7．開口部のない耐火構造の床及び特定防火設備である防火戸を有する壁で区画された部分。

【4】 消防用設備等を設置しなければならない防火対象物に関する説明として、消防法令上、誤っているものは次のうちどれか。

☐ 1. 防火対象物が開口部のない耐火構造の床又は壁で区画されたときは、消防用設備等の設置について、その区画された部分をそれぞれ別の防火対象物とみなす。

2. 複合用途防火対象物で同一の用途に供される部分は、消防用設備等の設置について、用途の管理者又は階に関係なく一の防火対象物とみなされる場合がある。

3. 同一敷地内にある2以上の防火対象物で、外壁間の中心線からの水平距離が1階は3m以下、2階以上は5m以下で近接する場合、消防用設備等の設置について、1棟とみなされる。

4. 特定防火対象物の地階で、地下街と一体を成すものとして消防長又は消防署長が指定したものは、消防用設備等の設置について、地下街の一部とみなされる場合がある。

【5】 1階が物品販売店舗、2階が料理店である防火対象物に消防用設備等を設置する場合について、消防法令上、正しいものは次のうちどれか。

☐ 1. 1階と2階の管理者が別であれば、それぞれ別の防火対象物とみなす。

2. 1階と2階が耐火構造の床又は壁で区画され、かつ、開口部に特定防火設備である防火戸が設けられていれば、それぞれ別の防火対象物とみなす。

3. 階段部分を除き、1階と2階が耐火構造の床又は壁で区画されていれば、それぞれ別の防火対象物とみなす。

4. 1階と2階が開口部のない耐火構造の床又は壁で区画されていれば、それぞれ別の防火対象物とみなす。

【6】 消防用設備等の設置及び維持に関する記述として、消防法令上、誤っているものは次のうちどれか。

☐ 1. 市町村は、その地方の気候又は風土の特殊性により、消防用設備等の技術上の基準に関する政令又はこれに基づく命令の規定のみによっては防火の目的を充分に達しがたいと認めるときは、条例で当該規定と異なる規定を設けることができる。

2. 政令別表第1（16）項に掲げる防火対象物の部分で、同表（16）項以外の防火対象物の用途のいずれかに該当する用途に供されるものは、消防用設備等の設置及び維持の技術上の基準の適用について、同一用途に供される部分を一の防火対象物とみなす。

3．防火対象物の構造の別を問わず、当該防火対象物が開口部のない耐火構造の床又は壁で区画されているときは、その区画された部分は、消防用設備等の設置及び維持の技術上の基準の適用について、それぞれ別の防火対象物とみなす。

4．政令別表第1に定める防火対象物以外の防火対象物については、消防法第17条第1項に規定する消防用設備等の設置義務はない。

▶▶正解＆解説‥‥‥

【1】正解1

2．同一敷地内に2以上の防火対象物があり、管理について権原を有する者が同一の者である場合は、一の防火対象物とみなされるが、単に同一敷地内にあるだけでは、それぞれ別の防火対象物となる。

3．消防用設備等の設置が義務付けられている防火対象物は、令別表第1（13P参照）に掲げる用途の防火対象物である。病院、旅館等不特定多数の者が出入りする防火対象物に限られているわけではない。

4．戸建て一般住宅は、その規模に関わらず「消防用設備等」を設置しなくてもよい。ただし、「住宅用防災機器」を設置しなければならない。

【2】正解1

2．この場合、「開口部のない耐火構造の床」で区画されていないことから、別の防火対象物とはみなされない。

3．複合用途防火対象物の場合、令別表第1の（1）〜（15）のいずれかに該当する用途に供されるものについては、同一用途に供される部分を一の防火対象物とみなすが、令別表第1の（16）〜（20）については対象外となる（令第9条）。

4．複合用途防火対象物の場合、令別表第1の（1）〜（15）のいずれかに該当する用途に供されるものについては、同一用途に供される部分を一の防火対象物とみなすため、同一用途ごとに適応する消防用設備等を設置しなければならない。

【3】正解6

1〜5＆7．「開口部のない耐火構造の床又は壁で区画」されていない部分は、一の防火対象物と見なされる。

6．開口部のない耐火構造の床又は壁で区画された部分は、それぞれ別の防火対象物とみなされる。

※ドレンチャー設備とは、建築物の外周に配置された複数のドレンチャーヘッドから水を放水して水幕を作り、飛散する火の粉やふく射熱から建築物を守る防火設備。

※防火設備とは、建築基準法に規定されている建物内において延焼を防止するため（または延焼リスクの高い部分）に設けられる防火戸などを指す。特定防火設備は、火災の火炎を受けても1時間以上火炎が貫通しない構造のものと規定されている。「特定防火設備である防火戸」は、常時閉鎖型防火戸と随時閉鎖型防火戸がある。ただし、令8区画との関連はない。

【4】正解3

3．この場合、屋外消火栓設備の設置に関してのみ、一の建築物とみなす（令第19条2項）。全ての消防用設備等を対象としているわけではない。屋外消火栓設備では、建築物ごとに1階及び2階の床面積の合計が一定数値以上のものについて、設置しなければならない。

（屋外消火栓設備に関する基準）

第19条　屋外消火栓設備は、令別表第1に掲げる建築物で、床面積（地階を除く階数が1であるものにあっては1階の床面積を、地階を除く階数が2以上であるものにあっては1階及び2階の部分の床面積の合計をいう）が、耐火建築物にあっては9,000m²以上、準耐火建築物（建築基準法第2条9号の3に規定する準耐火建築物をいう）にあっては6,000m²以上、その他の建築物にあっては3,000m²以上のものについて設置するものとする。

　2　同一敷地内にある2以上の令別表第1に掲げる建築物（耐火建築物及び準耐火建築物を除く。）で、当該建築物相互の1階の外壁間の中心線からの水平距離が、1階にあっては3m以下、2階にあっては5m以下である部分を有するものは、前項の規定の適用については、一の建築物とみなす。

【5】正解4

設問の防火対象物は、特定用途を含む、一の複合用途防火対象物である。

1．複合用途防火対象物は、同一用途ごとに一の防火対象物とみなすが、1階、2階がそれぞれ別の用途に供されるため、それぞれ別の防火対象物とみなす。また、単に管理者が別という理由だけでは、それぞれ別の防火対象物とみなされない。

2．開口部があるため、それぞれ別の防火対象物とみなされない。

3．この場合、階段部分が開口部となる。

【6】正解2

1．「14. 消防用設備等の技術上の基準と異なる規定」62P参照。

2．例外として、「スプリンクラー設備、自動火災報知設備、ガス漏れ火災警報設備、漏電火災警報器等は、令第9条の適用を受けず、複合用途防火対象物として設置・維持しなければならない」。

　　これらの消防用設備等は、火災発生時などに重要な役割を担うため、用途に限らず防火対象物に設置する必要がある。

3．令第8条の規定は、防火対象物の構造の別（耐火構造や準耐火構造など）は問わない。

4．「2. 消防法の基本」11P参照。

5. 消防用設備等の種類

◎消防用設備等とは、政令で定める消防の用に供する設備、消防用水及び消火活動上必要な施設をいう（法第17条1項）。

◎法第17条1項の政令で定める消防の用に供する設備は、消火設備、警報設備及び避難設備とする（令第7条1項）。

◎消火設備は、水その他消火剤を使用して消火を行う機械器具又は設備であって、次に掲げるものとする（令第7条2項）。

> 1. 消火器及び次に掲げる簡易消火用具
>   イ．水バケツ　　ロ．水槽　　ハ．乾燥砂　　二．膨張ひる石又は膨張真珠岩
> 2. 屋内消火栓設備
> 3. スプリンクラー設備
> 4. 水噴霧消火設備
> 5. 泡消火設備
> 6. 不活性ガス消火設備
> 7. ハロゲン化物消火設備
> 8. 粉末消火設備
> 9. 屋外消火栓設備
> 10. 動力消防ポンプ設備

◎警報設備は、火災の発生を報知する機械器具又は設備であって、次に掲げるものとする（令第7条3項）。

> 1. 自動火災報知設備
> 1の2. ガス漏れ火災警報設備
> 2. 漏電火災警報器
> 3. 消防機関へ通報する火災報知設備
> 4. 警鐘、携帯用拡声器、手動式サイレンその他の非常警報器具及び次に掲げる非常警報設備
>   イ．非常ベル　　ロ．自動式サイレン　　ハ．放送設備

◎避難設備は、火災が発生した場合において避難するために用いる機械器具又は設備であって、次に掲げるものとする（令第7条4項）。

> 1. すべり台、避難はしご、救助袋、緩降機、避難橋その他の避難器具
> 2. 誘導灯及び誘導標識

◎法第17条1項の政令で定める消防用水は、防火水槽又はこれに代わる貯水池その他の用水とする（令第7条5項）。

◎法第17条1項の政令で定める**消火活動上必要な施設**は、排煙設備、連結散水設備、連結送水管、非常コンセント設備及び無線通信補助設備とする（令第7条6項）。

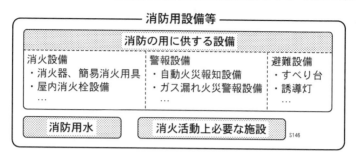

◎**連結散水設備**は、散水ヘッド、配管、送水口等から構成されている。火災の際に消防ポンプ自動車が送水口から送水すると、水は配管を通り、地階の天井に設けてある散水ヘッドから散水する。

◎**連結送水管**は、送水口、放水口、放水用具、配管等から構成されている。ビルに火災が発生すると、消防隊は火災階に急行し、その階の放水口にホースを接続する。同時に、消防ポンプ自動車が送水口から圧送すれば、直ちに放水できる。

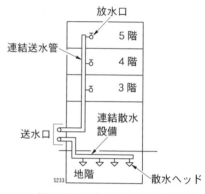

【連結散水設備と連結送水管】

▶▶ 過去問題 ◀◀

【1】 消防法令上、一定の防火対象物の関係者は、消防用設備等を設置し、維持することが義務づけられているが、これに関する説明として、正しいものは次のうちどれか。

□ 1. 設置することが義務付けられている防火対象物は、百貨店、病院、旅館等の不特定多数の者が出入する防火対象物に限られる。

2. 一戸建ての住宅についても、一定の規模を超える場合、消防用設備等を設置しなければならない。

3. 防火対象物の関係者とは、防火対象物の所有者、管理者又は占有者をいう。この関係者で権原を有するものが、設置し維持すべきことに対する命令に違反した場合、処罰の対象となる。

4. 消防用設備等とは、消防の用に供する設備、消防用水及び消火活動上必要な施設をいい、水バケツはこれに含まれない。

【2】消防用設備等の設置及び維持に関する説明として、消防法令上、正しいもの
は次のうちどれか。

☐ 1．消防用設備等を政令で定める技術上の基準に従って設置し、及び維持する
　　　ことが義務付けられているのは、防火対象物の所有者ではなく、防火管理者
　　　である。
　　2．消防用設備等とは、政令で定める消防の用に供する設備、消防用水及び消
　　　火活動上必要な施設をいう。
　　3．消防用設備等を設置することが義務付けられている防火対象物は、百貨店、
　　　病院、ホテル等の特定防火対象物に限られる。
　　4．防火対象物とは、山林又は舟車、船きょ若しくはふ頭に繋留された船舶、
　　　建築物その他の工作物又は物件をいう。

【3】消防法令に定められている用語の定義又は説明として、誤っているものは次
　のうちどれか。[★]

☐ 1．消防の用に供する設備……消火設備、警報設備及び避難設備をいう。
　　2．消火活動上必要な施設……排煙設備、連結散水設備及び動力消防ポンプ設
　　　　　　　　　　　　　　　　備をいう。
　　3．防火対象物の関係者………防火対象物の所有者、管理者又は占有者をいう。
　　4．複合用途防火対象物………政令で定める2以上の用途に供される防火対象
　　　　　　　　　　　　　　　　物をいう。

【4】消防用設備等の種類について、消防法令上、誤っているものは次のうちどれ
　か。[★]

☐ 1．動力消防ポンプ設備は、スプリンクラー設備と同じく、消火設備に含まれ
　　　る。
　　2．自動火災報知設備は、非常警報設備と同じく、警報設備に含まれる。
　　3．避難橋は、すべり台や誘導灯と同じく、避難設備に含まれる。
　　4．消防機関へ通報する火災報知設備は、無線通信補助設備と同じく、消火活
　　　動上必要な施設に含まれる。

【5】消防用設備等の種類について、消防法令上、誤っているものは次のうちどれ
　か。

☐ 1．屋内消火栓設備は、スプリンクラー設備と同じく、消火設備に含まれる。
　　2．連結送水管は、消火器と同じく、消火設備に含まれる。
　　3．避難橋は、すべり台や誘導灯と同じく、避難設備に含まれる。
　　4．漏電火災警報器は、非常警報設備と同じく、警報設備に含まれる。

【6】消防法令上、「警報設備」に含まれないものは、次のうちどれか。[★]

☐　1．消防機関へ通報する火災報知設備　　2．手動式サイレン

　　3．放送設備　　　　　　　　　　　　4．無線通信補助設備

▶▶正解＆解説……………………………………………………………………………

【1】正解3

1．消防用設備等の設置が義務付けられている防火対象物は、令別表第1に掲げる用途の防火対象物である。病院、旅館等不特定多数の者が出入りする防火対象物に限られているわけではない。「3．防火対象物の区分」13P参照。

2．戸建て一般住宅は、その規模に関わらず「消防用設備等」を設置しなくてもよい。ただし、「住宅用防災機器」を設置しなければならない。「2．消防法の基本」11P参照。

3．消防長又は消防署長は、防火対象物の関係者で権原を有する者に対し、消防用設備等の設置維持命令を出すことができる（法第17条の4）。この命令の違反者は、1年以下の懲役または100万円以下の罰金に処せられる（法第41条1項5号）。

4．水バケツ、水槽、乾燥砂、膨張ひる石または膨張真珠岩は、簡易消火用具として「消防の用に供する設備」の消火設備に含まれる。

【2】正解2

1．設置・維持が義務付けられているのは、防火対象物の関係者（所有者など）で、防火管理者ではない。「2．消防法の基本」11P参照。

3．消防用設備等の設置が義務付けられている防火対象物は、令別表第1に掲げる用途の防火対象物である。特定防火対象物に限られているわけではない。「3．防火対象物の区分」13P参照。

4．防火対象物とは、山林又は舟車、船きょ若しくはふ頭に繋留された船舶、建築物その他の工作物若しくはこれらに属する物をいう。設問の内容は「消防対象物」。「1．消防法令上の定義」8P参照。

【3】正解2

2．消火活動上必要な施設は、排煙設備、連結散水設備、連結送水管、非常コンセント設備及び無線通信補助設備をいう。動力消防ポンプ設備は、「消防の用に供する設備」の消火設備に含まれる。

【4】正解4

3．「避難橋」は、建築物相互を連結する橋状のもの（避難器具の基準　消防庁告示第1号）をいい、避難設備に含まれる。

4．「消火活動上必要な施設」は、排煙設備、連結散水設備、連結送水管、非常コンセント設備及び無線通信補助設備をいう。消防機関へ通報する火災報知設備は、「消防の用に供する設備」の警報設備に含まれる。

【5】正解2

2．連結送水管は、「消火活動上必要な施設」に含まれる。

【6】正解4

1〜3．いずれも「警報設備」に含まれる。

4．無線通信補助設備は、「消火活動上必要な施設」に含まれる。

6．既存防火対象物に対する適用除外

■1．技術上の基準に関する従前の規定の適用

◎法第17条1項の消防用設備等の技術上の基準に関する政令などを施行または適用する際、現在すでに存在する防火対象物における消防用設備等、または現在新築、増築、改築、移転、修繕若しくは模様替えの工事中の防火対象物に係る消防用設備等が、政令などの規定に適合しないときは、消防用設備等に対し、当該規定は、適用しない。この場合においては、当該消防用設備等の技術上の基準に関する**従前の規定を適用**する（法第17条の2の5　1項）。

〔解説〕この規定は、消防用設備等の技術上の基準が改正された後であっても、既存する消防用設備等については、従前の規定を適用することを定めたものである。ただし、従前の規定が適用されない消防用設備等がある他、従前の規定が適用されない場合もある。

■2．従前の規定が適用されない消防用設備等

◎法第17条の2の5　1項において、次に掲げる消防用設備等は、消防用設備等の技術上の基準に関する従前の規定を適用しないものとする（令第34条など）。

①簡易消火用具

②自動火災報知設備（特定防火対象物などに設けるものに限る。）

③ガス漏れ火災警報設備（特定防火対象物などに設けるものに限る。）

④漏電火災警報器

⑤非常警報器具及び**非常警報設備**

⑥**誘導灯及び誘導標識**

⑦必要とされる防火安全性能を有する消防の用に供する設備等であって、**消火器、避難器具**及び①〜⑥の消防用設備等に類するものとして消防庁長官が定めるもの

■3．従前の規定が適用されないケース

◎法第17条の2の5　1項の規定は、消防用設備等で次のいずれかに該当するものについては、適用しない（法第17条の2の5　2項1号～4号）。

①法第17条1項の消防用設備等の技術上の基準に関する政令などの従前規定に対し、もともと消防用設備等が**違反**しているとき。

②工事の着手が、法第17条1項の消防用設備等の技術上の基準に関する政令などの施行又は適用の後で、政令で定める<u>増築、改築〔※1〕</u>又は<u>大規模の修繕若しくは模様替え〔※2〕</u>を行ったとき。

〔※1〕政令で定める増築及び改築は、次に掲げるものとする（令第34条の2）。

• 工事の着手が基準時以後である増築又は改築に係る当該防火対象物の部分の床面積の合計が、**1,000m²以上**となるもの

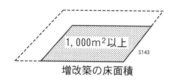

1,000m²以上
S143
増改築の床面積

• 工事の着手が基準時以後である増築又は改築に係る当該防火対象物の部分の床面積の合計が、基準時における当該防火対象物の延べ面積の**2分の1以上**となるもの

$\frac{1}{2}$以上
増改築の床面積

〔**解説**〕基準時とは、防火対象物における消防用設備等について、それらの規定が適用されない期間の始期をいう。

〔※2〕大規模の修繕及び模様替えは、当該防火対象物の主要構造部である**壁**について行う**過半の修繕又は模様替え**とする（令第34条の3）。

〔**解説**〕修繕は、建築物の全部又は一部の除去等を伴わない程度の主要構造部の現状回復的工事。模様替えは、建築物の全部又は一部の除去、増加等を伴わない範囲で主要構造部を変更する工事。

③消防用設備等が、消防用設備等の技術上の基準に関する政令等の規定に適合するに至っているもの。

〔**解説**〕この場合、将来にわたり消防用設備等を技術上の基準（適合時の基準）に従って設置し、及び維持しなければならないことになる。従前の規定は適用されない。

28

④**特定防火対象物**における消防用設備等であるとき、又は消防用設備等の技術上の基準に関する政令等の施行又は適用の際、現に新築、増築、改築、移転、修繕若しくは模様替えの工事中の特定防火対象物に係る消防用設備等であるとき。

〔解説〕この規定により、特定防火対象物については、消防用設備等の技術上の基準が改正されるごとに、新規定が適用されることになる。また、新築・増築・改築中の特定防火対象物は、設計を変更するなどして消防用設備等を新規定に適合させなければならない。

▶▶ 過去問題 ◀◀

【1】消防用設備等の技術上の基準に関する政令若しくはこれに基づく命令の規定が改正されたとき、改正後の規定に適合させなければならない消防用設備等として、消防法令上、正しいものは次のうちどれか。[★]

☐　1．工場に設置されている屋内消火栓設備

　　2．展示場に設置されている自動火災報知設備

　　3．ラック式倉庫に設置されているスプリンクラー設備

　　4．図書館の蔵書室に設置されている二酸化炭素を放射する不活性ガス消火設備

【2】用途が事務所である防火対象物において、消防用設備等の技術上の基準に関する政令又はこれに基づく命令の規定が改正されたとき、改正後の規定に適合させなければならない消防用設備等として、消防法令上、誤っているものは次のうちどれか。ただし、防火対象物の構造、用途、規模の変更等はないものとする。

☐　1．消火器　　　　　　2．避難器具

　　3．屋内消火栓設備　　4．誘導灯

【3】消防用設備等の技術上の基準に関する政令若しくはこれに基づく命令の規定が改正されたとき、改正後の規定に適合させなければならない消防用設備等として、消防法令上、正しいものは次のうちどれか。ただし、防火対象物の構造、用途、規模の変更等はないものとする。

☐　1．スプリンクラー設備　　2．動力消防ポンプ設備

　　3．非常警報設備　　　　　4．排煙設備

【4】既存の特定防火対象物以外の防火対象物を消防用設備等（消火器、避難器具等を除く。）の技術上の基準が改正された後に増築した場合、消防用設備等を改正後の基準に適合させなければならないものとして、消防法令上、正しいものは次のうちどれか。ただし、当該消防用設備等は従前の規定に適合しているものとする。

□　1．増築部分の床面積の合計が、500m²を超え、かつ、増築前の延べ面積の1／3以上である場合

　　2．増築部分の床面積の合計が、500m²以上であるか、又は増築前の延べ面積の1／3以上である場合

　　3．増築部分の床面積の合計が、1,000m²を超え、かつ、増築前の延べ面積の1／2以上である場合

　　4．増築部分の床面積の合計が、1,000m²以上であるか、又は増築前の延べ面積の1／2以上である場合

【5】防火対象物を消防用設備等の技術上の基準が改正された後に増築又は改築した場合、消防用設備等を改正後の基準に適合させなければならない増築又は改築の規模として、消防法令上、正しいものは次のうちどれか。

□　1．増築に係る当該防火対象物の部分の床面積の合計が、増築前の延べ面積の1／3となる場合

　　2．改築に係る当該防火対象物の部分の床面積の合計が、1,000m²となる場合

　　3．増築に係る当該防火対象物の部分の床面積の合計が、500m²となる場合

　　4．増築又は改築以前の当該防火対象物の延べ面積と、増築又は改築後の延べ面積との差が、500m²となる場合

【6】既存の防火対象物を消防用設備等の技術上の基準が改正された後に増築、改築又は修繕若しくは模様替えをした場合、消防用設備等を改正後の基準に適合させなければならない増築、改築又は修繕若しくは模様替えに該当するものとして、消防法令上、正しいものは次のうちどれか。

□　1．延べ面積が1,000m²の倉庫を1,200m²に増築する。

　　2．延べ面積が1,500m²の工場のうち500m²を改築する。

　　3．延べ面積が2,000m²の遊技場の主要構造部である壁を2／3にわたって模様替えする。

　　4．延べ面積が2,500m²の劇場の主要構造部である壁を1／3にわたって修繕する。

【7】消防法令上、設備等技術基準の施行又は適用の際、既に存する防火対象物における消防用設備等（消火器、避難器具その他政令で定めるものを除く。）がこれらの規定に適合せず、当該規定が適用されていないとき、当該防火対象物を増築する場合、当該消防用設備等を当該規定に適合させなければならないものは次のうちどれか。ただし、当該消防用設備等は、従前の規定に適合しているものとする。[編]

☐ 1．基準時の延べ面積が1,000m²の工場を1,500m²に増築するもの

　　2．基準時の延べ面積が1,500m²の倉庫を2,000m²に増築するもの

　　3．基準時の延べ面積が2,500m²の図書館のうち、700m²を改築するもの

　　4．基準時の延べ面積が2,500m²の図書館を3,200m²に増築するもの

　　5．基準時の延べ面積が3,000m²の中学校のうち、800m²を改築するもの

　　6．基準時の延べ面積が3,000m²の中学校を3,800m²に増築するもの

【8】現に存する特定防火対象物以外の防火対象物における消防用設備等（消火器・避難器具その他政令で定めるものを除く。）に係る設備等技術基準が改正された後に、当該防火対象物の大規模の修繕又は模様替えを行った場合、当該消防用設備等を改正後の基準に適合させなければならない大規模の修繕又は模様替えとして、消防法令上、正しいものは次のうちどれか。ただし、当該消防用設備等は、従前の規定に適合しているものとする。

☐ 1．主要構造部である屋根及び柱について行う、それぞれ過半の修繕又は模様替え

　　2．主要構造部である床について行う、過半の修繕又は模様替え

　　3．主要構造部である壁について行う、過半の修繕又は模様替え

　　4．主要構造部である天井・床及び屋根について行う、それぞれ過半の修繕又は模様替え

【9】既存の防火対象物における消防用設備等は、設備等に関する法令の改正があっても、原則として、改正前の基準に適合していればよいと規定されているが、法令の改正後に一定の「修繕」が行われた場合は、この規定は適用されず、改正後の基準に適合させなければならない。この一定の「修繕」に該当するものは、次のうちどれか。

☐ 1．主要構造部である柱を2分の1にわたって修繕したもの

　　2．主要構造部である床を2分の1にわたって修繕したもの

　　3．主要構造部である壁を3分の2にわたって修繕したもの

　　4．主要構造部である屋根を3分の2にわたって修繕したもの

【10】防火対象物の増築に関する次の記述において、文中の（　）に当てはまる数値として、消防法令上、正しいものは次のうちどれか。

「設備等技術基準の施行又は適用の際、現に存する特定防火対象物以外の防火対象物における消防用設備等（消火器、避難器具その他政令で定めるものを除く。）がこれらの規定に適合せず、当該規定が適用されていないとき、当該防火対象物を増築する場合、基準時以後の増築部分の床面積の合計が、（　）m² 以上となるものは、当該消防用設備等を当該規定に適合させなければならない。」

□　1．300　　　2．500　　　3．700　　　4．1,000

▶▶正解＆解説……………………………………………………………………

【1】正解2

2．展示場は、令別表第1の（4）に該当し、特定防火対象物となる。「②自動火災報知設備（特定防火対象物などに設けるものに限る）」に該当するため、消防用設備等の技術上の基準について、従前の規定は適用されない。規定が改正されるごとに、新規定に適合させなければならない。

【2】正解3

従前の規定が適用されない消防用設備等は、消火器、避難器具、誘導灯である。これらは、技術上の基準に関する政令が改正されるごとに、改正後の規定に適合させなければならない。一方、屋内消火栓設備は、従前の規定がそのまま適用されるため、改正があってもそのまま使用を続けることができる。

【3】正解3

【4】正解4

【5】正解2

2．増築又は改築に係る当該防火対象物の部分の床面積の合計が、1,000m² 以上となる場合は、増築又は改築にあわせて、消防用設備等を改正後の基準に適合させなければならない。

【6】正解3

1＆2．延べ面積の1／2以上の増改築に該当しないため、従前の規定が適用される。

3．「主要構造部である壁について行う過半の修繕又は模様替え」に該当するため、消防用設備等を改正後の基準に適合させなければならない。

4．劇場は特定防火対象物である。特定防火対象物は、増改築や修繕・模様替えにかかわらず、消防用設備等の技術上の基準が改正されるごとに消防用設備等を基準に適合させなければならない。設問では、消防用設備等を改正後の基準に適合させなければならない増改築、修繕・模様替えに該当するものを選ぶよう求めている。また、4の内容は「過半の修繕又は模様替え」に該当しない。

【7】正解1

1．この場合、「増築又は改築に係る防火対象物の部分の床面積の合計が、工事着手時における防火対象物の延べ面積の2分の1以上となるもの」に該当するため、増築にあわせて、消防用設備等を改正後の基準に適合させなければならない。

【8】正解3

大規模の修繕及び模様替えは、当該防火対象物の主要構造部である壁について行う過半の修繕又は模様替えとする。

【9】正解3

【10】正解4

7．既存防火対象物の用途変更の特例

■1．特例の適用

◎法第17条1項の防火対象物の用途が変更されたことにより、用途が変更された後の防火対象物における消防用設備等が、これに係る消防用設備等の技術上の基準に関する規定に適合しないこととなるときは、特例として用途変更後の消防用設備等は、技術上の基準に関する規定を適用しない。

　この場合においては、用途が変更される前の防火対象物における消防用設備等の技術上の基準に関する規定を適用する（法第17条の3　1項）。

〔解説〕この特例が適用される場合は、用途が変更される前の消防用設備等の技術上の基準に従って、消防用設備等を設置し、及び維持することになる。

■2．特例が適用されない場合

◎法第17条の3　1項の特例規定は、消防用設備等で次の各号に該当するものについては、適用しない（法第17条の3　2項）。

①法第17条1項の防火対象物の用途が変更された際、用途が変更される前の防火対象物における消防用設備等が、すでに技術上の基準に適合していないことにより法第17条1項の規定に違反しているとき。

②法第17条1項の防火対象物の用途の変更の後に、一定規模以上の増築、改築又は大規模の修繕若しくは模様替えに係る工事に着手したとき。

〔解説〕大規模の修繕若しくは模様替えは、当該防火対象物の主要構造部である壁について行う過半（1／2以上）の修繕又は模様替えとする（令第34条の3）。

③法第17条１項の消防用設備等の技術上の基準に関する規定に適合していると
き。

〔解説〕この場合、将来にわたり消防用設備等を技術上の基準（用途変更後の基準）
に従って設置し、及び維持しなければならないことになる。用途変更前の基
準は適用されない。

④法第17条１項の防火対象物の用途が変更され、その変更後の用途が特定防火対
象物の用途であるとき。

〔解説〕この規定により特例が適用されるのは、変更後の用途が非特定防火対象物の
用途に限られることになる。この場合、変更前の用途は問わない。特定防火
対象物の用途に変更する場合は、全て特例が適用されず、変更後の用途区分
に適合する消防用設備等を設置しなければならない。

▶特例が適用される例

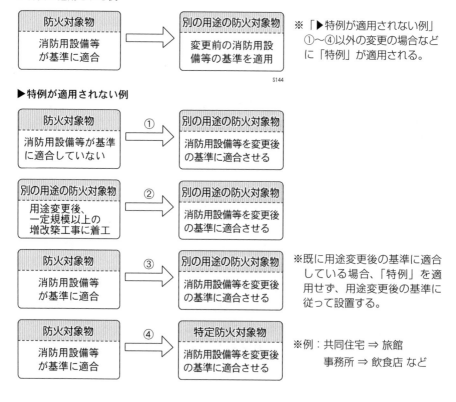

※「▶特例が適用されない例」
①〜④以外の変更の場合など
に「特例」が適用される。

▶特例が適用されない例

※既に用途変更後の基準に適合
している場合、「特例」を適
用せず、用途変更後の基準に
従って設置する。

※例：共同住宅 ⇒ 旅館
　　　事務所 ⇒ 飲食店 など

【1】防火対象物の用途が変更された場合の消防用設備等の技術上の基準の適用について、消防法令上、正しいものは次のうちどれか。[★]

□　1．防火対象物の用途が変更された場合は、変更後の用途に適合する消防用設備等を設置しなければならない。

　　2．変更後の用途が特定防火対象物に該当しなければ、すべての消防用設備等を変更しなくてよい。

　　3．変更後の用途が特定防火対象物に該当する場合は、変更後の用途区分に適合する消防用設備等を設置しなければならない。

　　4．用途変更前に設置された消防用設備等が違反していた場合は、変更前の基準に適合するよう措置しなければならない。

【2】防火対象物の用途変更と消防用設備等（消火器、避難器具その他政令で定めるものを除く。）の技術基準の関係について、消防法令上、正しいものは次のうちどれか。

□　1．消防用設備等が変更前の用途に係る技術基準に違反していた場合、変更後の用途に係る技術基準に従って設置しなければならない。

　　2．用途が変更された場合、いかなる用途の防火対象物であっても変更後の用途に係る技術基準に従い設置しなければならない。

　　3．用途が変更されて特定防火対象物になった場合、変更前の用途に係る技術基準に従って設置されていれば、変更後の用途基準に従って設置する必要はない。

　　4．用途が変更された後に、主要構造部である壁について過半の修繕を施した場合、変更前の用途に係る技術基準に従って設置されれば、変更後の用途に係る技術基準に従って設置する必要はない。

【3】 防火対象物の用途が変更された場合の消防用設備等の技術上の基準の適用について、消防法令上、誤っているものは次のうちどれか。[編]

□ 1. 原則として、用途変更前に設置された消防用設備等はそのままにしておいてよいが、その後、一定規模以上の増改築工事を行う場合は、変更後の用途区分に適合する消防用設備等を設置しなければならない。

2. 用途変更前に設置された消防用設備等が基準に違反していた場合は、用途変更後の基準に適合する消防用設備等を設置しなければならない。

3. 変更後の用途が特定防火対象物に該当する場合は、変更後の用途区分に適合する消防用設備等を設置しなければならない。

4. 用途変更後、設置義務のなくなった消防用設備等については、撤去するなど確実に機能を停止させなければならない。

5. 用途変更前に設置された適法な消防用設備等については、法令に定める場合を除き、変更する必要はない。

▶▶正解＆解説‥‥‥‥‥‥‥‥‥‥‥‥‥‥‥‥‥‥‥‥‥‥‥‥‥‥‥‥‥‥‥‥‥‥‥‥‥‥

【1】正解3

1. 特例が設けられているため、変更前の用途に適合する消防用設備等で良い場合がある。

2. 変更後の用途が特定防火対象物に該当しなくても、消防用設備等を技術上の基準（用途変更後の基準）に適合するように変更しなければならない場合がある。具体的には、①用途が変更される前の技術上の基準に適合していないとき、②用途変更後に、一定規模以上の増築・改築等の工事に着手しているとき、などである。

4. この場合、用途変更後の基準に適合するよう措置しなければならない。

【2】正解1

1. 特例が適用されない例の①に該当。

2. 特例が設けられているため、変更前の用途に適合する消防用設備等で良い場合がある。

3. 変更後の用途基準に従って設置する。特例が適用されない例の④に該当。

4. 変更後の用途基準に従って設置する。特例が適用されない例の②に該当。

【3】正解4

1. 特例が適用されない例の②に該当。

2. 特例が適用されない例の①に該当。

3. 特例が適用されない例の④に該当。

4. 不要となった消防用設備等については、消防法令では特に規定されていない。ただし、廃棄物等として法令（廃棄物処理法やリサイクル法）の適用を受ける。

5. 特例が適用される内容である。

■1. 定期点検及び報告

◎法第17条1項の**防火対象物**（政令で定めるものを除く）**の関係者**は、当該防火対象物における消防用設備等又は特殊消防用設備等について、総務省令で定めるところにより、**定期に点検**し、その結果を消防長又は消防署長に報告しなければならない。

　ただし、当該防火対象物のうち政令で定めるものにあっては、**消防設備士又は消防設備点検資格者に点検**させなければならない（法第17条の3の3）。

◎法第17条の3の3の消防用設備等又は特殊消防用設備等について**点検を要しない**防火対象物は、令別表第1（13P参照）の（20）に掲げる防火対象物（総務省令で定める舟車）とする（令第36条1項）。

◎消防設備士又は消防設備点検資格者に点検させなければならない防火対象物は、次に掲げる防火対象物とする（令第36条2項）。

①**特定防火対象物**で、延べ面積が1,000m²以上のもの

②**特定防火対象物以外**で、延べ面積が1,000m²以上のもののうち、消防長又は消防署長が火災予防上必要があると認めて指定するもの

③**屋内階段**（避難経路）**が一の特定防火対象物**

　（令別表第1（1）～（4）、（5）イ、（6）、（9）イが対象）

④消防用設備等又は特殊消防用設備等の防火安全性能を確保するために、消防設備士等による点検が特に必要であるものとして総務省令で定める防火対象物

◎新型インフルエンザ等その他の**消防庁長官が定める事由**により、これらの項に規定する期間ごとに法第17条の3の3の規定による点検を行い、又はその結果を報告することが困難であるときは、**消防庁長官**が当該事由を勘案して定める期間ごとに当該点検を行い、又はその結果を報告するものとする（規則第31条の6　4項）。

◎**消防設備点検資格者**とは、消防用設備等又は特殊消防用設備等の工事又は整備について5年以上の実務の経験を有する者等で、消防用設備等又は特殊消防用設備等の点検に関し必要な知識及び技能を修得することができる講習であって、登録講習機関の行うものの課程を修了し、登録講習機関が発行する免状の交付を受けている者とする（規則第31条の6　7項）。

■2．点検及び報告の期間

◎消防用設備等の点検について、その期間は、総合点検で1年ごと、機器点検で6月ごととする（消防庁告示）。

◎防火対象物の関係者は、点検の結果を、**維持台帳に記録**するとともに、次の各号に掲げる防火対象物の区分に従い、当該各号に定める期間ごとに**消防長又は消防署長**に報告しなければならない（規則第31条の6　3項）。

①特定防火対象物………………………………… 1年に1回

②特定防火対象物以外の防火対象物……… 3年に1回

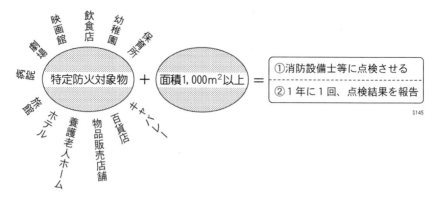

S145

▶▶ 過去問題 ◀◀

【1】消防用設備等の定期点検を消防設備士又は消防設備点検資格者にさせなければならない防火対象物として、消防法令上、正しいものは次のうちどれか。ただし、いずれの防火対象物も消防長又は消防署長が火災予防上必要があると認めて指定するものではないものとする。［編］

☐　1．延べ面積にかかわらず、すべての防火対象物

　　2．延べ面積にかかわらず、すべての特定防火対象物

　　3．延べ面積が 1,000m² 以上の防火対象物

　　4．延べ面積が 1,000m² 以上の特定防火対象物

　　5．延べ面積が 1,000m² 以上の特定防火対象物以外の防火対象物

【2】消防用設備等の定期点検を消防設備士又は消防設備点検資格者にさせなければならない防火対象物として、消防法令上、正しいものは次のうちどれか。ただし、消防長又は消防署長が指定するものを除く。

☐　1．ホテルで、延べ面積が500m²のもの

　　2．映画館で、延べ面積が700m²のもの

　　3．キャバレーで、延べ面積が1,000m²のもの

　　4．駐車場で、延べ面積が1,500m²のもの

【3】消防設備士又は消防設備点検資格者に、消防用設備等を定期に点検させ、その結果を消防長又は消防署長に報告しなければならない防火対象物として、消防法令上、正しいものは次のうちどれか。

- □ 1．すべての高層建築物
  2．キャバレーで、延べ面積が500m²のもの
  3．病院で、延べ面積が1,000m²のもの
  4．すべての旅館

【4】消防用設備等は定期的に点検し、その結果を一定期間ごとに消防長又は消防署長に報告しなければならないが、防火対象物の用途と報告の期間の組合せとして、消防法令上、正しいものを2つ答えなさい。［編］

- □ 1．保育所　　　……3年に1回
  2．幼稚園　　　……3年に1回
  3．劇場　　　　……6ヶ月に1回
  4．物品販売店舗　……1年に1回
  5．養護老人ホーム……1年に1回
  6．小学校　　　……1年に1回
  7．百貨店　　　……6か月に1回
  8．駐車場　　　……1年に1回

【5】消防用設備等の定期点検を消防設備士又は消防設備点検資格者にさせなければならない防火対象物として、消防法令上、正しいものを3つ選びなさい。ただし、いずれの防火対象物も消防長又は消防署長の指定を受けていないものとする。　　　　　　　　　　　　　　　　　　　　　　　　　　　　　　　　［編］

- □ 1．映画館で、延べ面積が700m²のもの
  2．集会場で、延べ面積が1,000m²のもの
  3．共同住宅で、延べ面積が2,000m²のもの
  4．飲食店で、延べ面積が1,000m²のもの
  5．飲食店で、延べ面積が300m²のもの
  6．百貨店で、延べ面積が1,000m²のもの
  7．旅館で、延べ面積が500m²のもの
  8．ホテルで、延べ面積が500m²のもの
  9．診療所で、延べ面積が500m²のもの
  10．小学校で、延べ面積が1,000m²のもの
  11．幼稚園で、延べ面積が800m²のもの
  12．映画スタジオで、延べ面積が3,000m²のもの

【6】消防用設備等の定期点検を消防設備士又は消防設備点検資格者にさせなければならない特定防火対象物の最小の延べ面積として、消防法令に定められているものは、次のうちどれか。

□　1．300m² 　　　　　2．500m²
　　3．1,000m² 　　　　4．2,000m²

【7】消防用設備等の定期点検及び報告に関する記述について、消防法令上、誤っているものは次のうちどれか。ただし、総務省令で定める舟車を除く。[★]

□　1．消防法第17条に基づいて設置された消防用設備等は、定期に点検をしなければならない。
　　2．特定防火対象物以外の防火対象物にあっては、点検を行った結果を維持台帳に記録し、消防長又は消防署長に報告を求められたときに報告すればよい。
　　3．特定防火対象物の関係者は、点検の結果を消防長又は消防署長に報告しなければならない。
　　4．延べ面積が1,000m²以上の特定防火対象物の消防用設備等にあっては、消防設備士又は消防設備点検資格者に点検をさせなければならない。

【8】消防用設備等の点検及び報告に関する記述として、消防法令上、正しいものは次のうちどれか。

□　1．消防用設備等の点検結果については、消防長又は消防署長から報告を求められたときに報告すればよい。
　　2．店舗に任意に設置された消防用設備等であっても一定期間ごとに点検し、その結果を報告しなければならない。
　　3．延べ面積が1,000m²以上の病院に設置された法令上設置義務のある消防用設備等の点検は、消防設備士又は消防設備点検資格者に行わせなければならない。
　　4．点検を行った消防設備士は、消防用設備等の点検結果について消防長又は消防署長に報告しなければならない。

【9】消防用設備等の定期点検及び報告に関する記述について、消防法令上、正しいものは次のうちどれか。ただし、総務省令で定める舟車を除く。また、規則第31条の6第4項の規定に基づく消防庁長官の定める事由により、点検等の期間を延長する措置は考慮しないものとする。[★]

□　1．すべての防火対象物に設置された消防用設備等の点検は、消防設備士又は消防設備点検資格者でなければ行うことはできない。

2．消防法第17条に基づいて設置された消防用設備等は、定期に点検をしなければならない。

3．消防設備士又は消防設備点検資格者は、点検した結果について、消防長又は消防署長に報告しなければならない。

4．特定防火対象物の消防用設備等は、すべて定期に点検し、その結果を都道府県知事に報告しなければならない。

【10】消防法第17条の3の3に基づく消防用設備等の定期点検及び報告について、消防法令上、誤っているものは次のうちどれか。

☐　1．定期点検の結果は、防火対象物の関係者が消防長又は消防署長に報告する。

2．防火対象物の関係者が、自ら消防用設備等の定期点検を行う防火対象物もある。

3．戸建て一般住宅に設置された消火器は、点検報告の対象とはならない。

4．延べ面積1,000m²以上の特定防火対象物の消防用設備等の定期点検は、消防設備士の免状の交付を受けている者のみができる。

【11】消防用設備等の定期の点検を消防設備士又は消防設備点検資格者に点検させなければならない防火対象物として、消防法令上、正しいものは次のうちどれか。ただし、すべて耐火構造、地階はなく階数3、延べ面積は300m²とし、避難階は1階とする。また、いずれの防火対象物も、屋内階段は規則に定める避難上有効な構造を有しないものとし、消防用設備等又は特殊消防用設備等の防火安全性能を確保するために、消防設備士等による点検が特に必要であるものと規則に定める防火対象物には該当しないものとする。

☐　1．避難階又は地上に直通する屋内階段が一で、1階及び2階がパチンコ店、3階が美容室の複合用途防火対象物

2．避難階又は地上に直通する屋外階段が一で、1階及び2階が学習塾、3階が喫茶店の複合用途防火対象物

3．避難階又は地上に直通する屋内階段が一のカラオケ店

4．避難階又は地上に直通する屋外階段が一のビジネスホテル

【12】消防用設備等又は特殊消防用設備等の点検及び報告の期間に関する記述について、文中の（　）に当てはまる語句として、消防法令上、正しいものは次のうちどれか。ただし、（　）には同じ語句が入るものとする。

「新型インフルエンザ等その他の（　）が定める事由により、これらの項に規定する期間ごとに法第17条の3の3の規定による点検を行い、又はその結果を報告することが困難であるときは、（　）が当該事由を勘案して定める期間ごとに当該点検を行い、又はその結果を報告するものとする。」

□　1．消防長又は消防署長　　2．消防庁長官
　　3．総務大臣　　　　　　　4．都道府県知事

▶▶正解＆解説………………………………………………………………………………

【1】正解4

【2】正解3

1．ホテル、旅館、宿泊所は、令別表第1（5）イに該当し、特定防火対象物である。ただし、延べ面積が1,000m²未満であるため、点検する者の資格を問わない。

2．映画館、劇場、演芸場は、令別表第1（1）イに該当し、特定防火対象物である。ただし、延べ面積が1,000m²未満であるため、点検する者の資格を問わない。

3．キャバレー、ナイトクラブ、その他これらに類するものは、令別表第1（2）イに該当し、特定防火対象物である。延べ面積が1,000m²以上であるため、消防設備士又は消防設備点検資格者に定期点検をさせなければならない。

4．駐車場、自動車車庫は、令別表第1（13）イに該当し、特定防火対象物以外の防火対象物である。延べ面積が1,000m²以上であるが、設問により「消防長又は消防署長が指定するものを除く」としてあるため、点検する者の資格を問わない。

【3】正解3

3．病院、診療所、助産所は、令別表第1（6）イに該当し、特定防火対象物である。延べ面積が1,000m²以上であるため、消防設備士又は消防設備点検資格者に定期点検をさせなければならない。

【4】正解4＆5

定期点検の結果について、特定防火対象物は1年に1回、特定防火対象物以外の防火対象物は3年に1回、それぞれ報告しなければならない。
特定防火対象物…保育所、幼稚園、劇場、物品販売店舗、養護老人ホーム、百貨店
特定防火対象物以外の防火対象物…小学校、駐車場

【5】正解2＆4＆6

特定防火対象物で、延べ面積が1,000m²以上のものは、消防設備士又は消防設備点検資格者に定期点検をさせなければならない。

【6】正解3

【7】正解2
　　1．法第17条の3の3では、定期点検及び報告の対象を「当該防火対象物における消防用設備等」としている。このため、設問では「消防法第17条に基づいて設置された消防用設備等」という表現になっている。なお、任意に設置された消防用設備等については、一定期間ごとの点検及び結果報告に関する規定は適用されない。
　　2．特定防火対象物以外の防火対象物にあっては、消防用設備等を定期に点検し、点検の結果を維持台帳に記録するとともに、3年に1回、消防長又は消防署長に点検の結果を報告しなければならない。

【8】正解3
　　1．消防用設備等の点検結果については、1年に1回又は3年に1回、消防長又は消防署長に報告しなければならない。
　　2．任意に設置された消防用設備等については、一定期間ごとの点検及び結果報告に関する規定は適用されない。
　　4．消防用設備等の点検結果について、消防長又は消防署長に報告しなければならないのは、防火対象物の関係者であり、点検を行った消防設備士ではない。

【9】正解2
　　1．防火対象物のうち政令で定めるものは、消防設備士又は消防設備点検資格者に点検させなければならない。
　　2．法第17条の3の3では、定期点検及び報告の対象を「当該防火対象物における消防用設備等」としている。このため、設問では「消防法第17条に基づいて設置された消防用設備等」という表現になっている。なお、任意に設置された消防用設備等は、一定期間ごとの点検及び結果報告に関する規定は適用されない。
　　3．消防用設備等の点検結果について、消防長又は消防署長に報告しなければならないのは、防火対象物の関係者であり、点検を行った消防設備士や消防設備点検資格者ではない。
　　4．「都道府県知事」⇒「消防長又は消防署長」。

【10】正解4
　　4．消防設備士の免状の交付を受けている者の他、消防設備点検資格者も定期点検を行うことができる。

【11】正解3
　　1．パチンコ店は特定防火対象物ではあるが、3階の美容室は政令別表第1（15）項に該当し、特定防火対象物ではないため点検の対象とはならない。
　　2＆4．屋外階段であるため該当しない。
　　※「規則に定める避難上有効な構造を有する階段」とは、建築基準法施行令に規定する避難階段（屋内に設けるもので消防庁長官が定める部分を有するものに限る。）又は特別避難階段をいう。

【12】正解2

9. 防火対象物点検資格者

◎一定の防火対象物のうち政令で定めるものの管理について権原を有する者は、定期に、**防火対象物点検資格者**に、当該防火対象物における防火管理上必要な業務、消防の用に供する設備、消防用水又は消火活動上必要な施設の設置及び維持その他火災の予防上必要な事項（点検対象事項）が点検基準に適合しているかどうかを点検させ、その結果を消防長又は消防署長に報告しなければならない。ただし、第17条の3の3の規定（消防用設備等の点検及び報告）による点検及び報告の対象となる事項については、この限りでない（法第8条の2の2）。

〔解説〕一定の防火対象物とは、特定防火対象物で、収容人数ごとに細かく規定されている。

◎法第8条の2の2 1項の規定による点検は、1年に1回行うものとする。

◎**防火対象物点検資格者**は、次の各号（①及び②以外は省略）のいずれかに該当する者で、防火対象物の点検に関し必要な知識及び技能を修得することができる講習であって、登録講習機関の行うものの課程を修了し、当該登録講習機関が発行する防火対象物の点検に関し必要な知識及び技能を修得したことを証する書類（免状）の交付を受けている者とする（規則第4条の2の4 4項）。

①消防設備士で、消防用設備等又は特殊消防用設備等の工事、整備又は点検について3年以上の実務の経験を有する者

②消防設備点検資格者で、消防用設備等又は特殊消防用設備等の点検について3年以上の実務の経験を有する者

▶▶過去問題◀◀

【1】防火対象物点検資格者についての次の記述のうち、文中の（ ）に当てはまるものとして、消防法令上、正しいものは次のうちどれか。

「消防設備士が防火対象物点検資格者になる条件の一つとして、消防用設備等の工事、整備又は点検について（ ）年以上の実務経験が必要である。」

☐　1.　1
　　2.　2
　　3.　3
　　4.　4

▶▶正解＆解説‥‥‥‥‥‥‥‥‥‥‥‥‥‥‥‥‥‥‥‥‥‥‥‥‥‥‥‥‥‥‥‥‥‥

【1】正解3

10. 消防用設備等の届出及び検査

■1. 消防用設備等の設置後の措置

◎法第17条１項の防火対象物のうち特定防火対象物その他の政令で定めるものの**関係者**は、同項の政令で定める技術上の基準に従って設置しなければならない消防用設備等を**設置したとき**は、総務省令で定めるところにより、その旨を**消防長又は消防署長に届け出て、検査を受けな**ければならない（法第17条の３の２）。

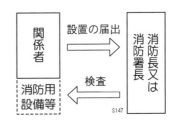

◎ただし、消防用設備等のうち、次に掲げるものは、設置しても検査を受けなくてもよい設備とする。

> 簡易消火用具（水バケツ、水槽、乾燥砂、膨張ひる石・膨張真珠岩）
> 非常警報器具（警鐘、携帯用拡声器、手動式サイレン）

■2. 届出及び検査が必要な防火対象物

◎法第17条の３の２の政令で定める防火対象物は、次に掲げる防火対象物とする（令第35条）。

※いずれも一部で、詳細は省略。「令別表第１」13P参照。

1. 次に掲げる**特定防火対象物**

> カラオケボックス、旅館、病院、診療所・助産所（入院施設有り）、老人短期入所施設・養護老人ホームなど
>
> （2）ニ、（5）イ、（6）イ①～③、（6）ロ、（6）ハの一部、
> （16）イの一部、（16の2）の一部、（16の3）の一部

2. 次に掲げる**特定防火対象物**で、延べ面積が**300m² 以上**のもの

> 劇場・演芸場、集会場、キャバレー、ナイトクラブ、ダンスホール、遊技場、飲食店、百貨店、診療所・助産所（入院施設無し）、保育所、幼稚園・特別支援学校、蒸気浴場など
>
> （1）、（2）イ～ハ、（3）、（4）、（6）イ④、（6）ハ及びニ、（9）イ、
> （16）イの一部、（16の2）の一部、（16の3）の一部

3. 次に掲げる**防火対象物**で、延べ面積が**300m² 以上**のもののうち、消防長又は消防署長が火災予防上必要があると認めて**指定するもの**

> 共同住宅、小中学校、図書館、美術館、公衆浴場、車両の停車場、神社、教会、作業場、工場、倉庫など
>
> （5）ロ、（7）、（8）、（9）ロ、（10）～（15）まで、（16）ロ、（17）及び（18）

4．特定防火対象物の用途に供される部分が避難階以外の階（1階及び2階を除く）に存する防火対象物で、当該避難階以外の階から避難階（通常は1階）又は地上に直通する階段が2（当該階段が屋外に設けられ、又は総務省令で定める避難上有効な構造を有する場合にあっては、1）以上設けられていないもの

■3．特定1階段等防火対象物

◎令第35条1項4号は、特定1階段等防火対象物と呼ばれており、極めて難解な表現となっている。

◎特定1階段等防火対象物を解りやすく定義すると、「地階又は3階以上の部分に特定用途部分があり、かつ、1階に通じる避難に使用する階段が屋内に1つしかない防火対象物」となる。

◎「避難階以外の階」は1階と2階を除くものとする（令第4条の2の2　1項2号）。

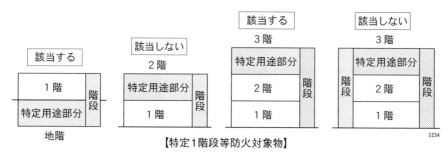

【特定1階段等防火対象物】

■4．届出及び検査

◎法第17条の3の2の規定による検査を受けようとする防火対象物の関係者は、当該防火対象物における消防用設備等又は特殊消防用設備等の設置に係る工事が完了した場合において、その旨を工事が完了した日から4日以内に消防長又は消防署長に別記様式第1号の2の3の届出書（省略）に次に掲げる書類（省略）を添えて届け出なければならない。

▶▶過去問題◀◀

【1】消防用設備等の検査を行わなければならない防火対象物として、消防法令上、適切なものは次のうちどれか。ただし、消防長又は消防署長が指定するものを除く。

- □　1．延べ面積1,000m²の中学校
- 　　2．延べ面積500m²のダンスホール
- 　　3．延べ面積500m²の美術館
- 　　4．延べ面積1,000m²の共同住宅

【2】設備等技術基準に従って設置しなければならない消防用設備等（簡易消火用具及び非常警報器具を除く。）を設置した場合、消防長又は消防署長に届け出て、検査を受けなければならない防火対象物として、消防法令上、正しいものを2つ答えなさい。ただし、消防長又は消防署長が指定するものを除く。［編］

- [ ] 1．延べ面積が 250m² の入院施設を有しない助産所
- 2．延べ面積が 250m² の集会場
- 3．延べ面積が 250m² の教会
- 4．延べ面積が 250m² のカラオケボックス
- 5．延べ面積が 500m² のナイトクラブ
- 6．延べ面積が 1,000m² の中学校
- 7．延べ面積が 500m² の美術館
- 8．延べ面積が 1,000m² の共同住宅

【3】消防用設備等を設備等技術基準に従って設置した場合、消防法令上、消防機関の検査を受けなくてもよい防火対象物は次のうちどれか。ただし、防火対象物はすべて平家建で、非常警報器具及び簡易消火用具は設置されていないものとする。

- [ ] 1．延べ面積200m²の老人短期入所施設
- 2．延べ面積350m²の診療所
- 3．延べ面積250m²の特別支援学校
- 4．延べ面積500m²の演芸場

【4】消防用設備等（簡易消火用具及び非常警報器具を除く。）を設置したときの届出及び検査について、消防法令上、誤っているものは次のうちどれか。

- [ ] 1．特定防火対象物以外の防火対象物に設置した消防用設備等であっても、消防長又は消防署長へ届け出て検査を受けなければならない場合がある。
- 2．消防用設備等を設置したときに、届け出て検査を受けるのは、当該防火対象物の関係者である。
- 3．延べ面積が 300m² 以上の特定防火対象物に消防法第17条に基づき設置した消防用設備等については、消防長又は消防署長へ届け出て検査を受けなければならない。
- 4．消防用設備等を設置したときに届け出て検査を受けるのは、当該防火対象物の工事を行った工事責任者である。

【5】設置義務のある消防用設備等（簡易消火用具及び非常警報器具を除く。）を設置したときの届出及び検査に関する記述について、消防法令上、正しいものは次のうちどれか。

☐　1．特定防火対象物に消防用設備等を設置したとき、消防設備士は消防長又は消防署長に届け出て検査を受けなければならない。

　　2．延べ面積が 300m² 以上の防火対象物に消防用設備等を設置したとき、消防設備士は消防長又は消防署長に届け出て検査を受けなければならない。

　　3．特定防火対象物以外の防火対象物であっても延べ面積が 300m² 以上あり、かつ、消防長又は消防署長から火災予防上必要があると認めて指定された場合は、届け出て検査を受けなければならない。

　　4．特定防火対象物に消防用設備等を設置したとき、防火対象物の関係者は市町村長等に届け出て検査を受けなければならない。

【6】消防用設備等の設置届に基づく検査について、消防法令上、誤っているものを2つ答えなさい。［編］

☐　1．特定防火対象物で延べ面積が300m²以上ある場合は、検査を受けなければならない。

　　2．特定防火対象物以外の防火対象物で延べ面積が300m²以上のもののうち、消防長又は消防署長が火災予防上必要があると認めて指定する場合は、検査を受けなければならない。

　　3．消防用設備等のうち簡易消火用具及び非常警報器具は、検査の対象から除かれている。

　　4．検査を受けなければならない特定防火対象物の関係者は、消防用設備等の設置に係る工事が完了した日から10日以内に消防長又は消防署長に届け出なければならない。

　　5．特定防火対象物以外のものについては、延べ面積に関係なく届け出て検査を受ける必要はない。

【7】消防用設備等を設備等技術基準に従って設置した場合、消防長又は消防署長に届け出て検査を受けなくてもよい防火対象物として、消防法令上、正しいものは次のうちどれか。ただし、当該防火対象物の避難階は1階であり、階段は屋内にのみ設けられ、総務省令で定める避難上有効な構造を有していないものとする。

□　1．地上に直通する階段が1か所ある2階建ての旅館で、延べ面積が100m² のもの

　　2．地上に直通する階段が1か所ある3階建ての飲食店で、延べ面積が150m² のもの

　　3．地上に直通する階段が2か所ある4階建ての入院施設のある診療所で、延べ面積が200m² のもの

　　4．地上に直通する階段が2か所ある5階建ての作業場で、延べ面積が250m² のもの

▶▶正解&解説 ………………………………………………………………………………

【1】正解2

　　2．ダンスホールは、延べ面積が300m²以上のものが対象となる。

　　1&3&4．中学校、美術館及び共同住宅は、延べ面積が300m²以上で消防署長等の指定があるものが対象となる。

【2】正解4&5

　　1&2&5．入院施設を有しない助産所、集会場及びナイトクラブは、延べ面積が300m² 以上のものが対象となる。

　　3&6〜8．教会、中学校、美術館、共同住宅は、延べ面積が300m² 以上で消防署長等の指定があるものが対象となる。

　　4．カラオケボックスは、延べ面積に関係なく対象となる。

【3】正解3

　　1．老人短期入所施設は、延べ面積にかかわらず消防用設備等の検査が必要となる。

　　2．診療所は、入院施設の有無で基準が異なってくるが、延べ面積が350m²であるため、いずれであっても消防用設備等の検査が必要となる。

　　3．延べ面積が300m² 以上ではないため、消防用設備等の検査が不要となる。

　　4．延べ面積が300m² 以上であるため、消防用設備等の検査が必要となる。

【4】正解4

1．例えば、令別表第1において、（5）ロの寄宿舎、下宿、共同住宅は特定防火対象物ではないが、延べ面積が300m²以上で、消防長又は消防署長が必要があると認めて指定した場合、消防用設備等を設置したときは、その旨を消防長又は消防署長へ届け出て検査を受けなければならない。

3．特定防火対象物については、延べ面積にかかわらず、全てが届出・検査の対象になるものと、延べ面積が300m²以上の場合に届出・検査の対象となるものがある。
　　例えば、カラオケボックス（（2）ニ）を営む店舗は、延べ面積が300m²未満であっても消防用設備等を設置した場合は、届出・検査が必要となる。また、劇場（1）は延べ面積が300m²以上のところが消防用設備等を設置した場合に、届出・検査が必要となる。
　　設問にある延べ面積が300m²以上の特定防火対象物では、全てのところで届出・検査が必要となる。

4．消防用設備等を設置したときに届け出て検査を受けるのは、当該防火対象物の関係者である。

【5】正解3

1＆2．「消防設備士」⇒「関係者」。

4．「市町村長等」⇒「消防長又は消防署長」。

【6】正解4＆5

4．「工事が完了した日から10日以内」⇒「工事が完了した日から4日以内」。

5．特定防火対象物以外のものであっても、延べ面積が300m²以上で消防長又は消防署長から指定を受けると、消防用設備等の届出及び検査が必要となる。

【7】正解4

1．この旅館は、特定1階段等防火対象物に該当しない。しかし、旅館は延べ面積に関係なく、消防用設備等の届出及び検査が必要となる。

2．この飲食店は、特定1階段等防火対象物に該当するため、消防用設備等の届出及び検査が必要となる。

3．この診療所は、特定1階段等防火対象物に該当しない。しかし、入院施設がある診療所は延べ面積に関係なく、消防用設備等の届出及び検査が必要となる。

4．この作業場は、特定1階段等防火対象物に該当しない。更に、工場は延べ面積が300m²以上で消防長又は消防署長から指定を受けると、消防用設備等の届出及び検査が必要となる。延べ面積250m²の作業場は届出及び検査が不要となる。

◎甲種消防設備士は、法第17条の5（57P参照）の規定に基づく工事をしようとするときは、その工事に着手しようとする日の**10日前**までに、総務省令で定めるところにより、工事整備対象設備等の種類、工事の場所その他必要な事項を消防長又は消防署長に**届け出なければならない**（法第17条の14）。

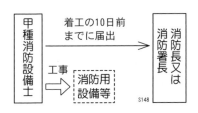

〔解説〕「法第17条の5の規定に基づく工事」とは、消防設備士でなければ行ってはならない消防用設備等又は特殊消防用設備等の工事である。また、甲種消防設備士は、消防用設備等の工事又は整備を行うことができるのに対し、乙種消防設備士は消防用設備等の整備のみを行うことができる。従って、工事の着工届出は、必然的に甲種消防設備士が行うことになる。

◎法第17条の14の規定による届出は、別記様式第1号の7の**工事整備対象設備等着工届出書**に、次の各号に掲げる区分に応じて、当該各号に定める書類の写しを添付して行わなければならない（規則第33条の18）。
　①消防用設備等………当該消防用設備等の工事の設計に関する図書
　②特殊消防用設備等…当該特殊消防用設備等の工事の設計に関する図書、
　　　　　　　　　　　設備等設置維持計画等　※詳細は省略（編集部）

▶▶過去問題◀◀

【1】工事整備対象設備等の着工届に関する次の記述のうち、消防法令上、正しいものの組合せはどれか。
　ア．甲種消防設備士のみ届け出の義務がある。
　イ．工事に着手した日から10日以内までに届け出なければならない。
　ウ．工事整備対象設備等着工届書には、工事の設計に関する図書の写しを添付しなければならない。
□　1．ア、イのみ
　　2．ア、ウのみ
　　3．イ、ウのみ
　　4．ア、イ、ウすべて

【2】工事整備対象設備等の着工届について、消防法令上、正しいものは次のうちどれか。

□　1．防火対象物の関係者が、工事に着手しようとする日の10日前までに都道府県知事に届け出る。

　　2．甲種消防設備士が、工事に着手しようとする日の10日前までに消防長又は消防署長に届け出る。

　　3．甲種消防設備士が、工事に着手しようとする日の7日前までに消防長又は消防署長に届け出る。

　　4．防火対象物の関係者が、工事に着手しようとする日の7日前までに消防長又は消防署長に届け出る。

【3】工事整備対象設備等の工事の届出について、消防法令上、正しいものは次のうちどれか。

□　1．甲種消防設備士は、消防用設備等の工事に着手しようとする場合、消防長又は消防署長に必要な事項について届け出なければならない。

　　2．防火対象物の関係者は、消防用設備等の工事に着手しようとする場合、消防長又は消防署長に必要な事項について届け出なければならない。

　　3．甲種消防設備士は、消防用設備等の工事に着手したときは、遅滞なく消防長又は消防署長に必要な事項について届け出なければならない。

　　4．防火対象物の関係者は、消防用設備等の工事に着手したときは、遅滞なく消防長又は消防署長に必要な事項について届け出なければならない。

【4】工事整備対象設備等の着工届について、消防法令上、正しいものは次のうちどれか。

□　1．甲種消防設備士は、工事に着手しようとする場合、工事整備対象設備等着工届出書を10日前までに都道府県知事に提出しなければならない。

　　2．特定防火対象物の関係者は、工事に着手しようとする場合、工事整備対象設備等着工届出書を10日前までに都道府県知事に提出しなければならない。

　　3．甲種消防設備士は、工事に着手しようとする場合、工事整備対象設備等着工届出書を10日前までに消防長又は消防署長に提出しなければならない。

　　4．特定防火対象物の関係者は、工事に着手しようとする場合、工事整備対象設備等着工届出書を10日前までに消防長又は消防署長に提出しなければならない。

▶▶正解＆解説···

【1】正解2

　イ．工事に着手しようとする日の10日前までに届け出なければならない。

【2】正解2

【3】正解1

　2〜4．甲種消防設備士は、消防用設備等の工事に着手しようとする場合、その工事に着手しようとする日の10日前までに、消防長又は消防署長に必要な事項について届け出なければならない。

【4】正解3

　1．着工届出書は、消防長又は消防署長に提出しなければならない。

　2＆4．着工届出書は、甲種消防設備士が消防長又は消防署長に提出する。

12. 消防用設備等の設置命令と維持命令

◎消防長又は消防署長は、法第17条1項の防火対象物における消防用設備等が設備等技術基準に従って設置され、又は維持されていないと認めるときは、当該防火対象物の関係者で権原を有する者に対し、当該設備等技術基準に従ってこれを設置すべきこと、又はその維持のため必要な措置をなすべきことを命ずることができる（法第17条の4）。

〔解説〕「関係者で権原を有する者」とは、防火対象物の所有者、管理者、占有者のうち、命令の内容を法律上正当に履行できる者である。

■1. 罰則

◎次のいずれかに該当する者は、1年以下の懲役又は100万円以下の罰金に処する（法第41条）。

⑤法第17条の4の規定による命令に違反して消防用設備等を設置しなかった者（設置命令違反）

◎次のいずれかに該当する者は、30万円以下の罰金又は拘留に処する（法第44条）。

⑫法第17条の4の規定による命令に違反して消防用設備等の維持のため必要な措置をしなかった者（維持命令違反）

〔解説〕消防用設備等の設置命令違反と維持命令違反を比べると、刑罰は設置命令違反の方がより重いことになる。

■2. 両罰規定

◎法人の代表者又は法人若しくは人の代理人、使用人その他の従業者が、その法人
又は人の業務に関し、次の各号に掲げる規定の違反行為をしたときは、行為者を
罰するほか、その**法人**に対して当該各号に定める罰金刑を科する（法第45条）。

②法第41条1項5号（消防用設備等の設置命令違反）… 3000万円以下の罰金刑

〔解説〕法第45条は、両罰規定と呼ばれているもので、行為者の他に、その法人に対し
ても罰金刑が科せられる。法第41条1項5号は消防用設備等の設置命令違反で
あり、この場合、「関係者で権原を有する者」が1年以下の懲役又は100万円以
下の罰金に科せられ、更にその法人に3000万円以下の罰金が科せられる。

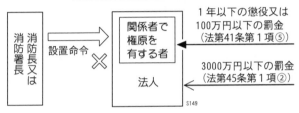

▶▶過去問題◀◀

【1】消防用設備等の設置維持命令に関する次の記述のうち、文中の（ ）に当て
はまる語句の組合せとして、消防法令上、正しいものは次のうちどれか。

「（ア）は、防火対象物における消防用設備等が（イ）に従って設置され、又
は維持されていないと認めるときは、当該防火対象物の関係者で（ウ）に対し、
（イ）に従ってこれを設置すべきこと、又はその維持のため、必要な措置をなす
べきことを命ずることができる。」

	（ア）	（イ）	（ウ）
☐ 1.	消防長又は消防署長	設備等技術基準	権原を有する者
2.	都道府県知事	設備等設置維持計画	防火管理者
3.	消防長又は消防署長	設備等設置維持計画	権原を有する者
4.	都道府県知事	設備等技術基準	防火管理者

【2】 消防用設備等の設置又は維持に関する命令について、消防法令上、正しいものは次のうちどれか。

□ 1．消防長又は消防署長は、消防用設備等が技術基準に従って維持されていない場合、防火対象物の関係者で権原を有する者に対して、必要な措置をとることを命ずることができる。

2．消防長又は消防署長は、消防用設備等が技術基準に従って設置されていない場合、工事に当たった消防設備士に対して、工事の手直しを命ずることができる。

3．設置の命令に違反して消防用設備等を設置しなかった者は、罰金又は拘留に処せられる。

4．維持の命令に違反して消防用設備等の維持のため必要な措置をとらなかった者は、懲役又は罰金に処せられる。

【3】 消防用設備等が技術上の基準に適合していない場合、必要な措置を行うよう命令を受ける者として、消防法令上、正しいものは次のうちどれか。

□ 1．防火対象物の管理者で権原を有する者

2．防火対象物の占有者

3．防火対象物の消防用設備等を工事した消防設備士

4．防火対象物の消防用設備等を点検した消防設備士

【4】 消防用設備等の設置及び維持に関する命令についての記述として、消防法令上、誤っているものは次のうちどれか。

□ 1．命令は任意に設置した消防用設備等までは及ばない。

2．消防用設備等の設置義務がある防火対象物に消防用設備等の一部が設置されていない場合であっても命令の対象となる。

3．命令を発することができる者は、消防長又は消防署長である。

4．命令の相手方は、防火対象物の関係者であれば当該消防用設備等について権原を有しなくてもよい。

▶▶正解＆解説‥‥‥‥‥‥‥‥‥‥‥‥‥‥‥‥‥‥‥‥‥‥‥‥‥‥‥‥‥‥‥‥‥‥‥‥‥‥‥

【1】 正解1

【2】 正解1

2．設置命令及び維持命令ともに、命令を受けるのは、防火対象物の関係者で権原を有する者である。

3．「罰金又は拘留」⇒「懲役又は罰金」。

4．「懲役又は罰金」⇒「罰金又は拘留」。

【3】正解1

命令を受けるのは、防火対象物の関係者で権原を有する者である。防火対象物の関係者とは、防火対象物の所有者、管理者又は占有者をいう。

【4】正解4

1. 法令では、「第17条1項の防火対象物における消防用設備等…」としており、消防法令に従って設置された消防用設備等が設置命令と維持命令の対象となる。

4. 防火対象物の関係者で、消防用設備等について権原を有する者でなければならない。

▌13. 消防設備士でなければ行ってはならない工事又は整備

■1. 行ってはならない工事又は整備の一覧

◎消防設備士免状の交付を受けていない者は、消防用設備等又は特殊消防用設備等の工事（設置に係るものに限る）又は整備のうち、次に掲げるものを行ってはならない（法第17条の5・令第36条の2）。

屋内消火栓設備	電源、水源及び配管を除く	工事又は整備
スプリンクラー設備		
水噴霧消火設備		
屋外消火栓設備		
泡消火設備	電源を除く	
不活性ガス消火設備		
ハロゲン化物消火設備		
粉末消火設備		
自動火災報知設備		
ガス漏れ火災警報設備		
消防機関へ通報する火災報知設備		
金属製避難はしご	固定式のものに限る	
救助袋	－	
緩降機	－	
必要とされる防火安全性能を有する消防の用に供する設備等（※1）	消防庁長官が定めるものに限り、電源、水源及び配管を除く	
特殊消防用設備等（※2）		
消火器	－	整備のみ
漏電火災警報器	－	整備のみ

◎消火器は「本体容器・部品の補修・機能調整」、「部品交換」、「消火薬剤の詰め替え」が整備に該当する。

◎令第36条の2では、消防設備士でなければ行ってはならない工事又は整備として具体的に掲げている。これら以外に法令では、「必要とされる防火安全性能を有する消防の用に供する設備等（※1）若しくは特殊消防用設備等（※2）」として、消防庁告示により具体的に掲げている。告示では、対象とする消防用設備等について、「類するもの」としている。

〔解説〕消防庁告示は、「消防法施行令第36条の2　1項各号及び2項各号に掲げる消防用設備等に類するものを定める件」。

〔告示により対象とする消防用設備等〕

必要とされる防火安全性能を有する消防の用に供する設備等（※1）	パッケージ型消火設備
	パッケージ型自動消火設備
	共同住宅用スプリンクラー設備
	共同住宅用自動火災報知設備
	住戸用自動火災報知設備
	特定小規模施設用自動火災報知設備
	複合型居住施設用自動火災報知設備
	特定駐車場用泡消火設備
特殊消防用設備等（※2）	ドデカフルオロ－2－メチルペンタン－3－オンを消火剤とする消火設備
	加圧防煙設備
	火災による室内温度上昇速度を感知する感知器を用いた火災報知設備

▶パッケージ型消火設備

　人によりホースを延長し、ノズルから消火剤を放射して消火を行う消火設備で、ノズル、ホース、リール又はホース架、消火薬剤貯蔵容器、起動装置、加圧用ガス容器等をひとつの格納箱に収納したものをいう。次の特徴がある。

①屋内消火栓設備の代替設備として使用できる。
②屋内消火栓設備に必要な貯水槽、ポンプ、非常電源及び配管が不要。
③操作方法は、加圧用ガス容器のバルブを全開にする ⇒ ホースを伸ばしてノズルを火元に向けレバーを開く、という手順である。

提供：ヤマトプロテック▶

■2. 消防設備士でなくても行える整備の範囲

◎次に掲げる消防用設備等の軽微な整備は、消防設備士でなくても行えるものとする（令第36条の2 2項・規則第33条の2）。

①屋内消火栓設備の表示灯の交換

②屋内消火栓設備又は屋外消火栓設備のホース又はノズル、ヒューズ類、ネジ類等部品の交換

③屋内消火栓設備又は屋外消火栓設備の消火栓箱、ホース格納箱等の補修、その他これらに類するもの

▶▶過去問題◀◀

【1】消防設備士でなければ工事又は整備を行うことができない消防用設備等の部分について、消防法令上、正しいものは次のうちどれか。

☐　1．スプリンクラー設備の配管部分

　　2．粉末消火設備の貯蔵容器部分

　　3．屋内消火栓設備の水源部分

　　4．泡消火設備の電源部分

【2】消防設備士でなければ行うことができない消防用設備等の工事または整備の範囲として、消防法令上、誤っているものは次のうちどれか。

☐　1．泡消火設備の配管の接続工事

　　2．自動火災報知設備の感知器の設置工事

　　3．消火器の消火薬剤の詰替え

　　4．屋内消火栓設備のネジ類等部品の交換

【3】工事整備対象設備等着工届出書による届出が必要となる消防用設備等として、消防法令上、正しいものは次のうちどれか。

☐　1．誘導灯

　　2．消防機関へ通報する火災報知設備

　　3．非常警報設備

　　4．漏電火災警報器

【4】消防設備士でなければ工事又は整備を行うことができない消防用設備等の組合せとして、消防法令上、正しいものは次のうちどれか。[編]

　□　1．屋内消火栓設備、不活性ガス消火設備、スプリンクラー設備、動力消防ポンプ設備

　　　2．泡消火設備、粉末消火設備、パッケージ型消火設備

　　　3．自動火災報知設備、漏電火災警報器、放送設備

　　　4．消火器、救助袋、すべり台、緩降機

【5】消防設備士でなくても行うことができる消防用設備等の工事又は整備の範囲として、消防法令上、誤っているものは次のうちどれか。

　□　1．給水装置工事主任技術者であるAは、スプリンクラー設備の水源に水を補給するための給水管を交換した。

　　　2．電気主任技術者であるBは、自動火災報知設備の電源表示ランプを交換した。

　　　3．電気工事士であるCは、屋内消火栓の表示灯が消えていたので、表示灯配線の異常の有無について検査して、電球を取り替えた。

　　　4．水道工事業者であるDは、屋外消火栓の水漏れ補修を頼まれ、水漏れの原因となった屋外消火栓開閉弁を新品と交換した。

【6】消防設備士でなければ工事又は整備を行うことができない消防用設備等として、消防法令上、誤っているものは次のうちどれか。

　□　1．スプリンクラー設備

　　　2．泡消火設備

　　　3．非常警報設備

　　　4．漏電火災警報器

【1】正解2

　　1&3．スプリンクラー設備、屋内消火栓設備の［電源・水源・配管］部分は、消防設備士でなければ行ってはならない工事又は整備の対象から除外されている。

　　4．泡消火設備の［電源］部分は、消防設備士でなければ行ってはならない工事又は整備の対象から除外されている。

【2】正解4

　　4．屋内消火栓設備のネジ類等部品の交換は、消防設備士でなくても行える整備の範囲に該当する。

【3】正解2

　　法第17条の14（「11．工事整備対象設備等の着工届」51P参照）では、法第17条の5の規定に基づく工事をしようとするときは、工事整備対象設備等の着工届出書を届け出るよう規定している。従って、「法第17条の5の規定に基づく工事」であるかどうかが、この問題のポイントとなる。

　　消防設備士でなければ行ってはならない工事又は整備の一覧によると、「消防機関へ通報する火災報知設備」は含まれている。しかし、誘導灯と非常警報設備は一覧に含まれていない。また、漏電火災警報器は一覧に含まれているが、設置工事ではなく整備のみが対象としてあり、着工届出書による届出は必要ない。

【4】正解2

　　1．動力消防ポンプ設備は、消防設備士でなければ工事又は整備を行ってはならない消防用設備等の対象外である。

　　2．パッケージ型消火設備は、告示により対象とする消防用設備等に含まれている。

　　3．放送設備は対象外である。

　　4．すべり台は対象外である。

【5】正解4

　　1．法第17条の5の規定に基づく工事に、「配管」は除くとしている。

　　2&3．消防設備士でなくとも行える軽微な整備として、「表示灯の交換」「その他これらに類するもの」がある。電源表示ランプの交換や表示灯の電球の取り替えは、軽微な整備に該当するものと判断する。

　　4．屋外消火栓設備の開閉弁の交換は、消防設備士でなければできない消防用設備等の工事に該当する。

【6】正解3

　　3．非常警報設備は、非常ベル、自動式サイレン、放送設備が該当する。自動火災報知設備とともに警報設備に含まれる。しかし、消防設備士でなければ工事又は整備を行うことができない消防用設備等には該当しない。

14. 消防用設備等の技術上の基準と異なる規定

■1. 消防用設備等の技術上の基準と異なる規定

◎市町村は、その地方の気候又は風土の特殊性により、法第17条1項の消防用設備等の技術上の基準に関する政令又はこれに基づく命令の規定のみによっては防火の目的を充分に達し難いと認めるときは、**条例**で、同項の消防用設備等の技術上の基準に関して、当該政令又はこれに基づく命令の規定と**異なる規定を設けること**ができる（法第17条2項）。

━━━━━━━━━━━━━ ▶ ▶ 過去問題 ◀ ◀ ━━━━━━━━━━━━━

【1】法令上、その地方の気候又は風土の特殊性により、法に定める消防用設備等の技術上の基準に関する政令又はこれに基づく命令の規定のみによっては防火の目的を充分に達し難いと認めるときは、同項の消防用設備等の技術上の基準に関して、当該政令又はこれに基づく命令の規定と異なる規定を設けることができる。この基準を定めるのは次のうちどれか。

☐ 　1．消防庁長官の定める基準　　　2．市町村条例
　　3．都道府県知事の定める基準　　4．市町村規則

【2】消防法第17条第2項に規定されている付加条例について、最も適切なものは次のうちどれか。

☐ 　1．市町村の付加条例によって、消防用設備等の設置及び維持に関する技術上の基準について、政令で定める基準を強化することができる。
　　2．市町村の付加条例によって、消防用設備等の設置及び維持に関する技術上の基準について、政令で定める基準を緩和することができる。
　　3．市町村の付加条例によって、消防法施行令別表第1の防火対象物以外の防火対象物に対して消防用設備等の設置を義務付けることができる。
　　4．市町村の付加条例によって、政令で定める消防用設備等の一部を設置しなくてもよいという特例基準を定めることができる。

▶▶正解＆解説‥‥‥‥‥‥‥‥‥‥‥‥‥‥‥‥‥‥‥‥‥‥‥‥‥‥‥‥‥‥‥‥‥‥‥‥‥‥

【1】正解2

【2】正解1

　　1．消防用設備等の技術上の基準について、市町村は政令又はこれに基づく命令の規定と異なる規定を条例として追加することができる。この結果、消防用設備等の技術上の基準はより厳しい内容となる。条例では法令で定める消防用設備等の技術上の基準そのものを緩和することはできない。

15. 基準の特例

■基準の特例

◎令別表第1（12）イ（工場、作業場等）に掲げる防火対象物で、総務省令で定めるものについては、「消火設備に関する基準」に定める基準に関して、総務省令で特例を定めることができる（令第31条1項）。

◎次に掲げる防火対象物又はその部分については、「消防用設備等の設置及び維持の技術上の基準」に定める基準に関して、総務省令で特例を定めることができる（令第31条2項）。

　①令別表第1（15）（事務所等）に掲げる防火対象物で、総務省令で定めるもの

　②令別表第1に掲げる防火対象物の道路の用に供される部分で、総務省令で定めるもの

◎「消防用設備等の設置及び維持の技術上の基準」の規定は、消防用設備等について、**消防長又は消防署長**が、防火対象物の位置、構造又は設備の状況から判断して、この規定による消防用設備等の基準によらなくとも、火災の発生又は延焼のおそれが著しく少なく、かつ、火災等の災害による被害を最少限度に止めることができると認めるときにおいては、適用しない（令第32条）。

▶▶過去問題◀◀

【1】消防用設備等の設置に際し、政令に定める基準によらなくてもよいものに関する記述について、文中の（　）に当てはまる語句として、消防法令上、正しいものは次のうちどれか。

　「第2章第3節に定める消防用設備等の設置及び維持の技術上の基準の規定は、消防用設備等について、（　）が、防火対象物の位置、構造又は設備の状況から判断して、この規定による消防用設備等の基準によらなくとも、火災の発生又は延焼のおそれが著しく少なく、かつ、火災等の災害による被害を最少限度に止めることができると認めるときにおいては、適用しない。」

- [ ] 1．消防長又は消防署長
- 　 2．総務大臣
- 　 3．都道府県知事
- 　 4．市町村長

▶▶正解＆解説‥‥‥‥‥‥‥‥‥‥‥‥‥‥‥‥‥‥‥‥‥‥‥‥‥‥‥‥‥‥‥‥‥‥‥‥‥‥

【1】正解1

16. 消防設備士の免状

■1. 免状の種類

◎消防設備士免状の種類は、**甲種消防設備士免状**及び**乙種消防設備士免状**とする（法第17条の6）。

◎甲種消防設備士免状の交付を受けている者（甲種消防設備士）が**行うことができる工事又は整備の種類**及び乙種消防設備士免状の交付を受けている者（乙種消防設備士）が行うことができる整備の種類は、これらの消防設備士免状の種類に応じて、次に定める（法第17条の6 2項・規則第33条の3）。

免状の種類	消防用設備等又は特殊消防用設備等の種類	甲種消防設備士	乙種消防設備士
特類	**特殊消防用設備等**	工事又は整備	－
第1類	**屋内消火栓設備、スプリンクラー設備、水噴霧消火設備又は屋外消火栓設備**	工事又は整備	整備
	〔告示〕パッケージ型消火設備、パッケージ型自動消火設備		
第2類	**泡消火設備**	工事又は整備	整備
	〔告示〕パッケージ型消火設備、パッケージ型自動消火設備、特定駐車場用泡消火設備		
第3類	**不活性ガス消火設備、**ハロゲン化物消火設備、粉末消火設備	工事又は整備	整備
	〔告示〕パッケージ型消火設備、パッケージ型自動消火設備		
第4類	**自動火災報知設備、ガス漏れ火災警報設備、消防機関へ通報する火災報知設備**	工事又は整備	整備
	〔告示〕共同住宅用自動火災報知設備、住戸用自動火災報知設備、特定小規模施設用自動火災報知設備、複合型居住施設用自動火災報知設備		
第5類	**金属製避難はしご、救助袋又は緩降機**	工事又は整備	整備
第6類	**消火器**	－	整備
第7類	**漏電火災警報器**	－	整備

※「特殊消防用設備等」とは、通常の消防用設備等と同等以上の性能を有し、かつ、特殊消防用設備等の設置及び維持に関する計画に従って設置し、維持するものとして、法第17条3項の規定により総務大臣の認定を受けたものをいう。

※〔告示〕とは、「消防設備士が行うことができる必要とされる防火安全性能を有する消防の用に供する設備等の工事又は整備の種類を定める件」で掲げる消防用設備等とする。

※「パッケージ型自動消火設備」とは、火災の発生を感知し、自動的に水又は消火薬剤を圧力により放射して消火を行う固定した消火設備であって、感知部、放出口、作動装置、消火薬剤貯蔵容器、放出導管、受信装置等により構成されるものをいう。「パッケージ型消火設備」は 58P 参照。

■2．消防用設備等に係る工事の区分

◎消防用設備等に係る工事の区分は、次の表に定めるとおりとする（消防庁予防課長通知　消防予第192号）。

	内　　容	区分
新設	防火対象物（新築のものを含む）に従前設けられていない消防用設備等を新たに設けることをいう。	工事
増設	防火対象物に設置されている消防用設備等について、その構成機器・装置等の一部を付加することをいう。	工事
移設	防火対象物に設置されている消防用設備等について、その構成機器・装置等の全部又は一部の設置位置を変えることをいう。	工事
取替え	防火対象物に設置されている消防用設備等について、その構成機器・装置等の一部を既設のものと同等の種類、機能・性能等を有するものに交換することをいう。	工事
改造	防火対象物に設置されている消防用設備等について、その構成機器・装置等の一部を付加若しくは交換し、又は取り外して消防用設備等の構成、機能・性能等を変えることをいい、「取替え」に該当するものを除く。	工事
補修	防火対象物に設置されている消防用設備等について、変形、損傷、故障箇所などを元の状態又はこれと同等の構成、機能・性能等を有する状態に修復することをいう。	整備
撤去	防火対象物に設置されている消防用設備等について、その全部を当該防火対象物から取り外すことをいう。	－

◎これらのうち、新設、増設、移設、取替え、改造は、いずれも**「工事」**に該当し、**甲種消防設備士**でなければ行ってはならない。また、補修は**「整備」**に該当し、甲種又は乙種消防設備士でなければ行ってはならない。

◎撤去は、「工事」及び「整備」のいずれにも該当しないものとする。

【1】消防設備士が行うことができる工事又は整備について、消防法令上、誤っているものは次のうちどれか。[★]

□　1．甲種特類消防設備士免状の交付を受けている者は、消防用設備等のすべて及び特殊消防用設備等について、整備を行うことができる。

　　2．甲種第4類消防設備士免状の交付を受けている者は、危険物製造所等に設置する自動的に作動する火災報知設備の工事を行うことができる。

　　3．乙種第1類消防設備士免状の交付を受けている者は、屋外消火栓設備の開閉弁の整備を行うことができる。

　　4．乙種第5類消防設備士免状の交付を受けている者は、緩降機本体及びその取付け具の整備を行うことができる。

【2】消防設備士が行うことができる工事又は整備について、消防法令上、誤っているものは次のうちどれか。

□　1．甲種第1類の消防設備士は、スプリンクラー設備の整備を行うことができる。

　　2．甲種第2類の消防設備士は、泡消火設備の工事を行うことができる。

　　3．甲種第4類の消防設備士は、漏電火災警報器の整備を行うことができる。

　　4．乙種第3類の消防設備士は、粉末消火設備の整備を行うことができる。

【3】消防設備士が行う工事又は整備について、消防法令上、誤っているものは次のうちどれか。

□　1．甲種第5類の消防設備士免状の交付を受けている者は、緩降機及び救助袋の工事を行うことができる。

　　2．乙種第4類の消防設備士免状の交付を受けている者は、ガス漏れ火災警報設備の整備を行うことができる。

　　3．乙種第2類の消防設備士免状の交付を受けている者は、泡消火設備の整備を行うことができる。

　　4．乙種第1類の消防設備士免状の交付を受けている者は、水噴霧消火設備の工事を行うことができる。

【4】消防設備士が行う工事又は整備について、消防法令上、正しいものは次のうちどれか。

□ 1．甲種第1類の消防設備士は、泡消火設備の整備を行うことができる。
　 2．乙種第5類の消防設備士は、金属製避難はしごの設置工事を行うことができる。
　 3．甲種第4類の消防設備士は、自動火災報知設備の設置工事を行うことができる。
　 4．乙種第6類の消防設備士は、漏電火災警報器の整備を行うことができる。

【5】消防設備士に関する記述として、消防法令上、誤っているものは次のうちどれか。

□ 1．消防用設備等の移設には、乙種消防設備士の資格を必要とする場合がある。
　 2．消防用設備等の増設には、甲種消防設備士の資格を必要とする場合がある。
　 3．消防用設備等の不良箇所が指定された場合の不良機器の調整、又は部品交換には、乙種消防設備士の資格を必要とする場合がある。
　 4．消防用設備等の新設には、甲種消防設備士の資格を必要とする場合がある。

▶▶正解＆解説……………………………………………………………………………

【1】正解1
　1．甲種特類消防設備士免状の交付を受けている者は、特殊消防用設備等について、工事又は整備を行うことができる。

【2】正解3
　3．漏電火災警報器の整備を行うためには、乙種第7類の資格が必要となる。

【3】正解4
　4．「水噴霧消火設備の工事」⇒「水噴霧消火設備の整備」。

【4】正解3
　1．甲種第1類の消防設備士は、屋内消火栓設備、スプリンクラー設備、水噴霧消火設備又は屋外消火栓設備などの工事又は整備を行うことができる。泡消火設備の整備を行うためには、甲種第2類又は乙種第2類の消防設備士の資格が必要となる。
　2．乙種第5類の消防設備士は、金属製避難はしごの整備を行うことができる。設置工事を行うためには、甲種第5類の資格が必要となる。
　4．漏電火災警報器の整備を行うためには、乙種第7類の資格が必要となる。

【5】正解1
　1．消防用設備等の移設は「工事」に該当するため、甲種消防設備士の資格が必要である。

■1. 免状の交付資格

◎消防設備士免状は、消防設備士試験に合格した者に対し、**都道府県知事が交付す**る（法第17条の7）。

◎都道府県知事は、次の各号に該当する者に対しては、消防設備士免状の**交付を行わないことができる**（以下、法第17条の7 2項準用）。

　①消防設備士免状の**返納**を命ぜられ、その日から起算して**1年**を経過しない者

　②この法律又はこの法律に基く命令の規定に違反して罰金以上の刑に処せられた者で、その執行を終り、又は執行を受けることがなくなった日から起算して**2年**を経過しない者

■2. 免状に関し必要な事項

◎消防設備士免状の書換、再交付その他消防設備士免状に関し必要な事項は、政令で定める（法第17条の7 2項準用）。

◎免状には、次に掲げる**事項を記載**するものとする（令第36条の4）。

　①免状の交付年月日及び交付番号　　　②氏名及び生年月日

　③本籍地の属する都道府県　　　　　　④免状の種類

　⑤過去10年以内に撮影した写真

◎免状の交付を受けている者は、免状の**記載事項に変更**を生じたときは、遅滞なく当該免状を交付した都道府県知事又は居住地若しくは勤務地を管轄する都道府県知事にその**書換え**を申請しなければならない（令第36条の5）。

　〔解説〕法令では、「直ちに」「すみやかに」「遅滞なく」という用語がよく使われる。これらは、判例により即時性の最も強いものが「直ちに」であり、次いで「すみやかに」、さらに「遅滞なく」の順に弱まっているとされる。「遅滞なく」は正当な又は合理的な理由による遅れは許容されるもの、と解されている。

◎免状の交付を受けている者は、免状を**亡失**し、**滅失**し、汚損し、又は破損した場合には、当該免状の**交付又は書換え**をした都道府県知事にその**再交付**を申請することができる（令第36条の6）。

　〔用語〕亡失：失いなくすこと。また、うせてなくなること。

　　　　　滅失：物がその物としての物理的存在を失うこと。

汚損：物が汚れたり傷んだりすること。

　　破損：物が壊れたり、傷ついたりすること。

◎免状を亡失してその**再交付**を受けた者は、亡失した免状を発見した場合には、こ
　れを10日以内に免状の再交付をした都道府県知事に提出しなければならない
　（令第36条の6　2項）。

〔免状の書換えと再交付の違い〕

書換え	区分	再交付
記載事項の変更	申請の理由	亡失、滅失、汚損、破損
①交付した都道府県知事 ②居住地を管轄する都道府県知事 ③勤務地を管轄する都道府県知事	申請先	①交付した都道府県知事 ②書換えをした都道府県知事

■3．消防設備士免状の返納

◎消防設備士がこの法律又はこの法律に基づく命令の規定に違反しているときは、
　消防設備士免状を交付した**都道府県知事**は、当該消防設備士**免状の返納**を命ずる
　ことができる（法第17条の7　2項準用／第13条の2　5項）。

◎次のいずれかに該当する者は、30万円以下の罰金又は拘留に処する（法第44条）。

　⑨第13条の2　5項（第17条の7　2項において準用する場合を含む）の規定
　　による命令に違反した者

◎免状返納を命じられた消防設備士は、返納命令により直ちに当該返納命令に係る
　資格を喪失する（消防庁予防課長通知）。

▶▶過去問題◀◀

【1】消防設備士免状に関する記述について、消防法令上、正しいものは次のうち
　　どれか。［★］

□　1．消防設備士免状の交付を受けた都道府県以外で業務に従事するときは、業
　　　務地を管轄する都道府県知事に免状の書換えを申請しなければならない。

　　2．消防設備士免状の記載事項に変更を生じた場合、当該免状を交付した都道
　　　府県知事又は居住地若しくは勤務地を管轄する都道府県知事に免状の書換え
　　　を申請しなければならない。

　　3．消防設備士免状を亡失したときは、亡失した日から10日以内に免状の再交
　　　付を申請しなければならない。

　　4．消防設備士免状の返納を命ぜられた日から3年を経過しない者について
　　　は、新たに試験に合格しても免状が交付されないことがある。

【2】消防設備士免状に関して、消防法令上、誤っているものは次のうちどれか。

☐　1．消防設備士免状の記載事項に変更を生じたときは、免状を交付した都道府県知事又は居住地若しくは勤務地を管轄する都道府県知事に免状の書換えを申請しなければならない。

　　2．消防設備士免状を亡失したときは、亡失に気付いた日から10日以内に免状を交付した都道府県知事に免状の再交付を申請しなければならない。

　　3．消防設備士免状を汚損又は破損した者は、免状を交付した都道府県知事に免状の再交付を申請することができる。

　　4．消防設備士免状の返納命令に違反した者は、罰金又は拘留に処せられることがある。

【3】消防設備士免状の書換えについて、消防法令上、正しいものは次のうちどれか。[★]

☐　1．免状に貼ってある写真が撮影した日から10年を超えた場合は、居住地又は勤務地を管轄する消防長又は消防署長に書換えの申請をしなければならない。

　　2．居住地に変更が生じた場合は、居住地又は勤務地を管轄する都道府県知事に書換えの申請をしなければならない。

　　3．氏名に変更が生じた場合は、免状を交付した都道府県知事又は居住地若しくは勤務地を管轄する都道府県知事に書換えの申請をしなければならない。

　　4．本籍地の属する都道府県に変更が生じた場合は、新たな本籍地を管轄する消防長又は消防署長に書換えの申請をしなければならない。

【4】消防設備士免状を亡失した場合の再交付申請先として、消防法令上、正しいものは次のうちどれか。

☐　1．居住地又は勤務地を管轄する都道府県知事

　　2．居住地又は勤務地を管轄する消防長又は消防署長

　　3．当該免状の交付又は書換えをした都道府県知事

　　4．当該免状の交付又は書換えをした消防長又は消防署長

【5】消防設備士免状を亡失してその再交付を受けた者が、亡失した免状を発見した場合は、これを一定期間以内に免状の再交付をした都道府県知事に提出しなければならないとされているが、その期間として、消防法令上、正しいものは次のうちどれか。

□　1．7日以内　　　2．10日以内　　　3．14日以内　　　4．20日以内

【6】消防設備士免状に関する申請とその申請先について、消防法令上、誤っているものの組み合わせは次のうちどれか。

	申請	申請先
1.	書換え	居住地又は勤務地を管轄する都道府県知事
2.	再交付	免状を交付した都道府県知事
3.	書換え	免状を交付した都道府県知事
4.	再交付	居住地又は勤務地を管轄する都道府県知事

□

【7】消防設備士免状の記載事項について、消防法令に定められていないものは、次のうちどれか。

□　1．免状の交付年月日及び交付番号　　　2．氏名及び生年月日
　　3．現住所　　　　　　　　　　　　　4．過去10年以内に撮影した写真

【8】消防設備士免状の書換えの申請先として、消防法令上、誤っているものは次のうちどれか。

□　1．免状を交付した都道府県知事　　　2．居住地を管轄する都道府県知事
　　3．勤務地を管轄する都道府県知事　　　4．本籍地の属する都道府県知事

【9】次の文中の（　）に当てはまる数値及び語句の組合せとして、消防法令に定められているものは次のうちどれか。
　　「消防設備士免状を亡失してその再交付を受けた者は、亡失した免状を発見した場合には、これを（ア）日以内に免状の再交付をした（イ）に提出しなければならない。」

　　　　　（ア）　　　　　　　（イ）
□　1．10　　　　都道府県知事
　　2．10　　　　消防長又は消防署長
　　3．14　　　　都道府県知事
　　4．14　　　　消防長又は消防署長

【10】消防設備士免状の返納について、消防法令上、誤っているものは次のうちどれか。

□　1．返納を命ずるのは、消防長又は消防署長である。

　　2．返納を命ずることができるのは、消防設備士が消防法令上の規定に違反している場合である。

　　3．免状の返納命令に従わない場合には、罰則の適用がある。

　　4．免状の返納命令により、消防設備士の資格を喪失する。

【11】消防設備士が消防法令上の規定に違反しているとき、当該消防設備士の免状の返納を命ずることができる者として、正しいものは次のうちどれか。

□　1．消防設備士の免状を交付した都道府県知事

　　2．消防設備士が違反した場所を管轄する都道府県知事

　　3．消防設備士の居住地又は勤務地を管轄する都道府県知事

　　4．消防設備士の本籍地の属する都道府県知事

▶▶正解＆解説……………………………………………………………………………

【1】正解2

　1．消防設備士の免状は都道府県知事が交付する。ただし、「業務地」に関する規定はないため、免状は全国で有効である。

　2．消防設備士免状の記載事項に変更を生じた場合は、遅滞なく
　　　①免状を交付した都道府県知事
　　　②居住地を管轄する都道府県知事
　　　③勤務地を管轄する都道府県知事
　　のいずれかに、その書換えを申請しなければならない。

　3．消防設備士免状を亡失した場合、再交付を申請することができる。ただし、再交付の申請には期限が設けられていない。なお、再交付を受けた後に亡失した免状を発見した場合は、これを10日以内に免状の再交付をした都道府県知事に提出しなければならない。

　4．都道府県知事は、①免状の返納を命ぜられて1年を経過しない者、②消防法で罰金以上の刑に処せられ2年を経過しない者、については免状を交付しないことができる。

【2】正解2

　1．この場合、遅滞なく、いずれかの都道府県知事に免状の書換えを申請しなければならない。

　2．消防設備士免状を亡失した場合、再交付を申請することができる。ただし、再交付の申請には期限が設けられていない。なお、再交付を受けた後に亡失した免状を発見した場合は、これを10日以内に免状の再交付をした都道府県知事に提出しなければならない。

3．免状を汚損又は破損した者は、免状の交付又は書換えをした都道府県知事に免状の再交付を申請することができる。

4．法第44条　次のいずれかに該当する者は、30万円以下の罰金又は拘留に処する。9項　第17条の7　2項の準用規定による免状の返納命令に違反した者（1～8項省略）。

【3】正解3

1．免状に貼ってある写真が撮影した日から10年を超えた場合は、免状の記載事項の変更に該当するため、遅滞なく当該免状を交付した都道府県知事又は居住地若しくは勤務地を管轄する都道府県知事にその書換えを申請しなければならない。

2．居住地の変更は、免状の記載事項の変更に該当しない。従って、免状の書換え申請は必要ない。

3．氏名の変更は、免状の記載事項の変更に該当する。

4．本籍地の属する都道府県の変更は、免状の記載事項の変更に該当する。従って、免状を交付した都道府県知事又は居住地若しくは勤務地を管轄する都道府県知事に書換えの申請をしなければならない。

【4】正解3

免状を亡失した場合は、当該免状の交付又は書換えをした都道府県知事にその再交付を申請する。

【5】正解2

【6】正解4

4．再交付は、当該免状の交付又は書換えをした都道府県知事に申請する。

【7】正解3

3．消防設備士免状の記載事項に、現住所は含まれていない。

【8】正解4

【9】正解1

消防設備士免状を亡失してその再交付を受けた者は、亡失した免状を発見した場合には、これを［10日］以内に免状の再交付をした［都道府県知事］に提出しなければならない。

【10】正解1

1．返納を命ずるのは、免状を交付した都道府県知事である。

【11】正解1

■1. 消防設備士の講習

◎消防設備士は、総務省令で定めるところにより、**都道府県知事**（総務大臣が指定する市町村長その他の機関を含む。）が行う工事整備対象設備等の工事又は整備に関する講習（消防設備士の講習）を受けなければならない（法第17条の10）。

◎消防設備士は、**免状の交付を受けた日以後における最初の４月１日から２年以内**に消防設備士の講習を受けなければならない（規則第33条の17　１項）。

◎消防設備士は、消防設備士の講習を受けた日以後における最初の４月１日から５年以内に再び消防設備士の講習を受けなければならない。当該講習を受けた日以降においても同様とする（規則第33条の17　２項）。

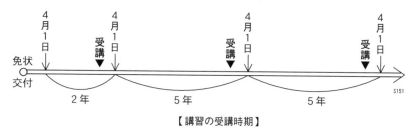

【講習の受講時期】

◎都道府県知事が行う工事整備対象設備等の工事又は整備に関する**講習**について、講習の科目、講習時間その他講習の実施に関し必要な細目は、消防庁長官が定める（規則第33条の17　３項）。

◎この講習の実施細目について、消防庁から各都道府県等に通達が出されている。通達によると、**消防設備士免状の種類及び指定区分**に従い、講習を「**特殊消防用設備等**」、「**消火設備**」、「**警報設備**」及び「**避難設備・消火器**」の４種類に区分し実施することが定められている。

▶▶過去問題◀◀

【1】都道府県知事（総務大臣が指定する市町村長その他の機関を含む。）が行う工事整備対象設備等の工事又は整備に関する講習について、消防法令上、誤っているものは次のうちどれか。

□　1.　消防設備士免状の交付を受けた日から５年以内ごとに受講しなければならない。

　　2.　工事整備対象設備等の工事又は整備に従事していない消防設備士も受講しなければならない。

　　3.　消防設備士免状の種類及び指定区分等に応じて行われる。

4．定められた期間内に受講しなければ、消防設備士免状の返納を命ぜられることがある。

【2】都道府県知事（総務大臣が指定する市町村長その他の機関を含む。）が行う工事整備対象設備等の工事又は整備に関する講習の制度について、消防法令上、正しいものは次のうちどれか。

□　1．消防設備士は、その業務に従事することになった日以降における最初の4月1日から5年以内ごとに講習を受けなければならない。

　　2．消防設備士は、免状の交付を受けた日以降における最初の4月1日から5年以内ごとに講習を受けなければならない。

　　3．消防設備士は、その業務に従事することになった日以降における最初の4月1日から2年以内に講習を受け、その後、前回の講習を受けた日以降における最初の4月1日から5年以内ごとに講習を受けなければならない。

　　4．消防設備士は、免状の交付を受けた日以降における最初の4月1日から2年以内に講習を受け、その後、前回の講習を受けた日以降における最初の4月1日から5年以内ごとに講習を受けなければならない。

【3】工事整備対象設備等の工事又は整備に関する講習の実施者として、消防法令上、正しいものは次のうちどれか。[★]

□　1．都道府県知事

　　2．総務大臣

　　3．消防長又は消防署長

　　4．消防庁長官

【4】都道府県知事（総務大臣が指定する市町村長その他の機関を含む。）が行う工事整備対象設備等の工事又は整備に関する講習の受講時期について、消防法令で定められているものは、次のうちどれか。[★][編]

□　1．免状の交付を受けた日以降における最初の4月1日から1年以内、その後、前回の講習を受けた日以降における最初の4月1日から3年以内ごと

　　2．免状の交付を受けた日から2年以内、その後、前回の講習を受けた日から5年以内ごと

　　3．免状の交付を受けた日以降における最初の4月1日から2年以内、その後、前回の講習を受けた日以降における最初の4月1日から5年以内ごと

　　4．免状の交付を受けた日から3年以内ごと

　　5．免状の交付を受けた日から5年以内ごと

【5】工事整備対象設備等の工事又は整備に関する講習についての次の記述のうち、文中の（　）に当てはまる語句の組合せとして、消防法令上、正しいものは次のうちどれか。

　　「消防設備士は、（ア）日以降における最初の4月1日から（イ）以内に講習を受けなければならない。」

	（ア）	（イ）
□　1．	工事整備対象設備等の工事又は整備に従事することとなった	2年
2．	免状の交付を受けた	5年
3．	工事整備対象設備等の工事又は整備に従事することとなった	5年
4．	免状の交付を受けた	2年

▶▶正解＆解説‥‥‥

【1】正解1

　1．1回目の講習は、免状交付日以降における最初の4月1日から2年以内に受講しなければならない。

　2．この講習は、消防設備士免状の交付を受けている全ての者が対象となる。

　3．この講習の実施細目について、消防庁から各都道府県等に通達が出されている。通達によると、消防設備士免状の種類及び指定区分に従い、講習を「特殊消防用設備等」、「消火設備」、「警報設備」及び「避難設備・消火器」の4種類に区分し実施することが定められている。

　4．この講習の未受講は、「この法律又はこの法律に基づく命令の規定に違反」していることに該当するため、免状の返納を命じられることがある。「17．消防設備士免状の取り扱い」68P参照。

【2】正解4

　4．講習は、免状の交付を受けた日→最初の4月1日から2年以内に受講（1回目）→受講日以降の最初の4月1日から5年以内に受講（2回目以降）、というスケジュールになっている。

【3】正解1

【4】正解3

【5】正解4

　消防設備士は、［免状の交付を受けた日］以降における最初の4月1日から［2年］以内に講習を受けなければならない。

19. 消防設備士の義務

◎消防設備士は、その業務を**誠実に行い**、工事整備対象設備等の質の向上に努めなければならない（法第17条の12）。

◎消防設備士は、その業務に従事するときは、消防設備士**免状を携帯**していなければならない（法第17条の13）。

◎甲種消防設備士は、工事整備対象設備等の工事をしようとするときは、その**工事に着手**しようとする日の**10日前**までに、総務省令で定めるところにより、工事整備対象設備等の種類、工事の場所その他必要な事項を消防長又は消防署長に届け出なければならない（法第17条の14）。

S152
【4つの義務（～しなければならない）】

▶▶ 過去問題 ◀◀

【1】消防設備士の義務について、消防法令上、誤っているものは次のうちどれか。
[★]

☐　1．消防用設備等が設備等技術基準に違反して設置又は維持されている場合、消防設備士は消防長又は消防署長に届け出なければならない。

　　2．消防設備士は、その業務に従事する場合、消防設備士免状を携帯していなければならない。

　　3．消防設備士は、業務を誠実に行い工事整備対象設備等の質の向上に努めなければならない。

　　4．消防設備士は、都道府県知事（総務大臣が指定する市町村長その他の機関を含む。）が行う工事整備対象設備等の工事又は整備に関する講習を受けなければならない。

▶▶正解＆解説‥‥‥‥‥‥‥‥‥‥‥‥‥‥‥‥‥‥‥‥‥‥‥‥‥‥‥‥‥‥‥‥‥‥‥‥‥‥

【1】正解1

　1．消防法令にこのような規定はない。

20. 防火管理者

■1. 防火管理者を定めなければならない防火対象物

◎次に掲げる防火対象物の管理について権原を有する者は、政令で定める資格を有する者のうちから**防火管理者を定め**、政令で定めるところにより、当該防火対象物について消防計画の作成等の業務を行わせなければならない（法第8条1項）。

①学校、病院、工場、事業場、興行場、百貨店（延べ面積が1,000m²以上の大規模な小売店舗を含む）（令第1条の2　1項）。

②複合用途防火対象物…防火対象物が2以上の用途に供されており、かつ、その用途のいずれかが令別表第1（13P参照）の（1）から（15）までに供されている防火対象物をいう（令第1条の2　2項）。

③その他多数の者が出入し、勤務し、又は居住するもので、令別表第1に掲げる防火対象物のうち、次に掲げるもの。ただし、同表の（16の3）及び（18）から（20）までに掲げるものを除く（令第1条の2　3項）。

　イ．老人短期入所施設、養護老人ホーム、特別養護老人ホーム、救護施設、乳児院、障害児入所施設、障害者支援施設などで、収容人員が10人以上のもの
　　※「令別表第1」の（6）ロなどの防火対象物が該当。詳細は省略。

　ロ．特定防火対象物（前項のイを除く）で、収容人員が30人以上のもの

　ハ．非特定防火対象物で、収容人員が50人以上のもの
　　※「非特定防火対象物」とは、「特定防火対象物以外の防火対象物」を指す。

【防火管理者の選定】

④新築の工事中の建築物で、収容人員が50人以上のもののうち、地階を除く階数が11以上で、かつ、延べ面積が10,000m²以上である建築物など。

◎防火管理者の資格については、防火管理に関する講習の課程を修了した者とする（令第3条）。

■２．防火管理者を必要としない防火対象物

◎令第１条の２では、防火管理者を定めなければならない防火対象物を個別に掲げている。しかし、次に掲げる防火対象物は除外されている。

①準地下街（令別表第１の（16の３））

②延長50m以上のアーケード（同（18））

③市町村長の指定する山林（同（19））

④総務省令で定める舟車（同（20））

■３．防火管理者の業務

◎当該防火対象物の管理について権原を有する者は、防火管理者を定め、次に掲げる業務を行わせなければならない（法第８条１項）。

①消防計画の作成

②消防計画に基づく消火、通報及び避難の訓練の実施

③消防の用に供する設備、消防用水又は消火活動上必要な施設の点検及び整備

④火気の使用又は取扱いに関する監督

⑤避難又は防火上必要な構造及び設備の維持管理並びに収容人員の管理

⑥その他防火管理上必要な業務

■４．防火管理者の責務

◎防火管理者は、防火対象物についての防火管理に係る**消防計画を作成**し、所轄消防長又は消防署長に届け出なければならない（令第３条の２　１項～４項）。

◎防火管理者は、前項の消防計画に基づいて、当該防火対象物について消火、通報及び避難の訓練の実施、消防の用に供する設備、消防用水又は消火活動上必要な施設の点検及び整備、**火気の使用又は取扱いに関する監督**、避難又は防火上必要な構造及び設備の維持管理並びに**収容人員の管理**その他防火管理上必要な業務を行わなければならない。

◎防火管理者は、防火管理上必要な業務を行うときは、必要に応じて当該防火対象物の管理について権原を有する者の指示を求め、誠実にその職務を遂行しなければならない。

◎防火管理者は、消防の用に供する設備、消防用水若しくは消火活動上必要な施設の**点検**及び**整備**又は火気の使用若しくは取扱いに関する監督を行うときは、火元責任者その他の防火管理の業務に従事する者に対し、必要な指示を与えなければならない。

■5. 統括防火管理者

◎高層建築物（高さ31m超の建築物）その他政令で定める防火対象物で、その管理について権原が分かれている場合、それぞれの管理について権原を有する者は、防火対象物の全体について防火管理上必要な業務を統括する防火管理者（**統括防火管理者**）を協議して定め、その者に当該防火対象物の全体について防火管理上必要な業務を行わせなければならない（法第8条の2）。

◎地下街でその管理について権原が分かれているもののうち、消防長若しくは消防署長が指定するものの管理について権原を有する者は、同様に統括防火管理者を定め、全体について防火管理上必要な業務を行わせなければならない。

◎政令で定める防火対象物は、次に掲げる防火対象物とする（令第3条の3）。

①老人短期入所施設、養護老人ホーム、**特別養護老人ホーム**、救護施設、乳児院、障害児入所施設、障害者支援施設、及びこれらの用途を含む複合用途防火対象物のうち、地階を除く階数が3以上で、かつ、収容人員が10人以上のもの

②**特定防火対象物**（①を除く。）、及び特定用途を含む複合用途防火対象物（①を除く。）のうち、地階を除く階数が3以上で、かつ、収容人員が30人以上のもの

③特定用途を含まない**複合用途防火対象物**のうち、地階を除く階数が5以上で、かつ、収容人員が50人以上のもの

④準地下街

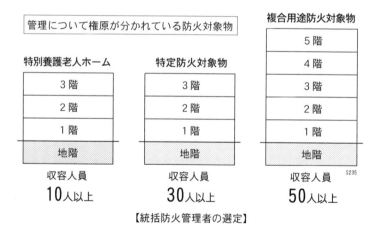

【統括防火管理者の選定】

【1】防火対象物の防火管理者に選任された者が行わなければならない業務として、消防法令に定められていないものは次のうちどれか。

□　1．消防計画の作成　　　　2．火気の使用又は取扱いに関する監督

　　3．収容人員の管理　　　　4．防火管理者の解任の届出

【2】次の消防法施行令別表第1に掲げる防火対象物のうち、消防法令上、防火管理者を定めなければならないものは次のうちどれか。

□　1．診療所（政令別表第1（6）項イ④に該当するもの）で、収容人員が20人のもの

　　2．美術館（政令別表第1（8）項に該当するもの）で、収容人員が30人のもの

　　3．教会（政令別表第1（11）項に該当するもの）で、収容人員が40人のもの

　　4．事務所（政令別表第1（15）項に該当するもの）で、収容人員が50人のもの

【3】次の消防法施行令別表第1に掲げる防火対象物のうち、消防法令上、防火管理者を定めなくてもよいものを、次のうちから2つ答えなさい。[編]

□　1．老人短期入所施設で、収容人員が10人のもの

　　2．飲食店で、収容人員が20人のもの

　　3．旅館で、収容人員が30人のもの

　　4．物品販売店舗で、収容人員が30人のもの

　　5．カラオケボックスで、収容人員が30人のもの

　　6．共同住宅で、収容人員が45人のもの

　　7．事務所で、収容人員が50人のもの

【4】防火管理に関する次の記述の文中の（　）に当てはまる語句の組合せとして、消防法令上、正しいものは次のうちどれか。

　　「（ア）は消防の用に供する設備、消防用水若しくは消火活動上必要な施設の（イ）及び整備又は火気の使用若しくは取扱いに関する監督を行うときは、火元責任者その他の防火管理の業務に従事する者に対し、必要な指示を与えなければならない。」

　　　　　　　　　　　　　（ア）　　　　　　　（イ）

□　1．防火管理者　　　　　　　　　工事

　　2．管理について権原を有する者　工事

　　3．管理について権原を有する者　点検

　　4．防火管理者　　　　　　　　　点検

【5】 次の管理について権原が分かれている防火対象物のうち、統括防火管理者を
　　定めなければならないものとして、消防法令上、誤っているものはどれか。ただ
　　し、防火対象物は、高層建築物（高さ31mを超える建築物）ではないものとする。
　□　1．地階を除く階数が3の特別養護老人ホームで、収容人員が60人のもの
　　　2．地階を除く階数が5の事務所で、収容人員が80人のもの
　　　3．2階をカラオケボックスとして使用する地階を除く階数が3の複合用途防
　　　　火対象物で、収容人員が50人のもの
　　　4．地階を除く階数が5の病院で、収容人員が70人のもの

【6】 次のアからウまでの管理について権原が分かれている防火対象物のうち、統
　　括防火管理者を定めなければならないものとして、消防法令上、正しいものの組
　　合せは次のうちどれか。ただし、防火対象物は、高層建築物（高さ31mを超え
　　る建築物）ではないものとする。
　　ア．地階を除く階数が5の作業場で、収容人員が80人のもの
　　イ．地階を除く階数が4の病院で、収容人員が40人のもの
　　ウ．地階を除く階数が3の特別養護老人ホームで、収容人員が20人のもの
　□　1．ア、イのみ
　　　2．ア、ウのみ
　　　3．イ、ウのみ
　　　4．ア、イ、ウすべて

▶▶正解＆解説‥‥‥‥‥‥‥‥‥‥‥‥‥‥‥‥‥‥‥‥‥‥‥‥‥‥‥‥‥‥‥‥‥‥‥‥‥
【1】正解4
　　4．防火管理者の選任及び解任の届出は、東京都の場合、管理権原者が行うことになっ
　　　ている。規則第3条の2（防火管理者の選任又は解任の届出）では、選任又は解任の
　　　届出書の様式を定めている。
【2】正解4
　　1．診療所は、特定防火対象物に該当するため、収容人員が30人以上の場合に防火管理
　　　者を定めなければならない。
　　2～4．美術館、教会、事務所は、いずれも非特定防火対象物に該当するため、収容人
　　　員が50人以上の場合に防火管理者を定めなければならない。

【3】正解2＆6

1．老人短期入所施設で収容人員が10人以上の防火対象物は、防火管理者を定めなければならない。

2．飲食店は、特定防火対象物に該当するため、収容人員が30人以上の場合に防火管理者を定めなければならない。20人では防火管理者を定めなくてもよい。

3＆4＆5．旅館・物品販売店舗・カラオケボックスは特定防火対象物に該当するため、収容人員が30人以上の場合に防火管理者を定めなければならない。

6．共同住宅は、非特定防火対象物に該当するため、収容人員が50人以上の場合に防火管理者を定めなければならない。45人では防火管理者を定めなくてもよい。

7．事務所は、非特定防火対象物に該当するため、収容人員が50人以上の場合に防火管理者を定めなければならない。

【4】正解4

【5】正解2

1．この場合、階数が3以上で、収容人員が10人以上であるため、統括防火管理者を定めなければならない。

2．この場合、特定防火対象物ではなく、更に複合用途防火対象物でもないため、統括防火管理者を定めなくてもよい。

3．この場合、特定用途を含む複合用途防火対象物であり、収容人員が30人以上であるため、統括防火管理者を定めなければならない。

4．この場合、特定防火対象物であり、階数が3以上で収容人員が30人以上であるため、統括防火管理者を定めなければならない。

【6】正解3

ア．この場合、特定防火対象物ではなく、更に複合用途防火対象物でもないため、統括防火管理者を定めなくてもよい。

イ．この場合、特定防火対象物であり、階数が3以上で収容人員が30人以上であるため、統括防火管理者を定めなければならない。

ウ．この場合、階数が3以上で、収容人員が10人以上であるため、統括防火管理者を定めなければならない。

■1. 検定対象機械器具等

◎検定制度は、消防の用に供する機械器具等が、一定の形状、構造、材質、成分及び性能を有しているかどうか、あらかじめ検定を行い、火災の予防若しくは警戒、消火又は人命の救助等に際し、機械器具等に重大な支障が生じないようにするためのものである（法第21条の2　1項）。

◎消防の用に供する機械器具等において、形状、構造、材質、成分及び性能を以下、「形状等」という。

◎消防の用に供する機械器具等のうち、次に掲げるものを検定が必要な機械器具等（**検定対象機械器具等**）とする（令第37条）。

①消火器
②消火器用消火薬剤（二酸化炭素を除く）
③泡消火薬剤（水溶性液体用のものを除く）
④火災報知設備の感知器または発信機
⑤火災報知設備又はガス漏れ火災警報設備に使用する中継器
⑥火災報知設備又はガス漏れ火災警報設備に使用する受信機
⑦住宅用防災警報器
⑧閉鎖型スプリンクラーヘッド
⑨スプリンクラー設備、水噴霧消火設備又は泡消火設備に使用する流水検知装置
⑩スプリンクラー設備等に使用する一斉開放弁
⑪金属製避難はしご
⑫緩降機

■2. 検定の方法（型式承認⇒型式適合検定）

◎検定は、「型式承認」⇒「型式適合検定」の順に行われる。

◎「**型式承認**」とは、検定対象機械器具等の型式に係る**形状等**が総務省令で定める検定対象機械器具等に係る技術上の**規格（規格省令）**に適合している旨の承認をいう（法第21条の2　2項他）。

①型式承認では、日本消防検定協会または総務大臣の登録を受けた検定機関が規格に適合しているか試験を行い、その試験結果は申請者を介して総務大臣に添付する。

②**総務大臣**は、添付された試験結果をもとに審査し、規格に適合しているときは、当該型式について型式承認をする。

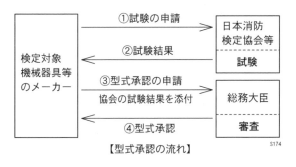

【型式承認の流れ】

S174

◎「型式適合検定」とは、検定対象機械器具等の形状等が型式承認を受けた検定対象機械器具等の型式に係る形状等に適合しているかどうかについて、日本消防検定協会または総務大臣の登録を受けた検定機関が、総務省令で定める方法により行う検定をいう（法第21条の2　3項他）。

◎日本消防検定協会または総務大臣の登録を受けた検定機関は、型式適合検定に合格した検定対象機械器具等に、総務省令で定めるところにより、型式は型式承認を受けたものであり、かつ、**型式適合検定に合格したものである旨の表示**（検定合格証）を付さなければならない（法第21条の9）。

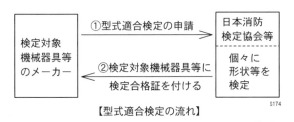

【型式適合検定の流れ】

S174

◎検定対象機械器具等は、法第21条の9の規定による表示（**検定合格証**）が付されているものでなければ、販売し、又は販売の目的で陳列してはならない。また、検定対象機械器具等のうち消防の用に供する機械器具又は設備は、**検定合格証**が付されているものでなければ、その設置、変更又は修理の請負に係る工事に使用してはならない（法第21条の2　4項）。

▲検定合格証の例

【1】消防の用に供する機械器具等の検定に関する次の記述のうち、消防法令上、正しいものの組合せはどれか。

　　ア．検定対象機械器具等は、型式承認を受けたものであり、かつ、型式適合検定に合格したものである旨の表示が付されているものでなければ、販売の目的で陳列してはならない。

　　イ．検定対象機械器具等は、型式承認を受けたものであり、かつ、型式適合検定に合格したものである旨の表示が付されているものでなければ、販売してはならない。

　　ウ．検定対象機械器具等のうち消防の用に供する機械器具又は設備は、型式承認を受けたものであり、かつ、型式適合検定に合格したものである旨の表示が付されているものでなければ、その設置の請負に係る工事に使用してはならない。

☐　1．ア、イのみ

　　2．ア、ウのみ

　　3．イ、ウのみ

　　4．ア、イ、ウすべて

【2】消防の用に供する機械器具等の検定について、消防法令上、正しいものは次のうちどれか。

☐　1．型式承認とは、検定対象機械器具等の型式に係る形状等が総務省令で定める検定対象機械器具等に係る技術上の規格に適合している旨の承認をいう。

　　2．検定対象機械器具等は、型式承認を受けたものである旨の表示が付されているものであれば、販売の目的で陳列することができる。

　　3．型式適合検定とは、型式承認を受けていない検定対象機械器具等の形状等が型式に係る形状等に適合しているかどうかについて総務省令で定める方法により行う検定をいう。

　　4．検定対象機械器具等のうち消防の用に供する機械器具又は設備は、型式承認を受けたものである旨の表示が付されているものであれば、その設置、変更又は修理の請負に係る工事に使用することができる。

【3】 検定対象機械器具等の型式承認に関する記述について、文中の（　）に当てはまる語句の組み合わせとして、消防法令上、正しいものは次のうちどれか。

「型式承認とは、検定対象機械器具等の型式に係る（ア）が総務省令で定める検定対象機械器具等に係る技術上の（イ）に適合している旨の承認をいう。」

	（ア）	（イ）
□ 1．	要件等	性能
2．	要件等	規格
3．	形状等	性能
4．	形状等	規格

【4】 消防の用に供する機械器具等の検定に係る表示に関する次の記述のうち、文中の（　）に当てはまる語句として、消防法令上、正しいものは次のうちどれか。

「検定対象機械器具等は、型式承認を受けたものであり、かつ、（　）の表示が付されているものでなければ、販売の目的で陳列してはならない。」

□ 1．技術上の規格に適合するものである旨
　 2．設備等技術基準に適合するものである旨
　 3．型式適合検定に合格したものである旨
　 4．性能評価を受けたものである旨

▶▶正解＆解説‥‥‥‥‥‥‥‥‥‥‥‥‥‥‥‥‥‥‥‥‥‥‥‥‥‥‥‥‥‥‥‥‥‥‥

【1】 正解4

【2】 正解1

　 2＆4．「型式承認を受けたものである旨の表示」⇒「型式承認を受けたものであり、かつ、型式適合検定に合格したものである旨の表示」。

　 3．型式適合検定は、あらかじめ型式承認を受けた検定対象機械器具等が検定の対象となる。

【3】 正解4

【4】 正解3

第2章　消防関係法令（第6類の内容）

第2章

1. 消火器具の設置が必要な防火対象物

◎消火器又は簡易消火用具（以下「消火器具」という）は、次に掲げる防火対象物
又はその部分に設置するものとする（令第10条1項）。

防火対象物の区分	設置基準面積
◎令別表第1（1）イ、（2）、（3）の一部、（6）イ①〜③・ロ、（16の2）、（16の3）、（17）、（20）に掲げる防火対象物	延べ面積に関係なく設置する
具体例	
劇場、映画館、演芸場　　キャバレー、ナイトクラブ 遊技場又はダンスホール　風俗店 カラオケボックス　　　　待合、料理店、飲食店〔※1〕 病院、入院・入所施設を有する診療所・助産所 養護老人ホーム、有料老人ホーム、特別養護老人ホーム 地下街　　　　　　　　　準地下街 重要文化財　　　　　　　総務省令で定める舟車	
◎令別表第1（1）ロ、（3）の一部、（4）、（5）、（6）イ④・ハ・ニ、（9）、（12）〜（14）に掲げる防火対象物	延べ面積150m²以上
具体例	
公会堂、集会場、幼稚園　　待合、料理店、飲食店〔※2〕 百貨店、物品販売店、展示場　旅館、ホテル、共同住宅 入院・入所施設を有さない診療所・助産所 老人デイサービスセンター、老人福祉センター、保育所 公衆浴場、蒸気浴場、熱気浴場　工場、作業場、映画スタジオ 自動車車庫、駐車場　　　　倉庫	
◎令別表第1（7）、（8）、（10）、（11）、（15）に掲げる防火対象物	延べ面積300m²以上
具体例	
小学校、中学校、高等学校、大学　　図書館、博物館、美術館 車両の停車場　　神社、寺院、教会　　事務所、官公庁	
◎令別表第1に掲げる建築物その他の工作物で、**少量危険物又は指定可燃物**〔※3〕を貯蔵し、又は取り扱う部分	―
◎令別表第1に掲げる建築物の地階、無窓階又は3階以上の階	床面積50m²以上

▪ 令別表第1は「施行令 別表第1」13P参照。

※1：待合、料理店又は飲食店で「火を使用する設備又は器具（防火上有効な措置として総務省令で定める措置が講じられたものを除く）を設けたもの」に該当する場合、延べ面積に関係なく消火器具を設置しなければならない。

※2：待合、料理店又は飲食店で「火を使用する設備又は器具（防火上有効な措置として総務省令で定める措置が講じられたもの）を設けたもの」に該当し、延べ面積150m²以上の場合は消火器具を設置しなければならない。

　〔待合〕とは、貸席を業とした茶屋で、芸妓との遊興や飲食を目的とするところ。

		火を使用する設備等	防火上有効な措置	延べ面積	消火器具の設置
又は飲食店	待合・料理店・	有	講じられていない	関係なく	要〔※1〕
		有	講じられている	150m² 以上	要〔※2〕
		有	講じられている	150m² 未満	不要
		無	―	関係なく	不要

※3：少量危険物…危険物で、指定数量の5分の1以上で指定数量未満のものをいう。
　　：指定可燃物…綿花類200kg以上、可燃性液体2m³以上のものなど（危険物令 別表第4（115P参照））。

▶▶過去問題◀◀

※問題文の最後に〔改〕とあるものは、法改正に合わせて内容を一部変更しています。

【1】消防法令上、消火器具を設置しなければならない防火対象物は、次のうちどれか。ただし、用途と延べ面積以外の条件は考えないものとする。

□　1．集会場で、延べ面積が200m²

　　2．車両の停車場で、延べ面積が200m²

　　3．神社で、延べ面積が250m²

　　4．美術館で、延べ面積が 250m²

【2】次の防火対象物のうち、消防法令上、消火器具を設置しなければならないものはどれか。ただし、用途と延べ面積以外の条件は考えないものとする。[★]〔改〕

□　1．飲食店（火を使用する設備（防火上有効な措置が講じられたものを除く。）を設けたもの）で、延べ面積が100m²のもの

　　2．作業場で、延べ面積が100m²のもの

　　3．共同住宅で、延べ面積が100m²のもの

　　4．美術館で、延べ面積が250m²のもの

【3】次の防火対象物のうち、消防法令上、消火器具の設置義務があるものはどれか。ただし、用途と延べ面積以外の条件は考えないものとする。〔改〕

□　1．延べ面積が100m²の物品販売店舗

　　2．延べ面積が100m²の自動車車庫

　　3．延べ面積が200m²の停車場

　　4．延べ面積が300m²の博物館

第2章

【4】次の防火対象物のうち、消防法令上、消火器具を設置しなければならないものはどれか。ただし、用途と延べ面積以外の条件は考えないものとする。

□　1．延べ面積が100m²の物品販売店舗

　　2．延べ面積が200m²の図書館

　　3．延べ面積が250m²の寺院

　　4．延べ面積が300m²の事務所

【5】消火器具を設置しなくてもよい防火対象物として、消防法令上、正しいものは次のうちどれか。ただし、すべて平屋建で、地階、無窓階及び危険物の貯蔵については考慮しないものとする。

□　1．延べ面積が120m²の飲食店で、火を使用する設備又は器具等（防火上有効な措置が講じられたもの）を設けているもの。

　　2．延べ面積が150m²の倉庫

　　3．延べ面積が300m²の事務所

　　4．延べ面積が200m²の集会場

【6】消防法令上、消火器具を設置しなければならない防火対象物又はその部分は、次のうちどれか。ただし、用途と延べ面積以外の条件は考えないものとする。

□　1．すべての劇場

　　2．すべての熱気浴場

　　3．延べ面積が200m²の図書館

　　4．延べ面積が250m²の事務所

【7】次の防火対象物のうち、消防法令上、消火器具を設置しなければならないものはどれか。ただし、防火対象物の用途及び延べ面積以外の条件は考慮しないものとする。［改］

□　1．映画スタジオで、延べ面積が100m²のもの

　　2．倉庫で、延べ面積が150m²のもの

　　3．図書館で、延べ面積が200m²のもの

　　4．事務所で、延べ面積が250m²のもの

【8】延べ面積にかかわらず消火器具を設置しなければならない防火対象物として、消防法令上、誤っているものは次のうちどれか。

□　1．公会堂　　　　　　　　　2．遊技場

　　3．特別養護老人ホーム　　　4．入所施設を有する助産所

【9】 消防法令上、防火対象物又はその部分で、延べ面積又は床面積に関係なく、消火器具を設置しなければならないものを、次のうちから2つ選びなさい。[編]

□ 1．カラオケボックスの1階部分

2．公会堂の3階部分

3．百貨店の地階部分

4．ホテルの無窓階部分

5．保育所

6．老人福祉センター

7．スーパーマーケットの地下2階部分

8．集会場の5階部分

9．遊技場の1階部分

10．旅館の無窓階部分

【10】 延べ面積にかかわらず消火器具を設置しなければならない防火対象物として、消防法令上、誤っているものを2つ選びなさい。[編]

□ 1．映画館（令別表第1（1）項イ）

2．遊技場（令別表第1（2）項ロ）

3．幼稚園（令別表第1（6）項ニ）

4．重要文化財（令別表第1（17）項）

5．保育所（令別表第1（6）項ハ（3））

6．カラオケボックス（令別表第1（2）項ニ）

7．地下街（令別表第1（16の2）項）

【11】 延べ面積にかかわらず消火器具を設置しなければならない防火対象物として、消防法令上、誤っているものを2つ選びなさい。ただし、地階、無窓階及び危険物の貯蔵については考慮しないものとする。[編]

□ 1．劇場（令別表第1（1）項イ）

2．旅館（令別表第1（5）項イ）

3．飲食店で火を使用する設備又は器具（防火上有効な措置が講じられたものを除く。）を設けたもの（令別表第1（3）項ロ）

4．病院（令別表第1（6）項イ）

5．遊技場（令別表第1（2）項ロ）

6．物品販売店舗（令別表第1（4）項）

【12】消火器具の設置に関する次の記述のうち、文中の（　）に当てはまる防火対象物の用途の組合せとして、消防法令上、正しいものはどれか。[改]

「消火器具は、（ア）にあっては防火対象物の延べ面積にかかわらず、（イ）にあっては防火対象物の延べ面積が150m²以上のものに、設置するものとする。」

	（ア）	（イ）
1.	遊技場	映画館
2.	集会場	蒸気浴場
3.	地下街	共同住宅
4.	保育所	飲食店（火を使用する設備あり）

【13】消火器具を設置しなければならない建築物として、消防法令上、正しいものは次のうちどれか。

　　1．綿花類を100kg貯蔵したもの
　　2．紙くずを500kg貯蔵したもの
　　3．再生資源燃料を1,500kg貯蔵したもの
　　4．可燃性固体類を2,500kg貯蔵したもの

▶▶正解＆解説……………………………………………………………………………

【1】正解1
　1．集会場は、延べ面積が150m²以上の場合に、消火器具を設置しなければならない。
　2～4．車両の停車場、神社、美術館は、いずれも延べ面積が300m²以上の場合に、消火器具を設置しなければならない。

【2】正解1
　1．飲食店で火を使用する設備又は器具等（防火上有効な措置が講じられているものを除く）を設けている場合、延べ面積に関係なく消火器具を設置しなければならない。
　2＆3．作業場、共同住宅は、いずれも延べ面積が150m²以上の場合に、消火器具を設置しなければならない。
　4．美術館は、延べ面積が300m²以上の場合に、消火器具を設置しなければならない。

【3】正解4
　1＆2．物品販売店舗及び自動車車庫は、延べ面積が150m²以上の場合に、消火器具を設置しなければならない。
　3＆4．停車場及び博物館は、延べ面積が300m²以上の場合に、消火器具を設置しなければならない。

【4】正解4
　1．物品販売店舗は、延べ面積が150m²以上の場合に、消火器具を設置しなければならない。

2～4．図書館、寺院及び事務所は、延べ面積が300m²以上の場合に、消火器具を設置
しなければならない。

【5】正解1

1．飲食店で火を使用する設備又は器具等（防火上有効な措置が講じられたもの）を設
けているもので、延べ面積が150m²未満の場合は消火器具の設置は必要ない。

2＆4．倉庫及び集会場は、延べ面積が150m²以上の場合に消火器具を設置しなけれ
ばならない。

3．事務所は、延べ面積が300m²以上の場合に消火器具を設置しなければならない。

【6】正解1

1．全ての劇場は、延べ面積に関係なく、消火器具を設置しなければならない。

2．熱気浴場は、延べ面積が150m²以上の場合に、消火器具を設置しなければならない。

3＆4．図書館及び事務所は、延べ面積が300m²以上の場合に、消火器具を設置しなけ
ればならない。

【7】正解2

1＆2．映画スタジオ及び倉庫は、延べ面積が150m²以上の場合に、消火器具を設置し
なければならない。

3＆4．図書館及び事務所は、延べ面積が300m²以上の場合に、消火器具を設置しなけ
ればならない。

【8】正解1

1．公会堂は、延べ面積が150m²以上の場合に、消火器具を設置しなければならない。

【9】正解1＆9

1＆9．カラオケボックス、遊技場は、延べ面積に関係なく消火器具を設置しなければ
ならない。

2～4＆7＆8＆10．延べ面積が150m²以上又は床面積が50m²以上の場合に消火器具
を設置しなければならない。

5＆6．延べ面積が150m²以上の場合に消火器具を設置しなければならない。

【10】正解3＆5

3＆5．幼稚園及び保育所は、延べ面積が150m²以上の場合に消火器具を設置しなけれ
ばならない。

【11】正解2＆6

2＆6．旅館及び物品販売店舗は、延べ面積150m²以上の場合に消火器具を設置しな
ければならない。

【12】正解3

延べ面積に関係なく設置……遊技場、映画館、地下街、飲食店（火を使用する設備あり）
延べ面積150m²以上の場合に設置…集会所、蒸気浴場、共同住宅、保育所

【13】正解3

指定可燃物となるのは、綿花類200kg以上、紙くず1,000kg以上、再生資源燃料1,000kg以上、可燃性固体類3,000kg以上（危険物令 別表第4（115P参照））。

法令では、消火器具の設置が必要な防火対象物を3つに区分している。次のようにまとめることができる（編集部）。

◎延べ面積に関係なく設置する…①収容人員が多い、②避難が困難、③空間が狭い。

◎延べ面積150m²以上……………空間が中ぐらいの広さ。

◎延べ面積300m²以上……………空間が広い。

---

2. 能力単位の算定

◎令第10条1項に掲げる防火対象物又はその部分には、「建築物その他の工作物」の消火に適応するものとされる消火器具を、その**能力単位**の数値の合計数が、当該防火対象物又はその部分の延べ面積又は床面積を次の表に定める面積で除して得た数以上の数値となるように設けなければならない（規則第6条1項）。

防火対象物の区分	算定基準面積
◎**令別表第1**（1）イ、（2）、（16の2）、（16の3）、（17）に掲げる防火対象物 …劇場、キャバレー、遊技場、地下街、重要文化財など	50m²
◎**令別表第1**（1）ロ、（3）～（6）、（9）、（12）～（14）に掲げる防火対象物 …集会場、飲食店、百貨店、旅館、病院、公衆浴場、工場など	100m²
◎**令別表第1**（7）、（8）、（10）、（11）、（15）に掲げる防火対象物 …小・中・高校、図書館、車両の停車場、神社・寺院、事務所など	200m²

※令別表第1は13P参照。

◎規則第6条1項の規定の適用については、表中の面積の数値は、主要構造部を耐火構造とし、かつ、壁及び天井の室内に面する部分の仕上げを難燃材料でした防火対象物にあっては、**数値の2倍の数値**とする（規則第6条2項）。

〔解説〕防火材料は、燃えにくいものから不燃材料、準不燃材料、難燃材料に分類される。準不燃材料には不燃材料を含み、難燃材料には準不燃材料を含む。従って、設問での条件で「準不燃材料」としてある場合は、難燃材料の基準をそのまま適用する。

◎規則第６条１項の消火器の消火能力を示す数値は、消火器の技術上の規格を定める省令第３条又は第４条に定める方法により測定した数値とする（詳細省略）。

◎簡易消火器具の消火能力を示す数値は、次の表に定めるものとする。

水バケツ	容量8L以上のもの3個で1単位
水槽	容量80L以上の水槽と消火専用バケツ3個以上で1.5単位
	容量190L以上の水槽と消火専用バケツ6個以上で2.5単位
乾燥砂	容量50L以上の1塊（かたまり）とスコップで0.5単位
膨張ひる石又は膨張真珠岩	容量160L以上の1塊とスコップで1単位

※消火専用バケツは、容量8L以上のものとする。

■能力単位の解説（編集部）

◎能力単位は、消火器の消火能力を表す単位である。消火器規格第２条によると、消火器は能力単位が１以上でなければならない。

◎法令では、各建築物の種類及び面積に応じて、必要な能力単位の数値を算出し、設置しなければならない消火器の本数等を定めている。

◎例えば、延べ面積800m²の飲食店について、必要な能力単位の数値を算出してみる。ただし、建物は主要構造部を耐火構造とし、壁及び天井の室内に面する部分の仕上げを難燃材料でしたものとする。

①飲食店の延べ面積は800m²である。

②飲食店の算定基準面積は100m²となっているが、主要構造部が耐火構造で壁及び天井が難燃材料であるため、２倍の200m²とする。

③延べ面積を算定基準面積で除した数値＝800m²／200m²＝4

④能力単位の数値は４となるため、能力単位が３の消火器であれば、最低２本必要となる。また、能力単位が４の消火器であれば１本で済む。

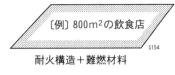

〔例〕800m²の飲食店

S154

耐火構造＋難燃材料

$$能力単位の数値 = \frac{800m^2}{100m^2 \times 2} = 4$$

◎消火器の能力単位は、A（普通）火災用とB（油）火災用で個別に設定されている。例えば、消火器に「A－2・B－3・C」と表示されている場合、A火災の能力単位は2であり、B火災の能力単位は3であることを表している。また、C（電気）火災にも適応するが、C火災は能力単位が存在しない。

◎規則第6条1項による延べ面積から必要な能力単位を算出する規定では、消火器に対し「建築物その他の工作物」の消火に適応するものとされる消火器を設けるよう求めている。この場合、消火器の能力単位はA（普通）火災用を用いる。

 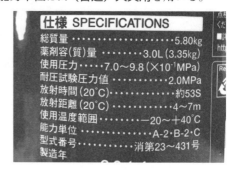

▲消火器の能力単位の表示例

■ 消火器具の付加設置

◎防火対象物又はその部分のうち、**少量危険物**（指定数量の5分の1以上で指定数量未満）又は**指定可燃物**を貯蔵し、又は取り扱うものにあっては、更に、危険物又は指定可燃物の種類ごとに**その消火に適応するものとされる消火器具**を、その能力単位の数値の合計数が、次の表により得られる数以上の数値となるように設けなければならない（規則第6条3項）。

区　分	数　量
少量危険物を 貯蔵・取り扱う場所	少量危険物の数量 ／ 指定数量
指定可燃物を 貯蔵・取り扱う場所	指定可燃物の数量 ／ 危険物令別表第4の数量の50倍

※危険物令 別表第4は
　115P参照。

〔解説〕例えば、第4類危険物の灯油をドラム缶（200L）で2本貯蔵する場合、灯油の指定数量は1,000Lであることから、表により得られる数は、（200L×2本）／1000＝0.4となる。従って、**油火災用**の消火器で能力単位がB－1以上のものを1本追加で貯蔵場所に設置しなければならない。

〔解説〕例えば、指定可燃物の綿花類を600kgを貯蔵する場合、危険物令別表第4の数量は200kgであることから、表により得られる数は600kg／（200kg×50）＝0.06となる。従って、普通火災用の消火器で能力単位がA－1以上のものを1本追加で貯蔵場所に設置しなければならない。

◎防火対象物又はその部分に変圧器、配電盤その他これらに類する**電気設備**（※）があるときは、更に、「電気設備」の消火に適応するものとされる消火器を、当該電気設備がある場所の**床面積100m²以下ごとに1個**設けなければならない（規則第6条4項）。

〔解説〕例えば、床面積が150m²の電気設備室がある場合、電気火災用の消火器2本を追加で当該電気設備室に設置しなければならない。

〔解説〕「変圧器、配電盤その他これらに類する電気設備」に関して、条例では追加も含めて細かく制定していることが多い。

「東京都火災予防条例の解説　東京消防庁監修」（東京法令出版）によると、東京都では、次に掲げる電気設備に消火器を設けるよう制定している。

①燃料電池発電設備、変電設備、内燃機関を原動力とする発電設備

②発電機又は変圧器の特別高圧、若しくは高圧の電路に接続する電気機器及び蓄電池設備

ただし、[配電盤、分電盤又は制御盤のみのもの][配線、照明、電動機等]などのものは、消火器の設置が必要な電気設備から除外している。

◎防火対象物又はその部分に鍛造場、**ボイラー室**、乾燥室その他多量の火気を使用する場所があるときは、更に「建築物その他の工作物」の消火に適応するものとされる消火器具を、その能力単位の数値の合計数が、当該場所の**床面積を25m²で除して得た数以上**の数値となるように設けなければならない（規則第6条5項）。

〔解説〕例えば、床面積が40m²のボイラー室がある場合、普通火災用の消火器で能力単位がA-2（40m²／25m² = 1.6）以上のもの1本を、追加で貯蔵場所に設置しなければならない。

【1】 主要構造部を耐火構造とし、かつ、壁及び天井の室内に面する部分の仕上げ
を難燃材料でした遊技場に消火器を設置する場合、延べ面積を一定の面積で除し
て得た数以上となるように必要能力単位を定めなければならないが、この面積の
数値として、消防法令上、正しいものはどれか。ただし、屋内消火栓設備、スプ
リンクラー設備等の設置による能力単位数の減少は、考慮しないものとする。[★]

☐ 1．50m^2 2．100m^2

3．200m^2 4．400m^2

【2】 消防法令上、防火対象物に消火器を設置する場合、延べ面積を一定の面積で
除して得た数以上となるように能力単位を定めなければならないが、この算定基
準となる面積が 50m^2 に規定されている防火対象物は、次のうちどれか。ただし、
用途以外の条件は考慮しないものとする。

☐ 1．特別養護老人ホーム

2．蒸気浴場又は熱気浴場以外の公衆浴場

3．カラオケボックス

4．倉庫

【3】 消防法令上、消火器具の能力単位の算定において、1 単位とするものは、次
のうちどれか。

☐ 1．容量5Lの水バケツ5個   2．容量6Lの水バケツ4個

3．容量8Lの水バケツ3個   4．容量15Lの水バケツ2個

【4】 簡易消火用具の種別、用具等と能力単位の組合せとして、消防法令上、誤っ
ているものは次のうちどれか。

	種別	用具等	能力単位
☐ 1.	水バケツ	容量8L以上のもの3個	1
2.	水槽	容量8L以上の消火専用バケツ3個以上を有する容量80L以上のもの1個	1.5
3.	乾燥砂	スコップを有する容量50L以上のもの1塊	0.5
4.	膨張ひる石	スコップを有する容量160L以上のもの1塊	1.5

【5】防火対象物に変圧器等これらに類する電気設備がある場合の消火器の付加設置について、消防法令上、正しいものは次のうちどれか。

□ 1．防火対象物又はその部分に設置された消火器が、電気設備の消火に適応する消火器であれば、さらに付け加えて電気設備専用の消火器を設置しなくてもよい。

2．防火対象物又はその部分に変圧器等の電気設備があるときは、電気設備のある場所の床面積を 25m^2 で除して得た数以上の能力単位の数値となるように、さらに電気設備の消火に適応する消火器を付け加えて設置しなければならない。

3．防火対象物又はその部分に変圧器等の電気設備があるときは、電気設備のある場所の床面積 100m^2 以下ごとに１個、さらに電気設備の消火に適応する消火器を付け加えて設置しなければならない。

4．電気設備のある場所に電気設備の消火に適応する粉末消火設備などの固定式の消火設備を設置した場合は、さらに付け加えて電気設備専用の消火器を設置しなくてもよい。

▶▶正解＆解説……………………………………………………………………………

【1】正解2

2．遊技場は、令別表第１の（２）ロに該当する。この場合、算定基準面積の数値は 50m^2 とする。しかし、規則第６条２項の規定により、防火対象物が耐火構造で内部が難燃材料であるときは、この面積の数値を２倍とする。

【2】正解3

1＆2＆4．延べ面積 100m^2 が算定基準面積となる。

【3】正解3

【4】正解4

4．「能力単位1.5」⇒「能力単位１」。

【5】正解3

3．消火器具ごとの適応火災

◎消火器具の設置及び維持に関する技術上の基準は、次のとおりとする（令第10条2項）。

①防火対象物又はその部分には、防火対象物の用途、構造若しくは規模又は消火器具の種類若しくは性能に応じ、**令別表第2**においてその消火に適応するものとされる消火器具を設置すること。

ただし、**二酸化炭素又はハロゲン化物**（ブロモトリフルオロメタンを除く。）を放射する消火器は令別表第1（13P参照）の（16の2）項及び（16の3）項に掲げる防火対象物並びに**総務省令で定める地階、無窓階その他の場所**に設置してはならない。

〔解説〕令別表第1（16の2）項は地下街、（16の3）項は建築物の地階と地下道（準地下街）が該当する。また、ただし書の「総務省令で定める地階、無窓階その他の場所」は、換気について有効な開口部の面積が床面積の30分の1以下で、かつ、当該床面積が20m^{2}以下の地階、無窓階又は居室とする（規則第11条）。

〔解説〕ブロモトリフルオロメタンCBrF$_3$は、ハロン1301とも呼ばれる。他のハロゲン化物消火剤に比べ毒性が弱いため、地階や無窓階であっても使用できる。

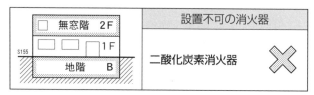

	区分	適応しない消火器	
（B火災）油火災		棒状の水消火器 霧状の水消火器 棒状の強化液消火器	✕
（C火災）電気火災		泡消火器 棒状の水消火器 棒状の強化液消火器	✕

● 施行令 別表第2　消火器具の区分と適応する火災

| 消火器具の区分 | 対象物の区分 |||||||||||||||
	建築物その他の工作物	電気設備	危険物 第1類 アルカリ金属の過酸化物	危険物 第1類 その他	危険物 第2類 鉄粉、金属粉、マグネシウム	危険物 第2類 引火性固体	危険物 第2類 その他	危険物 第3類 禁水性物品	危険物 第3類 その他	危険物 第4類	危険物 第5類	危険物 第6類	指定可燃物 可燃性固体又は合成樹脂類	指定可燃物 可燃性液体類	指定可燃物 その他の指定可燃物
棒状の水を放射する消火器	○			○		○	○		○		○	○	○		○
霧状の水を放射する消火器	○	○		○		○	○		○		○	○	○		○
棒状の強化液を放射する消火器	○			○		○	○		○		○	○	○		○
霧状の強化液を放射する消火器	○	○		○		○	○		○	○	○	○	○	○	○
泡を放射する消火器	○			○		○	○		○	○		○	○	○	○
二酸化炭素を放射する消火器		○				○				○				○	
ハロゲン化物を放射する消火器		○				○				○				○	
消火粉末を放射 リン酸塩類等を使用するもの	○	○		○		○	○			○			○	○	○
消火粉末を放射 炭酸水素塩類等を使用するもの		○	○		○	○		○		○				○	
消火粉末を放射 その他のもの			○		○			○							
水バケツまたは水槽	○			○		○	○		○		○	○			○
乾燥砂			○	○	○	○	○	○	○	○	○	○			
膨張ひる石 又は膨張真珠岩			○	○	○	○	○	○	○	○	○	○			

備考

1. ○印は、対象物の区分の欄に掲げるものに、当該各項に掲げる消火器具がそれぞれ適応するものであることを示す。

2. リン酸塩類等とは、リン酸塩類、硫酸塩類その他防炎性を有する薬剤をいう。

3. 炭酸水素塩類等とは、炭酸水素塩類及び炭酸水素塩類と尿素との反応生成物をいう。

● 各消火器などのまとめ

火災の区分	火災は、使用する消火剤の種類などから、次のように区分されている。 ①A火災（普通火災）…紙、木材、布、繊維等が燃焼する火災 ②B火災（油火災）…ガソリン、灯油、油脂、アルコール等が燃焼する火災 ③C火災（電気火災）…電気機器、電気器具、電気設備等による火災
水消火器	水は普通火災に対し消火剤として広く使われている。しかし、油火災に使用すると、油は水より軽いため浮いて火面を広げる危険がある。また、電気火災に使用すると、感電する危険がある。これらの理由から、第4類危険物の火災（油火災）に対し、「棒状の水」及び「霧状の水」を放射する消火器は適応しない。また、電気設備の火災（電気火災）に対し、「棒状の水」を放射する消火器は適応しないが、「霧状の水」を放射する消火器は適応する。
強化液 消火器	水にアルカリ金属塩（炭酸カリウム）を加えた濃厚な水溶液で、−20℃でも凍結しないため、寒冷地でも使用できる。第4類危険物の火災（油火災）及び電気設備の火災（電気火災）に対しては、いずれも「棒状の強化液」を放射する消火器は適応しないが、「霧状の強化液」を放射する消火器は適応する。
泡消火器	普通火災に対しては、冷却効果と窒息効果により消火する。また、油火災に対しては、油面を泡で覆う窒息効果により消火する。しかし、泡消火器は電気火災に対し感電の危険があるため、使用できない。
二酸化炭素 消火器	加圧して液体の状態でボンベに充てんされている。放射すると直ちにガス化し、燃焼物を覆うようにして窒息効果により消火する。また、気化熱による冷却効果によっても消火する。油火災及び電気火災に対しては有効であるが、普通火災についてはガスが拡散するため、効果が薄い。地階や無窓階への消火器の設置は禁止されている。
ハロゲン 化物消火器	ハロゲン化物は、燃焼の抑制（負触媒）効果がある。液体の状態で充てんされており、放射すると不燃性の非常に重いガスとなる。これが燃焼物を覆うことで窒息効果もある。二酸化炭素消火剤と同様に、油火災及び電気火災に対しては有効であるが、普通火災についてはガスが拡散するため、効果が薄い。
粉末消火器	主成分の違いにより数種類のものがある。燃焼を化学的に抑制する効果（負触媒効果）が大きく、この他に燃焼物を覆うことによる窒息効果もある。粉末は電気の不導体であるため、電気火災に適応する。また、油火災にも適応する。リン酸塩類を使用するものは、木材等の普通火災にも適応するため、これを充てんした消火器は、ABC消火器と呼ばれる。また、炭酸水素塩類等を使用するものは、油火災と電気火災に適応し、普通火災には適応しない。

【1】地下街に設置する消火器について、消防法令上、次のうち正しいものはどれか。

☐　1．ブロモトリフルオロメタン（ハロン1301）を放射する消火器

　　2．ブロモクロロジフルオロメタン（ハロン1211）を放射する消火器

　　3．ジブロモテトラフルオロエタン（ハロン2402）を放射する消火器

　　4．二酸化炭素を放射する消火器

【2】消防法令上、ガソリンの火災の消火に適応しない消火器具は、次のうちどれか。

☐　1．リン酸塩類等を使用する消火粉末を放射する消火器

　　2．棒状の強化液を放射する消火器

　　3．二酸化炭素を放射する消火器

　　4．膨張真珠岩

【3】ガソリンの火災の消火に適応しない消火器具として、消防法令上、正しいものは次のうちどれか。

☐　1．二酸化炭素を放射する消火器　　　2．泡を放射する消火器

　　3．乾燥砂　　　　　　　　　　　　　4．棒状の強化液を放射する消火器

【4】灯油の火災の消火に適応しない消火器として、消防法令上、正しいものは次のうちどれか。

☐　1．霧状の水を放射する消火器　　　　2．霧状の強化液を放射する消火器

　　3．泡を放射する消火器　　　　　　　4．二酸化炭素を放射する消火器

【5】消火器の設置場所と適応する消火器について、消防法令上、誤っているものは次のうちどれか。［★］

☐　1．地階にあるボイラー室に霧状の強化液を放射する強化液消火器を設置する。

　　2．地下街にある電気室に二酸化炭素消火器を設置する。

　　3．灯油を貯蔵する少量危険物貯蔵取扱所に泡消火器を設置する。

　　4．飲食店の厨房にりん酸塩類等を薬剤とした粉末消火器を設置する。

【6】対象物とその消火に用いる消火器の組み合わせとして、消防法令上、最も不適当なものは次のうちどれか。

□　1．指定可燃物のうち可燃性固体類………泡消火器
　　2．指定可燃物のうち可燃性液体類………りん酸塩類等を使用する粉末消火器
　　3．電気設備　　　　　　　　………霧状の強化液を放射する消火器
　　4．建築物その他の工作物　　　………二酸化炭素消火器

【7】電気設備の火災の消火に適応する消火器具に関する次の記述のうち、文中の（　）に当てはまる語句の組合せとして、消防法令上、正しいものはどれか。
　　「変圧器、配電機器等の電気設備の火災の消火には、（ア）と（イ）は適応するが、（ウ）と（エ）は適応しない。」

	（ア）	（イ）	（ウ）	（エ）
□　1．	霧状の強化液消火器	乾燥砂	二酸化炭素消火器	りん酸塩類等の粉末消火器
2．	棒状の水消火器	りん酸塩類等の粉末消火器	泡消火器	炭酸水素塩類等の粉末消火器
3．	霧状の水消火器	二酸化炭素消火器	棒状の強化液消火器	泡消火器
4．	棒状の強化液消火器	乾燥砂	泡消火器	二酸化炭素消火器

【8】電気設備の消火に適応する消火器として、消防法令上、正しいものの組合せは次のうちどれか。
　　ア．霧状の強化液を放射する消火器
　　イ．泡を放射する消火器
　　ウ．消火粉末を放射する消火器のうち、りん酸塩類等を使用するもの

□　1．ア、イのみ　　　　2．ア、ウのみ
　　3．イ、ウのみ　　　　4．ア、イ、ウのすべて

【9】電気設備に適応しない消火器具として、消防法令上、正しいものを2つ選びなさい。［編］

□　1．二酸化炭素を放射する消火器　　　2．霧状の水を放射する消火器
　　3．霧状の強化液を放射する消火器　　4．泡を放射する消火器
　　5．消火粉末を放射する消火器　　　　6．乾燥砂

【10】消防法令上、強化液を放射する消火器を設置する場合に不適当とされている
ものは、次のうちどれか。

☐　1．第2類の危険物のうち引火性固体の倉庫

　　2．第3類の危険物のうち禁水性物品の倉庫

　　3．第5類の危険物（自己反応性物質）の倉庫

　　4．指定可燃物のうち可燃性固体類の倉庫

【11】二酸化炭素消火器の設置に関する次の記述について、文中の（　）に当ては
まる語句の組合せとして、消防法令上、正しいものはどれか。

　　「二酸化炭素消火器は、換気について有効な開口部の面積が床面積の（A）以
下で、かつ、その床面積が（B）m²以下の地階、無窓階又は居室に設けてはな
らない。」

	（A）	（B）
☐　1．	$\dfrac{1}{20}$	20
2．	$\dfrac{1}{20}$	30
3．	$\dfrac{1}{30}$	20
4．	$\dfrac{1}{30}$	30

【12】消火器具の適応性について、消防法令上、誤っているものは次のうちどれか。

☐　1．指定可燃物のうち、可燃性液体の消火に適応する消火器は、第4類の危険
　　物の消火に適応する。

　　2．乾燥砂は、指定可燃物の可燃性固体類の消火に適応するが、建築物その他
　　の工作物の消火には適応しない。

　　3．指定可燃物のうち、可燃性固体の消火にも適応する消火器は、第2類に属
　　するすべての危険物の消火にも適応する。

　　4．建築物その他の工作物に適応する消火器の中には、電気設備の消火に適応
　　しないものがある。

▶▶正解&解説‥‥‥‥‥‥‥‥‥‥‥‥‥‥‥‥‥‥‥‥‥‥‥‥‥‥‥‥‥‥‥‥‥‥‥‥‥

【1】正解1

1. ハロン消火器は、ハロン1301、ハロン1211、ハロン2402があるが、このうちハロン1301は他のハロゲン化物消火剤に比べ毒性が弱いため、地下街（準地下街を含む）、地階、無窓階に設置することができる。

【2】正解2

2. ガソリン（第4類危険物）の火災に対し、棒状の強化液を放射する消火器は適応しない。理由は、放射するとガソリンが浮いて、燃焼火面が広がる危険があるためである。ガソリンなどの油類は、比重がほとんど1より小さく、水に浮く。一方、強化液は濃厚な水溶液で、比重は1より大きい。ただし、霧状の強化液を放射する消火器は、ガソリンの火災に適応する。

【3】正解4

【4】正解1

1. 灯油の火災に対し、霧状の水を放射する消火器は適応しない。ただし、霧状の強化液を放射する消火器は、灯油（第4類危険物や可燃性液体類）の火災に適応する。

【5】正解2

2. 地下街に二酸化炭素消火器を設置してはならない。地下街で使用すると、人が窒息する危険性が高くなる。

【6】正解4

1. 指定可燃物のうち可燃性固体類は、石油アスファルトやクレゾールなどが該当する。

2. 指定可燃物のうち可燃性液体類は、潤滑油や自動車用グリスが該当する。

3. 電気設備の火災については、「霧状の水」及び「霧状の強化液」を放射する消火器が適応する。ただし、「棒状の水」及び「棒状の強化液」を放射する消火器は、感電の危険性があるため適応しない。

4. 「建築物その他の工作物」の火災に二酸化炭素消火器を使用しても、ガスが拡散するためほとんど効果がない。

【7】正解3

電気設備の火災に対する各消火器の適応性については、「感電」の危険性が重要となる。各消火器ごとの適応性は次のとおり。

霧状の強化液消火器…○	棒状の水消火器…×	霧状の水消火器………………○
棒状の強化液消火器…×	乾燥砂……………×	りん酸塩類の粉末消火器………○
二酸化炭素消火器……○	泡消火器………×	炭酸水素塩類等の粉末消火器…○

【8】正解2

イ. 泡消火器は、電気設備の火災に適応しない。

【9】正解4&6

4&6. 泡消火器と乾燥砂は、電気設備の火災に適応しない。

【10】正解2

　消防法令上「強化液を放射する消火器」は、棒状のものと霧状のものについて、適応火災が定められている。

　2．第3類危険物の禁水性物品に対し、棒状のもの及び霧状のもののいずれも強化液消火器は適応しない。

【11】正解3

【12】正解3

　3．一例として、第2類の危険物のうち、鉄粉・金属粉・マグネシウムの火災には、水系（水・強化液・泡）の消火器は適応しない。

　4．一例として、棒状の水や強化液は電気設備の火災に適応しない。

4. 消火器具の設置個数の減少

◎防火対象物又はその部分に、次に掲げる消火設備を法令に定める技術上の基準に従い、又は当該技術上の基準の例により設置したときは、令第10条1項の規定にかかわらず、消火器具の能力単位の数値の**合計数を減ずる**ことができる（令第10条3項）。

屋内消火栓設備	スプリンクラー設備
水噴霧消火設備	泡消火設備
不活性ガス消火設備	ハロゲン化物消火設備
粉末消火設備	

◎令第10条3項の規定により消火設備を設置し、消火設備の対象物に対する適応性が設置すべき消火器具の適応性と同一であるときは、消火器具の能力単位の数値の合計数は、消火設備の有効範囲内の部分について、能力単位の数値の合計数の**3分の1まで**を減少した数値とすることができる（規則第8条1項・2項）。

◎規則第8条1項及び2項の規定は、消火器具で防火対象物の**11階以上**の部分に設置するものには、適用しない。（同4項）

▶▶過去問題◀◀

【1】消防法令上、防火対象物に必要とされる消火器具の能力単位の数値の合計数を減ずることができない消火設備は、次のうちどれか。

□　1．屋内消火栓設備　　　2．水噴霧消火設備

　　3．粉末消火設備　　　　4．連結散水設備

【2】 消防法令上、防火対象物に必要とされる消火器具の能力単位の数値の合計数を減ずることができない消火設備は、次のうちどれか。[★]

□ 　1．屋外消火栓設備　　　　　2．屋内消火栓設備

　　3．スプリンクラー設備　　　4．粉末消火設備

【3】 消防法令上、ある消火設備の有効範囲内に設ける消火器具の能力単位の合計数値を、1／3までを減少した数値とすることができると定められているが、この消火設備に該当しないものは、次のうちどれか。[★]

□ 　1．スプリンクラー設備　　　2．水噴霧消火設備

　　3．屋外消火栓設備　　　　　4．粉末消火設備

【4】 消火器を設置しなければならない防火対象物に併せて、スプリンクラー設備を技術上の基準に従い設置した場合、その有効範囲内の部分において、当該スプリンクラー設備の適応性と同一である消火器は、能力単位の数値について減少させることができる。

　　この減少させることができる数値について、消防法令上、定められているものは、次のうちどれか。

□ 　1．能力単位の数値の合計値の1／5までを減少した数値

　　2．能力単位の数値の合計値の1／4までを減少した数値

　　3．能力単位の数値の合計値の1／3までを減少した数値

　　4．能力単位の数値の合計値の1／2までを減少した数値

【5】 消防法令上、防火対象物に必要とされている消火器具の能力単位の合計数を減少させることができないものは、次のうちどれか。ただし、各消火設備の対象物に対する適応性と消火器具の適応性は同一である。

□ 　1．12階で屋内消火栓設備の有効範囲内の部分

　　2．10階でスプリンクラー設備の有効範囲内の部分

　　3．8階で泡消火設備の有効範囲内の部分

　　4．1階で不活性ガス消火設備の有効範囲内の部分

▶▶正解＆解説‥‥

【1】正解4　　【2】正解1　　【3】正解3　　【4】正解3

【5】正解1

　　1．消火器具の能力単位の数値の合計数を減少させることができる規定は、消火器具で防火対象物の11階以上の部分に設置するものには、適用しない。

◎消火器具（大型消火器及び住宅用消火器を除く。）は、防火対象物の階ごとに、次に掲げる各部分からそれぞれ一の消火器具に至る**歩行距離**が**20m以下**となるように配置しなければならない（規則第6条6項）。

〔解説〕「歩行距離」は、人が歩いた場合の動線により測定した距離とする。

①令第10条1項により、防火対象物の区分及び延べ面積に応じて消火器具を設置するときは、防火対象物の各部分から

②防火対象物又はその部分に**鍛造場、ボイラー室、乾燥室**その他多量の火気を使用する場所があるときは、防火対象物の各部分から

③防火対象物又はその部分のうち、**少量危険物又は指定可燃物を貯蔵**し、又は取り扱うものにあっては、危険物又は指定可燃物を貯蔵し、又は取り扱う場所の各部分から

④防火対象物又はその部分に**変圧器、配電盤**その他これらに類する**電気設備**があるときは、電気設備のある場所の各部分から

〔解説〕法令の内容に重複があるのは、②のボイラー室、③の少量危険物又は指定可燃物の貯蔵場所、④の電気設備のある場所、などにおける消火器具の設置について更に細かい内容の条文が追加制定されているためである。試験では追加制定の厳しい内容が出題されていないため、本書では省略した。

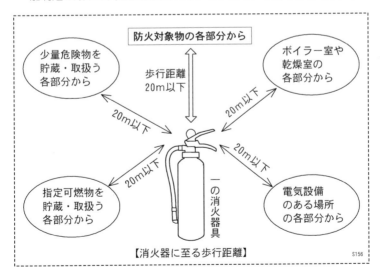

【消火器に至る歩行距離】

S156

【1】消火器具（大型消火器及び住宅用消火器を除く。）を設置する場合、防火対象
　　物の階ごとに一の消火器具に至る距離として、消防法令上、正しいものは次のう
　　ちどれか。

☐　1．電気設備のある場所の各部分から、水平距離が20m以下となるように配置
　　　　する。

　　2．乾燥室の各部分から、歩行距離が30m以下となるように配置する。

　　3．少量危険物を取り扱う場所の各部分から、歩行距離が20m以下となるよう
　　　　に配置する。

　　4．指定可燃物を貯蔵した場所の各部分から、水平距離が30m以下となるよう
　　　　に配置する。

【2】防火対象物の部分に大型消火器以外の消火器具を設置する場合、防火対象物
　　の階ごとにその各部分から一の消火器具に至る距離として、消防法令上、正しい
　　ものは次のうちどれか。

☐　1．ボイラー室のある防火対象物の各部分から、水平距離が20m以下となるよ
　　　　うに配置すること。

　　2．電気設備のある場所の各部分から、歩行距離が20m以下となるように配置
　　　　すること。

　　3．指定可燃物を貯蔵し、又は取り扱う場所の各部分から、歩行距離が30m以
　　　　下となるように配置すること。

　　4．少量危険物を貯蔵し、又は取り扱う場所の各部分から、水平距離が30m以
　　　　下となるように配置すること。

【3】消火器具（大型消火器を除く。）の設置に関する次の記述のうち、文中の
（　）に当てはまる語句の組合せとして、消防法令上、正しいものはどれか。

「二酸化炭素消火器は、11階以上の階にあっては直径50cm以上の円が内接する
ことができる開口部の面積の合計が当該階の床面積の（ア）を超える階（「普通
階」という）以外の階では、設置してはならない。ただし、11階以上の普通階に
あっては、防火対象物の各部分から歩行距離が（イ）m以下となるように配置し
なければならない。」

	（ア）	（イ）
□　1.	20分の1	20
2.	20分の1	30
3.	30分の1	20
4.	30分の1	30

▶▶正解＆解説…………………………………………………………………………

【1】正解3
　1.「水平距離が20m以下」⇒「歩行距離が20m以下」。
　2.「歩行距離が30m以下」⇒「歩行距離が20m以下」。
　4.「水平距離が30m以下」⇒「歩行距離が20m以下」。

【2】正解2
　1.「水平距離が20m以下」⇒「歩行距離が20m以下」。
　3.「歩行距離が30m以下」⇒「歩行距離が20m以下」。
　4.「水平距離が30m以下」⇒「歩行距離が20m以下」。

【3】正解3
　無窓階と大型消火器以外の消火器に関する複合問題である。「無窓階」は9P参照。

6. 大型消火器の設置

◎防火対象物又はその部分で、**指定可燃物を危険物の規制に関する政令別表第4で定める数量の500倍以上貯蔵**し、又は取り扱うものには、指定可燃物の種類ごとにその消火に適応するものとされる大型消火器を、防火対象物の階ごとに、指定可燃物を貯蔵し、又は取り扱う場所の各部分から一の大型消火器に至る**歩行距離が30m以下**となるように設けなければならない（規則第7条1項）。

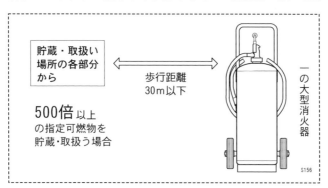

◎防火対象物又はその部分に**大型消火器**を技術上の基準に従い、又は技術上の基準の例により設置した場合において、大型消火器の対象物に対する適応性が設置すべき消火器具の適応性と同一であるときは、消火器具の能力単位の数値の合計数は、大型消火器の有効範囲内の部分について、能力単位の数値の合計数の**2分の1までを減少した数値**とすることができる（規則第7条2項）。

◎令第10条3項の規定により消火設備を設置し、消火設備の対象物に対する適応性が設置すべき大型消火器の適応性と同一であるときは、消火設備の有効範囲内の部分について、**大型消火器を設置しない**ことができる（規則第8条3項）。

〔解説〕令第10条3項の規定による消火設備は、次に掲げるものとする。

大型消火器を設置しないことができる消火設備	
①屋内消火栓設備	⑤不活性ガス消火設備
②スプリンクラー設備	⑥ハロゲン化物消火設備
③水噴霧消火設備	⑦粉末消火設備
④泡消火設備	

〔指定可燃物〕

　指定可燃物は、次の危険物令 別表第4の品名欄に掲げる物品で、同表の数量欄に定める数量以上のものとする（危険物の規制に関する政令第1条の12）。

● 危険物令 別表第4（指定可燃物）

品名		数量	具体的な品名（例）
綿花類		200kg	製糸工程前の原毛、羽毛
木毛及びかんなくず		400kg	椰子の実繊維、製材中に出るかんなくず
ぼろ及び紙くず		1,000kg	使用していない衣服、古新聞、古雑誌
糸類		1,000kg	綿糸、麻糸、化学繊維糸、毛糸
わら類		1,000kg	乾燥わら、乾燥い草
再生資源燃料		1,000kg	廃棄物固形化燃料（RDF等）
可燃性固体類		3,000kg	石油アスファルト、クレゾール
石炭・木炭類		10,000kg	練炭、豆炭、コークス
可燃性液体類		2m³（2,000L）	潤滑油、自動車用グリス
木材加工品及び木くず		10m³	家具類、建築廃材
合成樹脂類	発泡させたもの	20m³	発泡ウレタン、発泡スチロール、断熱材
	その他のもの	3,000kg	ゴムタイヤ、天然ゴム、合成ゴム

［大型消火器の設置が必要な防火対象物又はその部分（解説）］

◎指定可燃物に該当するかどうかは、品名と数量で異なる。

品名	数量	指定可燃物
①綿花類	200kg	該当する
	100kg	該当しない
②可燃性液体類	2,000L	該当する
	1,000L	該当しない

◎防火対象物又はその部分に、大型消火器を設置しなければならないかどうかは、貯蔵・取扱う品名と数量で異なる。

品名	数量	大型消火器の設置
①綿花類	100トン	必要 （200kg×500倍＝100,000kg＝100トン）
	50トン	不要
②可燃性液体類	1,000kL	必要 （2,000L×500倍＝1,000,000L＝1,000kL）
	500kL	不要

【1】防火対象物の部分に、大型消火器を設置する場合、防火対象物の階ごとにその各部分から一の消火器具に至る距離として、消防法令上、正しいものは次のうちどれか。

☐ 1．ボイラー室のある防火対象物の各部分から、水平距離が20m以下となるように配置すること。

　　2．電気設備のある各部分から、歩行距離が20m以下となるように配置すること。

　　3．指定可燃物を貯蔵し、又は取り扱う場所の各部分から、歩行距離が30m以下となるように配置すること。

　　4．少量危険物を貯蔵し、又は取り扱う場所の各部分から、水平距離が30m以下となるように配置すること。

【2】防火対象物の部分で指定可燃物を貯蔵する場所に、大型消火器を設置する場合、防火対象物の階ごとに、その貯蔵する場所の各部分から一の大型消火器に至る距離として、消防法令上、正しいものは次のうちどれか。[★]

☐ 1．歩行距離10m以下とすること。

　　2．歩行距離20m以下とすること。

　　3．歩行距離30m以下とすること。

　　4．歩行距離40m以下とすること。

【3】消防法令上、大型消火器の設置に関する次の記述のうち、文中の（　）に当てはまる数値と語句の組合せとして、正しいものはどれか。

　「消火器を設置しなければならない防火対象物又はその部分で、指定可燃物を危険物の規制に関する政令別表第4で定める数量の（ア）倍以上貯蔵し、又は取り扱うものには、指定可燃物の種類ごとにその消火に適応するものとされる大型消火器を防火対象物の（イ）に、指定可物を貯蔵し、又は取り扱う場所の各部分から一の大型消火器に至る歩行距離が（ウ）となるように設けなければならない。」

	（ア）	（イ）	（ウ）
☐ 1.	500	階ごと	30m 以下
2.	500	用途ごと	50m 以下
3.	300	階ごと	50m 以下
4.	300	用途ごと	30m 以下

【4】消火器を設置しなければならない防火対象物で、指定可燃物を貯蔵している部分に、大型消火器を技術上の基準に従い設置した場合、その有効範囲内の部分において、当該大型消火器の適応性と同一である消火器具は、能力単位の数値の合計数を減少させることができる。この減少させることができる数値について、消防法令に定められているものは、次のうちどれか。

□　1．能力単位の数値の合計数の1／5までを減少した数値
　　2．能力単位の数値の合計数の1／4までを減少した数値
　　3．能力単位の数値の合計数の1／3までを減少した数値
　　4．能力単位の数値の合計数の1／2までを減少した数値

【5】消防法令上、大型消火器の設置義務について、「ある消火設備」が技術上の基準に従って設置してあり、その「ある消火設備」の対象物に対する適応性が、当該対象物に設置すべき大型消火器の適応性と同一であるときは、その「ある消火設備」の有効範囲内の部分について当該大型消火器を設置しないことができるとされているが、この「ある消火設備」に該当しない消火設備は次のうちどれか。

□　1．屋内消火栓設備
　　2．屋外消火栓設備
　　3．スプリンクラー設備
　　4．不活性ガス消火設備

▶▶正解＆解説‥‥‥‥‥‥‥‥‥‥‥‥‥‥‥‥‥‥‥‥‥‥‥‥‥‥‥‥‥‥‥‥‥‥‥‥‥‥
【1】正解3
【2】正解3
【3】正解1
【4】正解4
【5】正解2

7. 消火器の設置位置と標識

◎消火器具は、床面からの高さが1.5m以下の箇所に設けること（以下、規則第9条1項1号〜4号）。

◎消火器具は、水その他消火剤が凍結し、変質し、又は噴出するおそれが少ない箇所に設けること。ただし、保護のための有効な措置を講じたときは、この限りでない。

◎消火器には、地震による震動等による転倒を防止するための適当な措置を講じること。ただし、粉末消火器その他転倒により消火剤が漏出するおそれのない消火器にあっては、この限りでない。

◎消火器具を設置した箇所には、消火器具に応じて次の**標識**を見やすい位置に設けること。

① 消火器　…「消火器」

② 水バケツ…「消火バケツ」

③ 水槽　　…「消火水槽」

④ 乾燥砂　…「消火砂」

⑤ 膨張ひる石又は膨張真珠岩…「消火ひる石」

〔解説〕標識は、全て「消火〜」となっている。また、「用」という文字は使わない。短い文字で表記する。

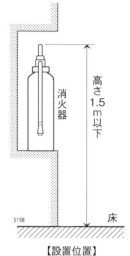

【設置位置】

▶▶ 過去問題 ◀◀

【1】消火器の設置について、消防法令上、正しいものは次のうちどれか。

□　1．床面から消火器の下端までの高さを 1.5m とした。

　　2．床面から消火器の上端までの高さを 1.5m とした。

　　3．床面から消火器の下端までの高さを 1.8m とした。

　　4．床面から消火器の上端までの高さを 1.8m とした。

【2】消火器を設置する場合の、床面からの高さの基準について、消防法令上、正しいものは次のうちどれか。

□　1．0.8m 以下の箇所に設けること。

　　2．1.0m 以下の箇所に設けること。

　　3．1.2m 以下の箇所に設けること。

　　4．1.5m 以下の箇所に設けること。

【3】消火器具の設置について、消防法令上、誤っているものを3つ選びなさい。

［★］［編］

☐ 1．消火器具は、床面からの高さが1.5m以下の箇所に設けなければならない。

　 2．消火器具は、床面からの高さが1.6m以下の箇所に設けなければならない。

　 3．消火器具は、水その他消火剤が凍結し、変質し、又は噴出するおそれが少ない箇所に設けなければならない。ただし、保護のための有効な措置を講じたときは、この限りでない。

　 4．消火器には、地震による震動等による転倒を防止するための適当な措置を講じなければならない。ただし、粉末消火器その他転倒により消火剤が漏出するおそれのない消火器にあっては、この限りでない。

　 5．消火器を設置した箇所には、「消火器具」と表示した標識を見やすい位置に設けなければならない。

　 6．粉末消火器には、地震による震動等による転倒を防止するための適当な措置を講じなければならない。

　 7．膨張ひる石又は膨張真珠岩を設置した場所には、「消火ひる石」と表示した標識を見やすい位置に設けなければならない。

【4】消火器具の種類とこれに応じた標識の表示についての組合せとして、消防法令上、正しいものは次のうちどれか。

	種類	標識の表示
☐ 1.	水バケツ	消火水バケツ
2.	水槽	消火水槽
3.	乾燥砂	消火乾燥砂
4.	膨張真珠岩	消火真珠岩

【5】消火器具の種類とこれに応じた標識の表示についての組合せとして、消防法令上、正しいものは次のうちどれか。

	種類	標識の表示
☐ 1.	水バケツ	消防用バケツ
2.	水槽	消防用水
3.	乾燥砂	消火砂
4.	膨張真珠岩	膨張消火剤

【6】消火器具の種類とこれに応じた標識の表示についての組合せとして、消防法
令上、正しいものは次のうちどれか。

	種類	標識の表示
□ 1.	水バケツ	消火水バケツ
2.	水槽	消防用水
3.	乾燥砂	消火乾燥砂
4.	膨張真珠岩	消火ひる石

【7】消火器具の種類と設置した箇所に設ける標識の表示の組合せとして、消防法
令上、誤っているものは次のうちどれか。

	消火器具の種類	標識の表示
□ 1.	乾燥砂	消火砂
2.	水槽	消火水槽
3.	水バケツ	消火水バケツ
4.	膨張真珠岩	消火ひる石

▶▶正解＆解説‥‥‥‥‥‥‥‥‥‥‥‥‥‥‥‥‥‥‥‥‥‥‥‥‥‥‥‥‥‥‥‥‥‥‥

【1】正解2　　【2】正解4

【3】正解2＆5＆6
　2．消火器具は、床面からの高さが［1.6m以下］⇒［1.5m以下］の箇所に設けなけれ
　　ばならない。
　5．消火器を設置した箇所には、［消火器］と表示した標識を見やすい位置に設けなけ
　　ればならない。
　6．粉末消火器は、転倒しても消火剤が漏出しにくいため、転倒防止のための適当な措
　　置は必要ない。

【4】正解2
　1．水バケツ…「消火バケツ」　　　　3．乾燥砂…「消火砂」
　4．膨張真珠岩…「消火ひる石」

【5】正解3
　1．水バケツ…「消火バケツ」　　　　2．水槽…「消火水槽」
　4．膨張真珠岩…「消火ひる石」

【6】正解4
　1．水バケツ…「消火バケツ」　　　　2．水槽…「消火水槽」
　3．乾燥砂…「消火砂」

【7】正解3
　3．水バケツ…「消火バケツ」

第3章　機械に関する基礎的知識

第3章

1. 運動に関する法則

◎運動に関する法則は、次の３つの法則から成り立っている。

◎運動の第１法則（慣性の法則）

  … 物体に外力がはたらかなければ、静止している物体は静止を続け、運動して
    いる物体は等速度直線運動を続ける。

◎運動の第２法則（運動の法則）

  … 物体にいくつかの外力がはたらくとき、物体にはそれらの合力の向きに加速
    度が生じ、その加速度の大きさは合力の大きさに比例し、物体の質量に反比
    例する。

◎運動の第３法則（作用・反作用の法則）

  … 物体Ａが物体Ｂに力（作用）を加えているとき、これと同じ作用線上で、大
    きさが等しく、向きが反対の力（反作用）が物体Ｂから物体Ａにはたらく。

▶▶過去問題◀◀

【1】運動の第三法則に関する次の記述のうち、文中の（　）に当てはまる語句の
　組み合わせとして、最も適切なものはどれか。

　「物体Ａが物体Ｂに力を加えているとき、これと同じ作用線上で、（ア）が等し
く向きが（イ）の力が物体Ｂから物体Ａにはたらく。この法則は、（ウ）の法則
ともいう。」

	（ア）	（イ）	（ウ）
1.	大きさ	反対	作用・反作用
2.	作用点	反対	作用・反作用
3.	大きさ	同一	慣性
4.	作用点	同一	慣性

▶▶正解＆解説⋯⋯⋯⋯⋯⋯⋯⋯⋯⋯⋯⋯⋯⋯⋯⋯⋯⋯⋯⋯⋯⋯⋯⋯⋯⋯⋯⋯⋯⋯⋯⋯⋯⋯⋯⋯⋯

【1】正解1

第３章

122

2. 力の三要素とつり合い

■ 1. 力の三要素

◎野球でボールを投げるとき、ボールの投げ方によって速さや方向が異なってくる。

◎力は、**大きさ、向き、作用点**（力を加える点）の3つの要素が決定しないと、そのはたらきが決まらない。

◎力を表すには、作用点を始点として、力の大きさに比例した長さの矢印を力の向きに引いて表す。作用点を通り、力の向きに引いた直線を力の作用線という。

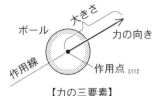

【力の三要素】

■ 2. 力のつり合い

◎身のまわりにある物体には、いろいろな力がはたらいている。同時に複数の力が物体にはたらいても、物体に加速度が生じないとき、これらの力は**つり合っている**という。

◎机の上に置かれた本には重力がはたらいているが、本は落ちることがない。これは、机の面が面の垂直方向に本を押し上げているためである。この本を押す力を**垂直抗力**という。

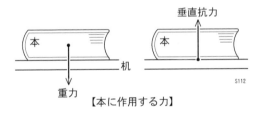

【本に作用する力】

▶▶ 過去問題 ◀◀

【1】 図1において、800Nの重力を受けている物体とつり合うための力Fとして、正しいものは次のうちどれか。なお、ロープと滑車の質量及び摩擦抵抗は無視するものとする。

☐　1．50N　　　2．100N
　　3．200N　　　4．400N

【2】図2において、1,600Nの重力を受けている物体とつり合うための力Fとして、正しいものは次のうちどれか。ただし、ロープと滑車の自重及び摩擦損失は無視するものとする。[★]

☐　1．50N　　　2．100N
　　3．200N　　　4．400N

【3】図3において、800Nの重力を受けている物体とつり合うための力Fとして、正しいものは次のうちどれか。ただし、ロープと滑車の自重及び摩擦損失は考慮しないものとする。

☐　1．50N　　　2．100N
　　3．200N　　　4．400N

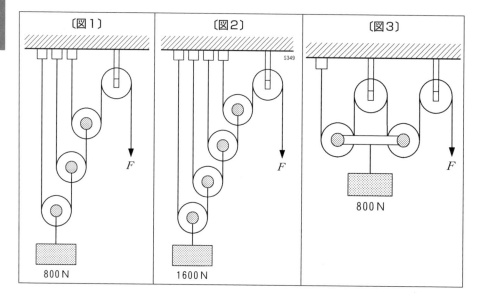

▶▶正解＆解説···

【1】正解2

　　下側の3個の滑車を動滑車、一番上の滑車を定滑車という。一番下の滑車は、下方向に800Nの力が作用していることから、滑車の各ロープには上方向に400Nの力が作用していることになる。下から2番目の滑車は、下方向に400Nの力が作用していることから、滑車の各ロープには上方向に200Nの力が作用していることになる。下から3番目の滑車は、下方向に200Nの力が作用していることから、滑車の各ロープには上方向に100Nの力が作用していることになる。

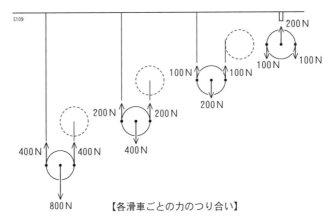

一番上の定滑車は、つり合っていることから、各ロープには下方向に 100N の力が作用し、定滑車を支えている支柱には上方向に 200N の力が作用している。

【2】正解2

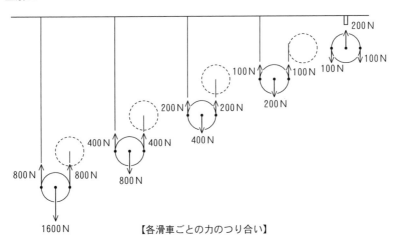

【各滑車ごとの力のつり合い】

【3】正解3

設問の図を、次のように書き換える。

800N の力は、2つの動滑車A・Bにそれぞれ 400N ずつ下方向に作用していると考えることができる。

動滑車Bの各ロープには、上方向に 200N の力が作用している。従って、力 F は 200N となる。

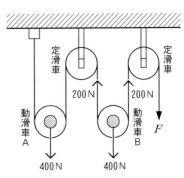

【各滑車ごとの力のつり合い】

125

3. 力のモーメント

◎二人で野球のバットの細い端と太い端をそれぞれつかみ、互いに逆向きにひねると、太い端を持った人の方がはるかに回しやすい。これは、バットを回そうとする効果が、バットの太さと関係しているためである。

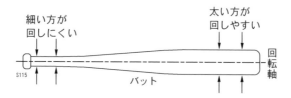

細い方が
回しにくい

太い方が
回しやすい

回転軸

バット

◎細長い部材の点 O を回転軸（支点）として、この部材に力 F〔N〕を加えるものとする。点 O から力の作用線までの距離 L〔m〕をうでの長さという。力が部材の回転運動を引き起こす効果を表す量は、力の大きさ F とうでの長さ L の積となる。

$$M = FL$$

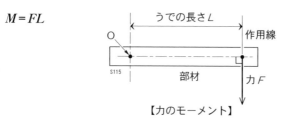

うでの長さ L

O

作用線

部材

力 F

【力のモーメント】

◎M を力のモーメントといい、単位はニュートン・メートル〔N·m〕を用いる。

◎力のモーメントにおいて、右回り（時計回り）のものと左回り（反時計回り）のものの総和が互いに等しいとき、力のモーメントはつり合っているという。

■偶力

◎図のように、大きさが等しく、逆向きで、平行な一対の力 F を偶力という。ハンドルを回すときの力が該当する。

◎偶力がもつ、回転させようとする働きを偶力のモーメントといい、単位はニュートン・メートル〔N·m〕を用いる。偶力のモーメント M は、回転中心の O の位置に関係なく、その大きさを M とすると、次の式で表される。

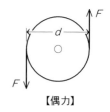

【偶力】

$$M = Fd$$

◎この式で、d は偶力 F の作用線間の距離であって、これを偶力のうでという。

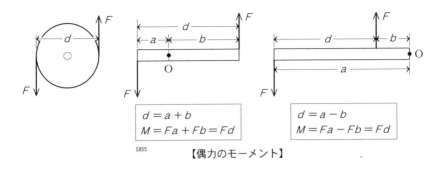

$$d = a + b$$
$$M = Fa + Fb = Fd$$

$$d = a - b$$
$$M = Fa - Fb = Fd$$

S855

【偶力のモーメント】

▶ ▶ 過去問題 ◀ ◀

【1】柄の長さ60cmのパイプレンチを使用して、丸棒を回転させるため、丸棒の中心から40cmのところを握って50Nの力を加えるとき、丸棒が受けるモーメントの値として、正しいものは次のうちどれか。[★]

☐ 1．20N·m　　　　2．30N·m

　　3．200N·m　　　4．300N·m

【2】下図のように、半径Rのものと半径rのものを組み合わせた滑車に、荷重Wをつり下げたとき、この荷重につり合う力Fの大きさとして、正しいものは次のうちどれか。ただし、滑車とロープの摩擦は無視する。

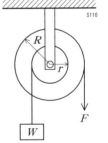

S110

☐ 1．$F = \dfrac{r}{R}\,W$

　　2．$F = \dfrac{R}{r}\,W$

　　3．$F = W$

　　4．$F = (R + r)\,W$

【3】下図の2箇所に集中荷重がはたらいたときのR_AとR_Bの値として、正しいものは次のうちどれか。ただし、はりの自重は考えないものとする。

☐ 1．$R_A = 150$N、$R_B = 150$N

　　2．$R_A = 175$N、$R_B = 125$N

　　3．$R_A = 200$N、$R_B = 100$N

　　4．$R_A = 225$N、$R_B = 75$N

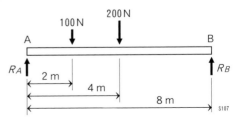

S107

【4】図に示す、点 O を中心とした偶力 F のモーメント値 M として、正しいものは次のうちどれか。

☐　1．$M = 20\mathrm{N \cdot m}$
　　2．$M = 50\mathrm{N \cdot m}$
　　3．$M = 70\mathrm{N \cdot m}$
　　4．$M = 100\mathrm{N \cdot m}$

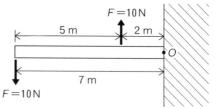

▶▶正解&解説…………………………………………………………………………………………

【1】正解1

40cm を変換して 0.4m にする。

〔丸棒が受ける力のモーメント〕＝〔力〕×〔うでの長さ〕
　　　　　　　　　　　　　　　＝ 50N × 40cm = 50N × 0.4m = 20N·m

【2】正解1

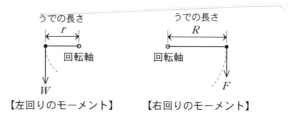

【左回りのモーメント】　　　　【右回りのモーメント】

〔左回りのモーメント〕＝ $W \times r$
〔右回りのモーメント〕＝ $F \times R$
これらは等しいことから、次の等式が成り立つ。

$$F \times R = W \times r \quad \Rightarrow \quad F = \frac{r}{R} W$$

【3】正解2

● Aを支点とした場合の各モーメントを求める。

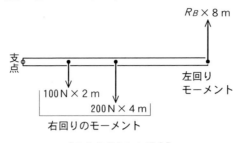

【Aを支点とした場合】

〔左回りのモーメント〕＝ R_B × 8m

〔右回りのモーメント〕＝ 100N × 2m + 200N × 4m = 1000N·m

これらは等しいことから、次の等式が成り立つ。

R_B × 8m = 1000N·m　⇒　R_B = 1000N·m ／ 8m = 125N

下向きの荷重と上向きの荷重は等しいことから、次の等式が成り立つ。

R_A + 125N = 100N + 200N　⇒　R_A = 100N + 200N − 125N = 175N

● Bを支点とした場合の各モーメントを求める。どちらを支点としても、答えを導くことができる。

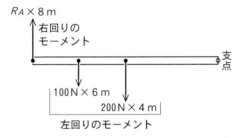

【Bを支点とした場合】

〔右回りのモーメント〕＝ R_A × 8m

〔左回りのモーメント〕＝ 100N × 6m + 200N × 4m = 1400N·m

これらは等しいことから、次の等式が成り立つ。

R_A × 8m = 1400N·m　⇒　R_A = 1400N·m ／ 8m = 175N

下向きの荷重と上向きの荷重は等しいことから、次の等式が成り立つ。

175N + R_B = 100N + 200N　⇒　R_B = 100N + 200N − 175N = 125N

【4】正解2

2. M = 10N × 5m = 50N·m

4. はりの種類

◎水平に置かれた棒状の部材を**はり**といい、はりを支えている点を**支点**という。はりに荷重がはたらくと、この荷重とつり合うように、支点にも荷重と反対側の力がはたらく。この力を支点の**反力**という。

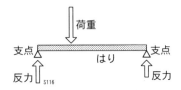

◎支点は回転支点や固定支点などがある。回転支点は、ピンで支えられ、垂直と水平方向の動きは固定されるが、自由に回転する。固定支点は、垂直、水平、回転の動きがすべて固定される。

回転支点	固定支点
構造　記号	

◎支点の組合せではりを分類すると、次のとおりとなる。
　①**両端支持ばり**は、両端を支持したもので、単純はりとも呼ばれる。
　②**片持はり**は、一端を固定し、他端を自由にしたもの。
　③**固定はり**は、両端とも固定支持されているもの。
　④**張出しばり**は、支点の外側に荷重が加わっているもの。
　⑤**連続はり**は、3点以上で支持されているもの。

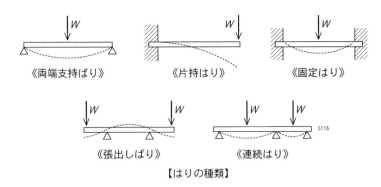

【はりの種類】

【1】はりの種類の説明として、誤っているものは次のうちどれか。

☐　1．片持はり　………一端のみ固定し、他端を自由にしたはり

　　2．張出しばり………支点の外側に荷重が加わっているはり

　　3．固定はり　………両端とも固定支持されているはり

　　4．連続はり　………2個の支点で支えられているはり

▶▶正解＆解説……………………………………………………………………………………

【1】正解4

　　4．連続はりは、3点以上で支持されているはりである。

5．はりの曲げモーメント

■1．荷重の加わり方

◎はりに対する荷重の加わり方は、はりの1点に加わる**集中荷重**と、連続的に作用する**分布荷重**とに大別される。分布荷重のうち、はりの単位長さあたりの荷重が一定なものを**等分布荷重**という。

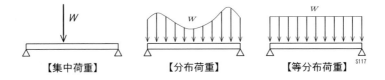

【集中荷重】　　　【分布荷重】　　　【等分布荷重】

■2．はりの曲げモーメント

◎はりの曲げモーメントとは、任意の断面においてはりを曲げようとするモーメントをいう。荷重の大きさ（N）と荷重の作用点から断面までの距離（m）の積で表される。

◎はりに荷重（外力）が作用して静止しているとき、曲げモーメントは必ずつり合っている。

◎今、図の両端支持ばりに集中荷重が作用しているものとする。A支点に作用する力のモーメントは、次のとおりとなる。

〔右回り方向〕＝ 1000N × 0.7m ＝ 700N·m

〔左回り方向〕＝ R_B × 1m

　R_B ＝ 700N·m ／ 1m ＝ 700N

上下方向の荷重は等しいことから、R_A ＝ 1000N － 700N ＝ 300N

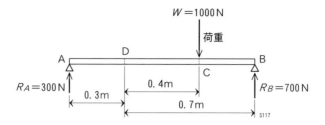

D 断面に作用する曲げモーメントは、次のとおりとなる。

〔右回りの曲げモーメント〕＝ 300N × 0.3m ＝ 90N·m

〔左回りの曲げモーメント〕＝ (700N × 0.7m) − (1000N × 0.4m)

　　　　　　　　　　　　　 ＝ 490N·m − 400N·m ＝ 90N·m

また、C 断面に作用する曲げモーメントは、最大となる。

〔右回りの曲げモーメント〕＝ 300N × 0.7m ＝ 210N·m

〔左回りの曲げモーメント〕＝ 700N × 0.3m ＝ 210N·m

◎両端支持ばりに集中荷重が作用した場合おいて、それぞれの曲げモーメントは集
　中荷重が作用する位置によって変化する。各種はりにおいて、集中荷重や等分布
　荷重が作用した場合、曲げモーメントの大きさを図でまとめたものを**曲げモーメ
　ント線図**という。

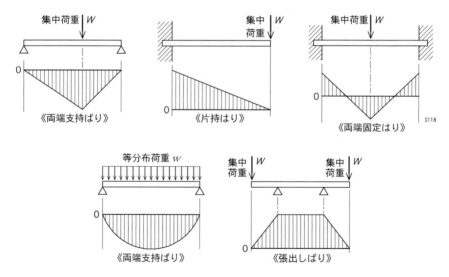

【はりと曲げモーメント線図】

【1】右図のように、等分布荷重を受ける単
純ばりの曲げモーメントをあらわす概念図
として、正しいものは次のうちどれか。

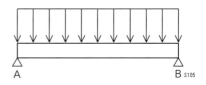

□ 1. A ⌣ B

2. A ▭ B

3. A ⋁ B

4. A ╱╲ B

【2】最大曲げモーメント 15,000N·m が生じるときの長さ3mの片持ばりの自由端
の荷重として、正しいものは次のうちどれか。

□ 1. 2,500N
2. 5,000N
3. 22,500N
4. 45,000N

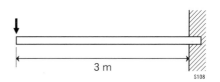

【3】下図のように、600Nの集中荷重を受けてつり合い、安定した状態にある両端
支持ばりの支点の反力R_Bとして、正しいものは次のうちどれか。ただし、はり
の自重は考えないものとする。

□ 1. 240N
2. 300N
3. 360N
4. 400N

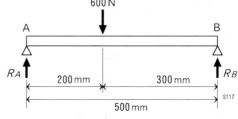

▶▶正解＆解説··

【1】正解1
　「曲げモーメントをあらわす概念図」≒曲げモーメント線図、と考える。

【2】正解2
　荷重 W × 3m = 15000N·m　⇒　荷重 W = 15000N·m ／ 3m = 5000N

【3】正解1
　支点Aに作用する力のモーメント
　〔右回り方向〕= 600N × 200mm　　〔左回り方向〕= R_B × 500mm
　R_B =（600N × 200mm）／ 500mm = 240N

6. 応力

◎荷重を受けた部材は、その内部に抵抗力を生じる。この抵抗力の単位面積当たりの大きさを**応力**という。

◎図のように、引張荷重によって生じる部材内部の応力は、その部材の任意の断面に一様に分布し、その総和は引張荷重の大きさに等しく、引張荷重の向きと反対である。また、圧縮荷重に対する応力も、同様に考えることができる。

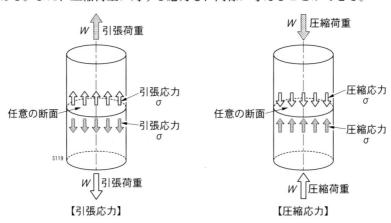

【引張応力】　　　　　　　　【圧縮応力】

◎部材に作用する引張荷重または圧縮荷重を W〔N〕、部材の断面積を A〔m²〕とすると、応力 σ〔Pa〕は、次の式で表される。

$$応力\ \sigma = \frac{荷重\ W}{断面積\ A}$$

◎部材に対し、引張荷重が作用しているときの応力を**引張応力**、圧縮荷重が作用しているときの応力を**圧縮応力**という。また、**せん断応力**はせん断荷重に対する応力で、荷重と平行な面にはたらく。せん断応力は**記号 τ** で表す。

〔解説〕ギリシャ語のアルファベットで、σ はシグマ Σ の小文字、τ はタウ T の小文字。

◎せん断応力 τ〔Pa〕は、次の式で表される。

$$せん断応力\ \tau = \frac{せん断荷重\ W}{断面積\ A}$$

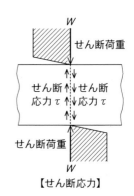

【せん断応力】

◎次の図は、せん断面を拡大したものである。間隔 L 〔m〕だけ離れた2平行面に
せん断荷重 W 〔N〕が作用し、変形量 λ 〔m〕が生じたとすると、せん断ひずみ
γ は次の式で表される。せん断ひずみは、単位長さに対する変形量の割合となる。

〔解説〕ギリシャ語のアルファベットで、γ はガンマ Γ の小文字、λ はラムダ Λ の小文字。

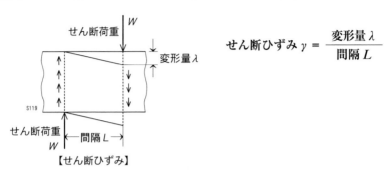

$$\text{せん断ひずみ}\ \gamma = \frac{\text{変形量}\ \lambda}{\text{間隔}\ L}$$

【せん断ひずみ】

◎せん断応力 τ 〔Pa〕は、横弾性係数 G 〔Pa〕とせん断ひずみ γ の積でも表される。

〔解説〕横弾性係数 G（せん断弾性係数ともいう）とは、せん断応力とせん断ひずみの比
で、せん断変形のしにくさを表す材料固有の値である。

$$\text{せん断応力}\ \tau = \frac{\text{せん断荷重}\ W}{\text{断面積}\ A} = \text{横弾性係数}\ G \times \text{せん断ひずみ}\ \gamma$$

▶▶過去問題◀◀

【1】下図のように、断面積 1mm² のピアノ
線4本で天井から垂直に吊っている物体に、
引張荷重4Nを加えたときのピアノ線1本
当たりの応力は、次のうちどれか。[★]

□　1．1MPa

　　2．4MPa

　　3．10MPa

　　4．40MPa

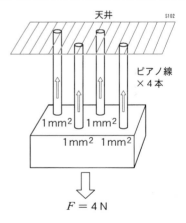

【2】 直径12mmの丸棒に8,000Nの引張荷重を加えたとき、引っ張り応力の値として最も近いのは、次のうちどれか。

☐ 1．10.2MPa 2．70.8MPa
　 3．120.4MPa 4．141.6MPa

【3】 図のように、断面積50mm^{2}のリベットによって固定されている2枚の鋼板を500Nの力で引っ張ったとき、リベットに生じるせん断応力として、正しいものは次のうちどれか。

☐ 1．5MPa 2．10MPa
　 3．50MPa 4．100MPa

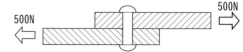

【4】 材料にせん断荷重を加えると、荷重と平行な断面には、それに沿って荷重と等しい内力が生じる。この内力による応力として、正しいものは次のうちどれか。

☐ 1．せん断応力
　 2．引張応力
　 3．圧縮応力
　 4．曲げ応力

【5】 せん断応力を表す式として、正しいものは次のうちどれか。[★]

☐ 1．せん断応力＝せん断ひずみ÷断面積
　 2．せん断応力＝せん断ひずみ×断面積
　 3．せん断応力＝せん断荷重÷断面積
　 4．せん断応力＝せん断荷重×断面積

【6】 せん断応力を表す式として、正しいものは次のうちどれか。ただし、せん断応力を τ[MPa]、せん断荷重を W[N]、応力の生じている断面の面積を A[mm^2]とする。

☐ 1．$\tau = \dfrac{A}{W}$ 2．$\tau = WA$

　 3．$\tau = \dfrac{W}{A}$ 4．$\tau = 2WA$

【7】右図のような軟鋼丸棒に、軸線と直角に 1,500N のせん断荷重がはたらくとき、軟鋼丸棒に生じるせん断応力が 5MPa となる丸棒の断面積で、正しいものは次のうちどれか。

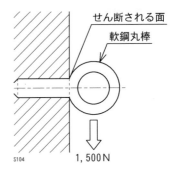

せん断される面
軟鋼丸棒

□　1．300mm^2　　　2．333mm^2
　　3．450mm^2　　　4．750mm^2

S104　　　　　1,500N

【8】断面積400mm^{2}の材料に、20kNのせん断荷重を加えたときのせん断ひずみとして、正しいものは次のうちどれか。ただし、横弾性係数は80GPaとする。

□　1．$\dfrac{1}{4}$　　　2．$\dfrac{1}{100}$

　　3．$\dfrac{1}{1600}$　　4．$\dfrac{1}{4000}$

【9】図のように、アイボルトが 4,000N の荷重を受けるとき、ボルトのねじの谷の径（d）として正しいものは次のうちどれか。なお、ボルトの引張強さは 400MPa とし、安全率を 5 とする。

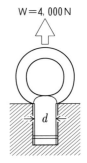

W=4,000N

□　1．約5mm　　　2．約6mm
　　3．約8mm　　　4．約10mm

【1】正解1

応力の単位である Pa（パスカル）は、1 Pa = 1 N/m² である。この「m²」に合わせるため mm² を m² に変換する。

4 N の引張荷重のため、ピアノ線1本当たりでは、1N の引張荷重が加わっていることになる。応力＝荷重／断面積から、以下のようになる。

$$\frac{1N}{1mm^2} = \frac{1N}{1mm \times 1mm} \Rightarrow$$

> 1mm = 0.001m = 1 × 10⁻³m となることから、分母の「1mm」に「1 × 10⁻³m」を代入する。

$$\frac{1N}{(1 \times 10^{-3}m) \times (1 \times 10^{-3}m)} = \frac{1N}{1 \times 10^{-6}m^2}$$

分母を 1m² にするため、分母と分子の両方に 1 × 10⁶ をかける。

$$\frac{1N}{1 \times 10^{-6}m^2} = \frac{1 \times 10^6 N}{1m^2} = 1 \times 10^6 \, N/m^2 = 1 \times 10^6 \, Pa = 1MPa$$

> [参考]　1 mm = 10⁻³m　　1 mm² = 10⁻⁶m²　　1 M（メガ）= 10⁶　　1 G（ギガ）= 10⁹

【2】正解2

$$[引張応力] = \frac{引張荷重}{断面積} = \frac{8{,}000N}{\pi \times 6mm \times 6mm} = \frac{8{,}000N}{3.14 \times 36 \times 10^{-6}m^2}$$
$$\fallingdotseq 70.8 \times 10^6 N/m^2 = 70.8 \times 10^6 Pa = 70.8MPa$$

【3】正解2

$$[せん断応力 \tau] = \frac{せん断荷重W}{断面積A} = \frac{500N}{50mm^2} = \frac{10N}{1mm^2}$$

$$\frac{10N}{1mm^2} = \frac{10N}{1mm \times 1mm} \Rightarrow$$

> 1mm = 0.001m = 1 × 10⁻³m となることから、分母の「1mm」に「1 × 10⁻³m」を代入する。

$$\frac{10N}{(1 \times 10^{-3}m) \times (1 \times 10^{-3}m)} = \frac{10N}{1 \times 10^{-6}m^2}$$

分母を 1m² にするため、分母と分子の両方に 1 × 10⁶ をかける。

$$\frac{10N}{1 \times 10^{-6}m^2} = \frac{10 \times 10^6 N}{1m^2} = 10 \times 10^6 \, N/m^2 = 10 \times 10^6 \, Pa = 10MPa$$

【4】正解1

2 & 3．ともに垂直応力で、引張荷重が作用しているときの応力を引張応力、圧縮荷重が作用しているときの応力を圧縮応力という。

4．曲げ応力とは、荷重により材料内部に生じる「曲げモーメント」をいう。「7．曲げ応力」140P 参照。

【5】正解3

【6】正解3

【7】正解1

$5MPa = 5 \times 10^6 Pa = 5 \times 10^6 N/m^2 = 5N/mm^2$

$5N/mm^2 = \dfrac{1500N}{断面積 A}$　　$\Rightarrow$　　断面積 $A = \dfrac{1500N}{5N/mm^2} = 300mm^2$

【8】正解3

$せん断応力 = \dfrac{せん断荷重}{断面積} = 横弾性係数 \times せん断ひずみ$

$\dfrac{20kN}{400mm^2} = 80GPa \times せん断ひずみ\gamma$

$せん断ひずみ\gamma = \dfrac{20kN}{400mm^2 \times 80GPa} = \dfrac{20 \times 10^3 N}{400 \times 10^{-6}m^2 \times 80 \times 10^9 Pa}$

$= \dfrac{20 \times 10^3}{400 \times 80 \times 10^3} = \dfrac{20}{400 \times 80} = \dfrac{1}{20 \times 80} = \dfrac{1}{1600}$

【9】正解3

アイボルトとは、重量物を吊り下げるときに取り付ける吊りボルトのことである。

安全率を5とすることから、許容応力は［ボルトの引張強さ］÷［安全率］= 400MPa÷5 = 80MPaとなる。「9. 許容応力と安全率」147P参照。

ボルトの断面積を Am^2（許容応力の単位Paに合わせるため、Amm^2 ではなく Am^2 としている）とすると、次の等式が成り立つ。

$許容応力 = \dfrac{作用する荷重}{断面積}$

$80MPa = \dfrac{4000N}{A} \Rightarrow A = \dfrac{4000N}{80MPa} = \dfrac{4000N}{80 \times 10^6 Pa}$

$= \dfrac{4000N}{80 \times 10^6 N/m^2} = \dfrac{4000m^2}{80 \times 10^6} = 50 \times 10^{-6}m^2$

$1m^2 = 1000mm \times 1000mm = 1 \times 10^6 mm^2$ であることから、断面積 Am^2 は次のとおりとなる。

$Am^2 = 50 \times 10^{-6}m^2 = 50 \times 10^{-6} \times 10^6 mm^2 = 50mm^2$

ねじの谷の径は計算式から求めることもできるが、次のように約数から求めることもできる。

$\pi r^2 = 3.14 \times (4mm) \times (4mm) \fallingdotseq 50m^2$

$d = 約8mm$

なお、この設問では「許容される最小」のねじの谷の径を求めるものと判断する。

7. 曲げ応力

◎はりに曲げモーメントが作用している状態では、はりの内側が圧縮され、外側が引張られている。従って、中立面を挟んで圧縮側では圧縮応力、引張側では引張応力が生じていることになる。これら正負の応力を総称して**曲げ応力**という。

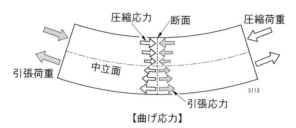

【曲げ応力】

◎はりの最大曲げ応力 σ_{max} は、はりに作用する曲げモーメント M とはりの断面係数 Z から次の式で表される。

$$\sigma_{max} = \frac{M}{Z}$$

◎はりの**断面係数**は、曲げに対する強さを表す値で、はりの断面形状によって決まる。この数値が大きい断面形状のはりほど、同じ大きさの曲げモーメント M が作用しても、最大曲げ応力は小さくなる。

◎今、長方形断面の部材を［タテ］と［ヨコ］にして、片持はりとして使用したときの最大曲げ応力を比較する。はりの先端に加える集中荷重は 600N とする。

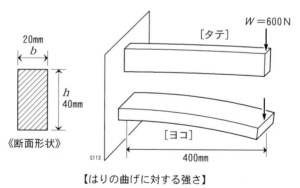

【はりの曲げに対する強さ】

140

◎長方形断面の断面係数は、$(1/6)\,bh^2$ と定まっている。単位は mm^3 となる。

[タテ] $Z = (1/6) \times 20 \times 40 \times 40 \fallingdotseq 5{,}333.3$ （mm^3）

[ヨコ] $Z = (1/6) \times 40 \times 20 \times 20 \fallingdotseq 2{,}666.7$ （mm^3）

◎片持はりの最大曲げモーメント μ は、固定端に生じる。

$M = 600\text{N} \times 400\text{mm} = 240{,}000\text{N·mm}$

◎ [タテ] と [ヨコ] の最大曲げ応力は、次のとおりとなる。

1N/mm^2 = 1MPa である。

[タテ] $\sigma_{max} = 240{,}000\text{N·mm} / 5333.3\text{mm}^3 \fallingdotseq 45\text{N/mm}^2 = 45\text{MPa}$

[ヨコ] $\sigma_{max} = 240{,}000\text{N·mm} / 2666.7\text{mm}^3 \fallingdotseq 90\text{N/mm}^2 = 90\text{MPa}$

◎一般に、同じ断面積であっても、中立面（軸）から遠い位置に、より面積が分布する形状のはりが、曲げに対して強いことになる。

◎各種断面の面積 A と断面係数 Z

断面	A 〔mm^2〕	Z 〔mm^3〕
	bh	$\dfrac{1}{6}\,bh^2$
	$b_2 h_2 - b_1 h_1$	$\dfrac{1}{6} \cdot \dfrac{b_2 h_2{}^3 - b_1 h_1{}^3}{h_2}$
	$\dfrac{\pi}{4} d^2$	$\dfrac{\pi}{32} d^3$
	$\dfrac{\pi}{4}\,(d_2{}^2 - d_1{}^2)$	$\dfrac{\pi}{32} \cdot \dfrac{d_2{}^4 - d_1{}^4}{d_2}$

【1】 下図のように、直径40mmの丸い鋼棒を片持はりとし、支点から500mmのところに1,900Nの力を作用させた場合の最大曲げ応力として、最も近いものは次のうちどれか。ただし、鋼棒（直径d）の断面係数は（$\pi d^3 / 32$）とする。

- ☐ 1．12.0MPa
- 2．47.5MPa
- 3．151.2MPa
- 4．700.0MPa

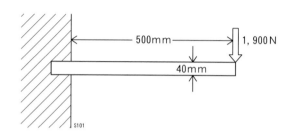

【2】 3×10^6N·mmの曲げモーメントを受けているはりの断面係数が6×10^4mm³の場合、曲げ応力として、正しいものは次のうちどれか。

- ☐ 1．0.02MPa
- 2．0.04MPa
- 3．50MPa
- 4．100MPa

▶▶ 正解＆解説 ……………………………………………………………………………………

【1】 正解3

最大曲げモーメント $M = W \times L = 1{,}900\text{N} \times 500\text{mm} = 950{,}000\text{N·mm}$

断面係数 $Z = (3.14 \times 40\text{mm} \times 40\text{mm} \times 40\text{mm}) / 32 = 6{,}280\text{mm}^3$

最大曲げ応力 $\sigma_{max} = \dfrac{M}{Z} = \dfrac{950{,}000\text{N·mm}}{6{,}280\text{mm}^3} = 151.27\cdots\text{N/mm}^2 = 151.27\cdots\text{MPa}$

答えが151.2MPaとなっているのは、円周率πの取扱い方法による。小数点第3位以下を正確に指定すると、答えに近い値となる。

【2】 正解3

最大曲げ応力 $\sigma_{max} = \dfrac{M}{Z} = \dfrac{3 \times 10^6\text{N·mm}}{6 \times 10^4\text{mm}^3} = 0.5 \times 10^2\text{N/mm}^2$

$1\text{Pa} = 1\text{N/m}^2$

$1\text{MPa} = 1000\text{kPa} = 1 \times 10^6\text{Pa}$

$0.5 \times 10^2\text{N/mm}^2 = 50 \times 10^6\text{N/m}^2 = 50 \times 10^6\text{Pa} = 50\text{MPa}$

■1. ひずみ

◎物体に荷重を加えると、物体は変形する。このとき生じる伸びやゆがみの変形の程度を、定量的に表す量を**ひずみ**という。

◎ひずみは、単位長さ当たりの変形の割合を表す量で、記号 ε（イプシロン）で次のように表す。

$$\varepsilon = \frac{変形量}{変形前の長さ}$$

◎例えば、変形前の部材の長さが 2 m で、変形後の長さが 2.05m である場合、ひずみは次のとおりとなる。

$$\varepsilon = \frac{2.05 - 2.00m}{2.00m} = \frac{0.05m}{2.00m} = 0.025$$

■2. 応力−ひずみ線図

◎試験用の部材（軟鋼材など）に引張荷重を加え、徐々に増していったとき、部材が破断するまでの応力とひずみの関係を表したものを、**応力−ひずみ線図**という。横軸にひずみ、縦軸に応力をとる。

◎軟鋼材における応力−ひずみ線図は、次のような一定の特性を示す。

①A点の応力を**比例限度**という。A点までは、応力とひずみが比例の関係を示す。従って、グラフは直線となる。

②A点を超えると直線はやや傾斜し、比例しなくなる。しかし、B点までは弾性が保たれているため、この点の応力を**弾性限度**という。

③弾性限度内では、荷重を取り去るとひずみも消滅する。弾性限度内におけるひずみを**弾性ひずみ**という。

④B点をすぎて応力が増すとひずみも進み、C点になる。C点の応力を**上降伏点**（うえこうふくてん）という。

⑤C点からは応力が減少し、ひずみが不規則的に進行してD点に達する。D点の応力を**下降伏点**（したこうふくてん）という。なお、単に「降伏点」という場合、C点〜D点間の点を表す。降伏点では応力が増えずにひずみが進行する。

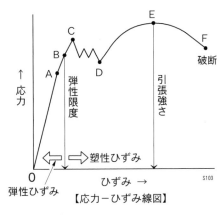

【応力−ひずみ線図】

S103

143

⑥D 点からは応力とひずみが共に増加し、最大応力の E 点に達する。E 点の応
　力を**引張強さ**という。E 点以降はひずみのみが急速に進行し、F 点に至って
　部材は破断する。

⑦応力が弾性限度の B 点を超えると、荷重を除去してもひずみが残る。このひ
　ずみを永久ひずみ、または**塑性ひずみ**という。材料がプレスなどによって成形
　加工ができるのは、この塑性ひずみの特性による。

　〔解説〕塑性とは、変形しやすい性質をいう。外力を取り去ってもひずみが残り、変形
　　　したままとなる。

◎右の図は、鋳鉄、アルミニウム、黄銅について、軟鋼と比較した応力−ひずみ線
　図の例である。

◎図のように、あきらかな降伏現象が現
　れない材料では、塑性ひずみが0.2%
　となるときの応力を**耐力**と呼び、こ
　れが降伏点のかわりに使われる。

◎また、鋳鉄の応力−ひずみ線図では、
　応力が増していくと、ひずみもほぼ比
　例して増加し破断する。従って、鋳
　鉄では破断点が引張強さとなる。

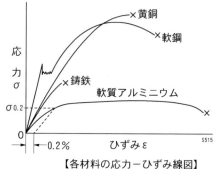

【各材料の応力−ひずみ線図】

■３．公称応力と公称ひずみ

◎部材の断面積 A は荷重によって変動する。応力−ひ
　ずみ線図を得る場合、変形する前の初期断面積 A_0 を
　元にして算出した応力を**公称応力**と呼ぶ。一方、変
　形中の瞬間における断面積 A をもとに算出する応力
　を**真応力**と呼ぶ。

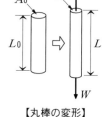

【丸棒の変形】

◎また、部材の長さ L も荷重によって変動する。この
　場合、伸びる前の初期長さ L_0 を元にして算出したひ
　ずみを**公称ひずみ**と呼ぶ。一方、伸びている部材の瞬間における長さ L をもと
　に算出するひずみを**真ひずみ**と呼ぶ。

◎単に「応力−ひずみ線図」といった場合、公称応力と公称ひずみを用いているこ
　とが多い。

【1】右図は、軟鋼を常温で引張試験したとき
の応力－ひずみ線図を示したものであるが、
その説明として、誤っているものは次のうち
どれか。

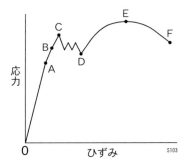

□ 1．A点までは、応力はひずみに比例する。この点の応力を比例限度という。

2．B点までは、荷重を取り去れば応力もひずみもなくなる。この点の応力を
弾性限度という。

3．C点を過ぎると、荷重（応力）を増さないのにひずみが増加し、D点に進む。
C点の応力を上降伏点、D点の応力を下降伏点という。

4．E点で応力は最大になりF点で破断する。F点の応力を引張強さという。

【2】右図は、軟鋼を常温で引張試験したとき
の公称応力－公称ひずみ線図を示したもので
あるが、その説明として、誤っているものは
次のうちどれか。

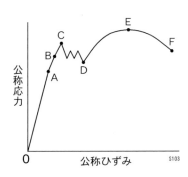

□ 1．A点までは公称応力は公称ひずみに比例する。この点の公称応力を比例限
度という。

2．B点までは荷重を取り去れば公称応力も公称ひずみもなくなる。この点の
公称応力を弾性限度という。

3．C点を過ぎると、荷重（応力）を増さないのに公称ひずみが増加し、D点
に進む。C点の公称応力を上降伏点、D点の公称応力を下降伏点という。

4．E点で公称応力は最大になりF点で破断する。F点の公称応力を引張強さ
という。

【3】 下図は、軟鋼を常温で引張試験したときの応力－ひずみ線図を示したものである。次の文中の（　）内に当てはまる語句の組合せとして、正しいものはどれか。

「荷重を加えたとき点（ア）の付近までの応力では、荷重を除くとひずみもなくなる。点（ア）の応力を（イ）という。」

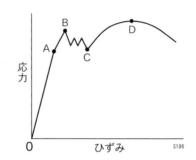

	（ア）	（イ）
□　1.	A	弾性限度
2.	B	上降伏点
3.	C	下降伏点
4.	D	極限強さ

【4】 機械の材料に働く荷重に関する次の文中の（　）に当てはまる語句として、正しいものは次のうちどれか。

「材料は荷重が加わると変形する。この変形量のもとの長さに対する割合を（　）という。」

□　1．ひずみ
　　2．応力
　　3．ヤング率
　　4．弾性限度

【5】 鋼材の引張試験における応力とひずみについて、正しいものは次のうちどれか。

□　1．永久ひずみを生じはじめる応力の最小限度を耐力という。
　　2．材料が破断するときの応力を降伏点という。
　　3．永久ひずみを生じない応力の最大限度を弾性限度という。
　　4．材料に加えた最大応力をそのときに生じたひずみで除して得た値を引張強さという。

▶▶正解＆解説‥‥‥‥‥‥‥‥‥‥‥‥‥‥‥‥‥‥‥‥‥‥‥‥‥‥‥‥‥‥‥‥‥‥‥‥‥
【1】 正解4
　　4．E点で応力は最大となり、このE点の応力を引張強さという。

【2】 正解4
　　4．E点で公称応力は最大となり、このE点の公称応力を引張強さという。

【3】正解1

「荷重を加えたとき点［A］の付近までの応力では、荷重を除くとひずみもなくなる。点Aの応力を［弾性限度］という。」

設問の図のA点は、143Pの図のB点（弾性限度）に当たる。設問の図では、143Pの図のA点（比例限度）が省略されている。

【4】正解1

2．ヤング率は、垂直応力と縦ひずみの比例定数（縦弾性係数）をいう。

【5】正解3

1．耐力は、材料に引張荷重を加えたとき、0.2%の永久ひずみが残る応力をいう。

2．降伏点は、応力が増えずにひずみだけ進行するようになる変極点をいう。

4．引張強さは、材料に引張荷重を加えたとき、材料が破断しないで耐えられる最大の応力をいう。

9. 許容応力と安全率

■1．許容応力

◎許容応力は、加えた荷重によって材料が破壊されず、十分安全に使用できると考えられる応力の最大値をいう。設計する際の目安となる。

◎材料の許容応力は、材質、荷重のかかり方、使用条件等によって変化する。

①材質では、中硬鋼より軟鋼の方が低い値に設定されている。

②荷重のかかり方では、静荷重より繰返し荷重の方が低い値に設定されている。

〔軟鋼と中硬鋼の許容応力の例〕

応力	荷重	軟鋼 N/mm²	中硬鋼 N/mm²
引張 及び 圧縮応力	静荷重	90～120	120～180
	繰返し荷重	54～70	70～108

③使用条件では、わずかな変形も許されない場合や、腐食されやすい環境下にある場合などは、低い値に設定される。

■2．安全率

◎安全率は、材料の基準強さと許容応力との比をいう。設計する際は、材料の基準強さを安全率で除した値の範囲内に応力を収めるようにする。

$$\text{安全率} = \frac{\text{材料の基準強さ}}{\text{許容応力}} \quad \text{または} \quad \text{許容応力} = \frac{\text{材料の基準強さ}}{\text{安全率}}$$

◎材料の基準強さは、多くの場合、引張強さを用いる。ただし、使用条件に応じては、比例限度や降伏点などを用いる場合がある。

◎**安全率**は、材質及び荷重の種類等に応じて値を定める。

① 材質では、鋼より鋳鉄の方を高く設定する。これは、鋼がねばり強いのに対し、鋳鉄は衝撃に弱いためである。

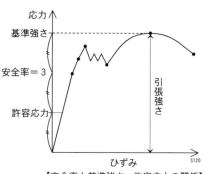
【安全率と基準強さ・許容応力の関係】

② 荷重の種類では、静荷重より動荷重の繰返し荷重、更に繰返し荷重より衝撃荷重の安全率の設定値を高く（大きく）する。

〔解説〕 静荷重 ＜ 繰返し荷重 ＜ 衝撃荷重
　　　　　　　　 （動荷重）　 （動荷重）

　　　　上記の順に安全率を大きく設定する。

〔安全率の設定の例〕

材料	静荷重	動荷重		
		繰返し（片振り）荷重	繰返し（両振り）荷重	衝撃荷重
鋼	3	5	8	12
鋳鉄	4	6	10	15

〔解説〕鉄は、炭素の含有量によって鋳鉄と鋼に大別される。「12. 鉄鋼」154P参照。

〔解説〕静荷重は、荷重が時間で変化せず一定にかかる荷重をいう。動荷重には、「衝撃荷重」、「繰返し荷重」がある。「衝撃荷重」は瞬間的に短時間に発生する荷重をいう。「繰返し荷重」は時間とともに変動する荷重をいう。また、「片振り荷重」は引張られた状態又は圧縮された状態から、変形が元に戻るのを繰り返す荷重をいい、「両振り荷重」は引張と圧縮を繰り返す荷重をいう。この「両振り」の繰返し荷重を「交番荷重」という。

▶▶過去問題◀◀

【1】 金属材料の引張強さ（基準強さ）、許容応力、安全率の関係式として、正しいものは次のうちどれか。

- □ 1．引張強さ ＝ 許容応力 ＋ 安全率
- 2．引張強さ ＝ 許容応力 ÷ 安全率
- 3．引張強さ ＝ 許容応力 － 安全率
- 4．引張強さ ＝ 許容応力 × 安全率

【2】金属材料の基準強さ、許容応力、安全率の関係式として、正しいものは次のうちどれか。

□ 1．許容応力＝安全率÷基準強さ

2．許容応力＝基準強さ＋安全率

3．許容応力＝基準強さ÷安全率

4．許容応力＝基準強さ－安全率

【3】材料に引張荷重と圧縮荷重が交互に繰り返し作用するときの荷重として、正しいものは次のうちどれか。

□ 1．静荷重

2．移動荷重

3．交番荷重

4．衝撃荷重

【4】鉄鋼材料の許容応力と安全率に関する記述として、誤っているものは次のうちどれか。

□ 1．材料が破壊するまでの最大応力を安全率で除したものが許容応力である。

2．材料の許容応力は、材質、荷重のかかり方、使用条件等によって変化する。

3．安全率は、材質及び荷重の種類等に応じて値を定める。

4．材料の許容応力の最低限度の値は一定である。

【5】金属材料の基準強さと許容応力との比として、正しいものは次のうちどれか。

□ 1．安全率　　　2．ヤング率

3．ひずみ　　　4．ポアソン比

【6】降伏点が340MPaの材料について、降伏点を基準強さとし、安全率を5としたとき、許容応力として正しいものは次のうちどれか。

□ 1．34MPa　　　2．68MPa

3．850MPa　　　4．1,700MPa

【7】引張強さが480MPaの材料の安全率を3とした場合に、見込むべき許容応力の値として、正しいものは次のうちどれか。

□ 1．160MPa　　　2．180MPa

3．210MPa　　　4．1,440MPa

【8】鉄鋼材料の安全率に関する次の記述のうち、文中の（　）に当てはまる語句の組み合わせとして、最も適当なものはどれか。

「安全率は、その材料の（ア）と（イ）との比であり、一般に（ウ）の場合は（エ）の場合より大きな数値で設定しなければならない。」

	（ア）	（イ）	（ウ）	（エ）
□ 1.	基準強さ	許容応力	静荷重	動荷重
2.	曲げ強さ	基準強さ	静荷重	動荷重
3.	基準強さ	許容応力	動荷重	静荷重
4.	曲げ強さ	基準強さ	動荷重	静荷重

▶▶正解＆解説……………………………………………………………………………………

【1】正解4

【2】正解3

【3】正解3

　3．繰返し（両振り）荷重を交番荷重ともいう。

【4】正解4

　4．材料の許容応力は、材質、荷重のかかり方、使用条件等によって変化する。また、ある程度の幅をもたせて設定される場合が多い。

【5】正解1

　1．安全率 $= \dfrac{〔基準強さ〕}{〔許容応力〕}$

　2．ヤング率は、垂直応力と縦ひずみの比例定数（縦弾性係数）をいう。

　4．ポアソン比は、同じ材料で垂直応力による横ひずみと縦ひずみの比をいう。

【6】正解2

　$5 = \dfrac{340\text{MPa}}{〔許容応力〕} \quad \Rightarrow \quad 〔許容応力〕 = \dfrac{340\text{MPa}}{5} = 68\text{MPa}$

【7】正解1

　$3 = \dfrac{480\text{MPa}}{〔許容応力〕} \quad \Rightarrow \quad 〔許容応力〕 = \dfrac{480\text{MPa}}{3} = 160\text{MPa}$

【8】正解3

10. 部材の破壊

■破壊の原因

◎**破壊**とは、部材が2つ以上に分離する破断と、破断にいたらないまでも部材が使用に耐えないほど変形した状態をいう。

◎機械に使用される部材には、溝、段、穴など断面の形状が急に変わる部分があり、これを**切欠**という。切欠の部分の応力は、切欠のない部分に比べて著しく大きくなり、このような現象を**応力集中**という。

◎部材に応力集中があると、部材は破壊しやすくなる。

◎部材を構成する材料が、繰返し荷重を長時間にわたって受けると、静荷重に比べてはるかに小さい荷重で破壊を起こすことがある。これは材料が**疲労**を起こすためであり、このような破壊を**疲労破壊**という。

◎疲労破壊は、材料に加える応力が大きくなるほど、少ない回数で起こる。

▶▶過去問題◀◀

【1】 材料の疲れ（疲労）についての説明として、正しいものは次のうちどれか。

[編]

☐ 1．材料が繰返し荷重を受けると、静荷重よりも小さな荷重で破壊する。

2．材料に衝撃荷重を加えた場合、材料にひび割れが生じる。

3．材料が一定以上の高温にさらされると、その構造に変化が起こり、外力に対して弱くなる。

4．切欠や穴のある材料に荷重を加えると、その付近で局部的に非常に大きな応力が発生する。

5．材料が長期間大気中に置かれると、表面が侵され外力に対する強さが減じる。

▶▶正解＆解説‥‥‥‥‥‥‥‥‥‥‥‥‥‥‥‥‥‥‥‥‥‥‥‥‥‥‥‥‥‥‥‥‥

【1】 正解1

3．材料が高温にさらされると、変形しやすくなる。

4．この現象を応力集中という。

5．この現象を腐食という。

11. クリープ

◎材料に一定の荷重が長時間加わり続けると、ひずみ（伸び）が時間とともに増大する。この現象を**クリープ**といい、一般に温度・応力が高いほど、この現象が起こりやすくなる。

〔解説〕クリープ〔creep〕はって進むこと。コーヒーの Creap は造語。

◎クリープによって生じるひずみを**クリープひずみ**という。また、クリープひずみと負荷時間の関係を表したものをクリープ曲線という。

◎金属材料のクリープでは、多くの場合、図のいずれかのクリープ曲線を示す。Ⅰは高温で応力の値が大きいときに起きる。Ⅲは、低温で応力の値が小さいときに起きる。ⅡはⅠとⅢの中間のときに起きる。

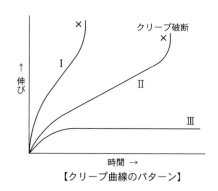

【クリープ曲線のパターン】

◎Ⅲでは、ある時間が経過すると荷重が加わっていても伸び（ひずみ）は増加せず、一定値となってクリープがなくなる。このクリープが生じない**最大応力を****クリープ限度**という。

◎鋼のクリープ曲線（例）では、クリープ限度が167N/mm²となる。

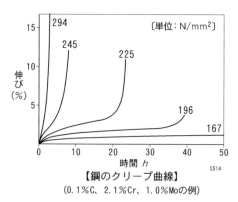

【鋼のクリープ曲線】
(0.1%C、2.1%Cr、1.0%Moの例)

【1】金属材料のクリープに関する次の記述のうち、文中の（　）に当てはまる語句の組合せとして、最も適当なものはどれか。

　「ある一定の温度において、ある一定時間後に一定の（ア）に収束させる応力の（イ）をその温度における（ウ）という。」

		（ア）	（イ）	（ウ）
☐	1.	クリープ限度	最小値	クリープひずみ
	2.	クリープ限度	最大値	クリープひずみ
	3.	クリープひずみ	最小値	クリープ限度
	4.	クリープひずみ	最大値	クリープ限度

【2】金属材料のクリープに関する記述として、誤っているものは次のうちどれか。

☐　1．クリープの発生は応力の値によって変化する。

　　2．一定の応力におけるクリープの発生は温度の値によって変化する。

　　3．弾性限度内でも、温度によってはクリープが発生する。

　　4．一定の応力及び一定の温度におけるクリープは、時間に関係なく一定である。

【3】金属のクリープ現象の説明として、正しいものは次のうちどれか。

☐　1．材料に切欠などがあると、その部分の応力が増加する現象をいう。

　　2．材料の弾性限度内における応力によって生じたひずみが、その外力を除くと原形に復する現象をいう。

　　3．一般に高温において、材料に一定荷重を加えると、時間の経過とともにひずみが増加する現象をいう。

　　4．材料に外力を加えて変形させ、その外力を取り除いても変形が残る現象をいう。

▶▶正解＆解説‥‥‥‥‥‥‥‥‥‥‥‥‥‥‥‥‥‥‥‥‥‥‥‥‥‥‥‥‥‥‥‥‥‥‥‥‥

【1】正解4

　「ある一定の温度において、ある一定時間後に一定の［クリープひずみ］に収束させる応力の［最大値］をその温度における［クリープ限度］という。」

【2】正解4

　　3．弾性限度内の小さな応力であっても、温度が高いとクリープは発生する。金属材料では融点（絶対温度K）の１／２以上の高温になると、弾性限度内の小さな応力でもクリープが発生する。鋼材ではおよそ600℃以上になると、クリープが起こり得る。

4．一定の応力及び一定の温度におけるクリープは、時間の経過とともにひずみが大き
　くなる。

【3】正解3
1．この現象を応力集中という。
2．この現象を弾性ひずみという。
4．塑性による現象である。

■ 12. 鉄鋼

◎**鉄鋼**は、鉄を主成分とする材料の総称である。

◎鉄は、炭素の含有量によって**鋳鉄**と**鋼**に大別され、鋳鉄は鋼に比べ炭素の含有量
　が多い。炭素濃度が 0.02 ～ 2.14％のものを「**鋼**」、2.14 ～ 6.67％のものを「**鋳
　鉄**」という。

◎**鋳鉄**は、鉄と炭素の合金で、炭素鋼に比べて耐摩耗性や鍛造性に優れているが、
　伸びにくく硬くてもろい。一般に衝撃に弱い。

◎鋼は、**炭素鋼**と**合金鋼**に分類される。

◎**炭素鋼**は、鉄と炭素の合金で普通鋼とも呼ばれ、主に**構造用の材料**として使用さ
　れる。

◎また、炭素鋼は軟鋼と硬鋼に大別され、**軟鋼**は炭素の含有量が硬鋼より少ないた
　め、軟らかくねばり強く、延性及び展性に優れている。**硬鋼**は軟鋼より硬くて強
　い反面、延性及び展性は劣っている。これは、炭素量が多くなると**引張強さや硬
　さが増加し、伸びや絞りが減少して展延性が小さくなる**性質による。

〔解説〕延性は、細く引き延ばすことができる性質で、展性は薄く広げることができる
　　　　性質をいう。両方の性質を展延性という。特に金は展延性に優れている。

【鋼の分類】

◎**合金鋼**は、一般に特殊鋼とも呼ばれ、炭素鋼にニッケル、クロム、モリブデンな
　どの金属を1種類または数種類加えた合金で、強度、耐熱性、耐食性などに優れ
　ている。

◎**鋼は炭素の含有量が増えると引張強さは増加し、鍛接性は低くなる**。

〔解説〕鍛接とは、2つの金属（鉄・非鉄）の表面を、高温・高圧によって接合（半溶着）
　　　　する接合法の一種である。炭素の含有量の少ない軟鋼の方が鍛接性は良い。

◎鋼の耐食性は、**クロム**を合金することによって著しく向上する。**ステンレス鋼は、鉄にクロムを 10.5％以上含有させた合金鋼**で、耐食性に優れている。含有するクロムは、空気中の酸素と結合して表面に不動態皮膜を生成し、被膜が破壊されても周囲の酸素とすぐに反応して被膜を再生する機能がある。

◎**ステンレス鋼**は、クロムだけを合金元素とする**クロム系ステンレス鋼**と、ニッケルを組み合わせて更に耐食性を向上させた**クロム・ニッケル系ステンレス鋼**がある。クロム・ニッケル系のもので、クロム 18％、ニッケル 8％含有するものを **18-8 ステンレス鋼**と呼び、広く使われている。

◎鉄を湿った空気中に放置すると表面が酸化され、水を含む赤褐色の酸化鉄（Ⅲ）Fe_2O_3 を生じる。これが赤さびであり、きめが粗く次第にさびが内部まで進行する。一方、鉄を強熱すると黒色の四酸化三鉄 Fe_3O_4 が生じる。これが黒さびであり、鉄の表面を覆って内部を保護する。

▶▶ 過去問題 ◀◀

【1】 炭素鋼の機械的性質に関する次の記述のうち、文中の（　）に当てはまる語句の組合せとして、最も適当なものはどれか。

「一般に炭素鋼は、炭素量が多くなると引張強さや硬さが（ア）し、伸びや絞りが（イ）して展延性が（ウ）なる。」

	（ア）	（イ）	（ウ）
□ 1.	増加	減少	小さく
2.	増加	増加	大きく
3.	減少	減少	小さく
4.	減少	増加	大きく

【2】 炭素鋼の機械的性質に関する次の記述のうち、文中の（　）に当てはまる語句の組合せとして、最も適当なものはどれか。

「一般に炭素鋼は、炭素量が多くなると（ア）が増加し、（イ）が減少して展延性が（ウ）なる。」

	（ア）	（イ）	（ウ）
□ 1.	引張強さや硬さ	伸びや絞り	大きく
2.	伸びや絞り	引張強さや硬さ	大きく
3.	引張強さや硬さ	伸びや絞り	小さく
4.	伸びや絞り	引張強さや硬さ	小さく

【3】炭素含有量が 1.0% 以下の鋼の常温における性質について、次のうち誤っているものはどれか。

□　1．引張強さは、炭素含有量が少ないほど小である。

　　2．硬さは、炭素含有量が少ないほど大である。

　　3．延性は、炭素含有量が少ないほど良好である。

　　4．鍛接性は、炭素含有量が少ないほど良好である。

【4】鉄鋼材料の性質について、次のうち誤っているものはどれか。

□　1．合金鋼は、炭素鋼にニッケルやクロム、モリブデンなどの金属元素を加えたもので、耐摩耗性及び耐食性にすぐれた性質を有している。

　　2．炭素鋼は、鉄と炭素の合金で、炭素含有量が 0.02 〜 2.14％ のものを指し、主に構造用の材料として使われる。

　　3．鋳鉄は、2.14 〜 6.67％ の炭素を含む、鉄と炭素の合金で、炭素鋼に比べて伸びにくく硬くてもろいが、鍛造性に優れている。

　　4．鋳鋼は、熱及び電気の伝導性が良いため、純金属に近い状態で電熱材料や導電材料に使われることが多い。

【5】鉄鋼材料でないものは、次のうちどれか。

□　1．炭素鋼　　　　2．鋳鉄

　　3．黄銅　　　　　4．ステンレス鋼

【6】ステンレス鋼に関する次の記述のうち、文中の（　）に当てはまる語句の組合せとして、正しいものはどれか。

　　「18−8 ステンレス鋼は耐食性、耐酸性に優れているので、広く使用されているが、このステンレス鋼には（ア）が 18％ と（イ）が 8％ の割合で含まれている。」

	（ア）	（イ）
□　1．	炭素	ニッケル
2．	クロム	マンガン
3．	クロム	ニッケル
4．	炭素	マンガン

【7】 ステンレス鋼を構成する主な金属として、正しいものは次のうちどれか。

☐　1．銅とすず　　　　2．鉄とクロム

　　3．銅と亜鉛　　　　4．鉄と炭素

▶▶正解＆解説‥‥‥‥‥‥‥‥‥‥‥‥‥‥‥‥‥‥‥‥‥‥‥‥‥‥‥‥‥‥‥‥‥‥‥‥‥

【1】正解1

　「一般に炭素鋼は、炭素量が多くなると引張強さや硬さが［増加］し、伸びや絞りが［減少］して展延性が［小さく］なる。」

【2】正解3

【3】正解2

　2．炭素の含有量が大きいほど硬くなる。

【4】正解4

　4．「鋳鋼」⇒「銅」。鋳鋼は、鋳造により造られる鋼である。鋳鋼は鋳鉄に比べて炭素量が少ないため、溶解温度が高く、凝固時の収縮が大きいなど、鋳造は難しいといわれているが、複雑な形状や中空部をもつ製品を一体で成形できるため、広く使われている。

【5】正解3

　3．黄銅は、非鉄金属の合金である。具体的には、銅に亜鉛を加えた合金である。

【6】正解3

　「18－8ステンレス鋼は耐食性、耐酸性に優れているので、広く使用されているが、このステンレス鋼には［クロム］が18％と［ニッケル］が8％の割合で含まれている。」

【7】正解2

　1．銅とすず（錫）の合金は、青銅である。ブロンズとも呼ばれる。

　3．銅と亜鉛の合金は、黄銅である。

　4．鉄は、炭素の含有量によって鋳鉄（炭素含有量2.14〜6.67％）と鋼（炭素含有量0.02〜2.14％）に大別される。

13．熱処理

■1．炭素鋼の状態図と組織

◎炭素鋼は、炭素の含有量と温度によって機械的性質が著しく変化する。この変化を表したものを**鉄－炭素系状態図**という。

◎例えば、炭素 0.8％を含む炭素鋼は、ある温度（727℃）以上に熱すると**オーステナイト**となり、その状態からゆっくり冷やすと**パーライト**となる。

◎オーステナイトは高温状態で現れる組織である。パーライトは硬い組織である。**セメンタイト**は炭素を多量に含む組織で、性質は硬くてもろい。フェライトは炭素が少ない純鉄がつくる組織で、軟らかく強磁性体である。

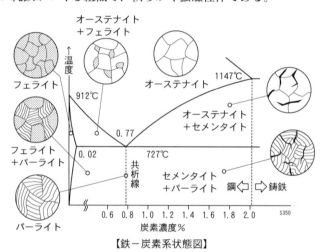

【鉄－炭素系状態図】

■2．炭素鋼の熱処理

◎**熱処理**は、鉄鋼などの金属に所要の性質を与えるために行う加熱及び冷却の操作をいう。特に、炭素鋼はオーステナイト状態からの冷却の違いによって、同じ組成であっても異なる組織が形成され、それに伴い強度とじん性が変化する。

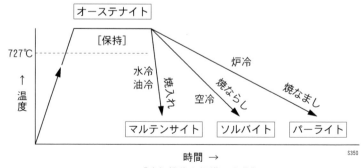

【冷却操作と組織の変化】

158

◎焼入れは、ある温度まで加熱しオーステナイトの状態にして保持した後、水や油などで急に冷却する操作をいう。組織はマルテンサイトに変化する。マルテンサイトは非常に硬く、もろい性質をもつ。焼入れは、**鋼の硬さ及び強さを増す**ために行われるが、材質はもろくなる。また、同じ組成の鋼材を同じように焼入れても、焼きの入り方が異なることがある。これは、太い材料では内部まで冷却するのに時間がかかるためである。

◎焼戻しは、焼入れによるもろさを緩和し、粘り強さを増すため、ある温度まで加熱して保持した後、**徐々に冷却する操作**をいう。加熱する温度は、400 ～ 600℃で、組織がオーステナイトに変化する温度より低い。

◎焼なましは、ある温度まで加熱し、**炉中、空気中又は灰の中などで徐々に冷却する操作**をいう。組織はパーライトに変化する。焼なましは、性質を改善する目的によって「拡散焼まなし（偏析元素を拡散して均質にする)」、「完全焼なまし（組織を均質に整える)」、「球状焼なまし（組織を球状にして加工性をよくする)」、「応力除去焼なまし（残留応力を除去する)」などに分けられる。目的に応じて加熱温度は異なっている。

◎焼ならしは、焼入れ温度程度まで加熱した後、**空気中で徐々に冷却する操作**をいう。冷却時間は、焼なましより短い。組織は**微細なパーライト（ソルバイト）**に変化する。焼ならしは、低温で圧延などの加工を受けた鋼の内部の**ひずみの除去**、材料の軟化などの目的で行う。

◎鉄鋼製品の鋼材は、鋳造、鍛造、圧延といった方法で製造されるが、いずれであってもそのままでは加工によって生じたひずみにより、鋼の組織が不均一となっている。このため、**機械的性質**（引張り強さ・降伏点・絞り・伸び）が十分ではない。そこで、鋼の組織を均一化、微細化して機械的性質を向上させる手法が「焼ならし」となる。

◎**表面硬化処理**は、鋼の粘り強さを保持したまま、その表面層だけを硬化させる操作で、高周波焼入れ、浸炭、窒化などがある。

▶**熱処理のまとめ**

熱処理の種類	目　的	操作の内容
焼入れ	鋼の硬さ及び強さを増大させる	加熱後に急冷
焼戻し	焼入れによるもろさを緩和する	加熱後に徐冷
焼なまし	目的に応じて種類があり、加熱温度も異なる	加熱後に炉中などで徐冷
焼ならし	加工によって生じたひずみを除去して、機械的性質を向上させる	加熱後に空気中で徐冷

【1】炭素鋼の焼入れについて、誤っているものは次のうちどれか。

□　1．焼入れは、材料を硬くするために行う。

　　2．焼入れは、材料のひずみを取り除くために行う。

　　3．焼入れは、高温に加熱しておいて急冷する操作をいう。

　　4．焼入れは、材料を強くするために行う。

【2】炭素鋼の熱処理のうち焼入れについて、誤っているものは次のうちどれか。

□　1．炭素鋼を硬化させ、強さを増大させる目的で適切な温度に加熱し、その温度に十分時間を保持したのちに急冷する操作をいう。

　　2．焼入れとは、マルテンサイトがオーステナイトという組織に変わることである。

　　3．焼入れによる欠陥として、端割れ・焼入れ変形・焼むらなどがある。

　　4．同じ組成の鋼材を同じように焼入れしても、その材料の直径や厚さが異なれば、冷却温度が異なり焼入れの程度が異なってくる。

【3】炭素鋼の熱処理について、誤っているものは次のうちどれか。

□　1．焼入れとは、高温に加熱して急冷することをいう。

　　2．焼戻しとは、一度焼入れしたものを焼入れ温度以上の高温に加熱した後、急冷することをいう。

　　3．焼なましとは、高温に加熱してから炉中、空気中又は灰の中などで徐冷することをいう。

　　4．焼ならしとは、低温で圧延などの加工を受けた鋼の内部のひずみの除去、材料の軟化などの目的で焼入れ温度程度まで加熱した後、徐冷することをいう。

▶▶正解＆解説⋯⋯⋯⋯⋯⋯⋯⋯⋯⋯⋯⋯⋯⋯⋯⋯⋯⋯⋯⋯⋯⋯⋯⋯⋯⋯⋯⋯⋯⋯⋯

【1】正解2

　2．材料のひずみを取り除くために行う熱処理は、焼なましや焼ならしである。

【2】正解2

　2．焼入れとは、「オーステナイト」が「マルテンサイト」という組織に変わることである。

【3】正解2

　2．焼入れと焼戻しは、一連の作業として行われる。ただし、焼戻しの加熱温度は、焼入れ温度から比べると低い（例：焼入れ温度800〜850℃　焼戻し温度400〜600℃）。また、加熱後は徐冷する。

14. 非鉄金属

◎**非鉄金属**とは、鉄以外の金属の総称である。

◎**銅**は、電気や熱の伝導率が銀に次いで高いため、純金属に近い状態で電熱材料や導電材料に使われることが多い。また、展延性が大きいため、加工しやすい。

◎**青銅**は、銅に錫を加えた合金で、いわゆるブロンズ（bronze）である。鋳造性、耐食性、耐摩耗性及び機械的の性質にも優れている。

◎**黄銅**は、銅に亜鉛を加えた合金である。亜鉛量が30％の七三黄銅は、加工性に優れており、自動車のラジエータなどに使われている。

◎**ベリリウム銅**は、銅にベリリウム Be を添加した合金で、ベリリウムの添加量は通常1～2.5％である。耐食性、導電性がよい。

◎**白銅**は、銅にニッケルを15～25％加えた合金である。銀白色で硬く、展延性、耐食性に富むため、硬貨や装飾品に用いられる。100円硬貨及び50円硬貨は、銅75％、ニッケル25％を含む白銅である。耐海水性は特に良い。

◎**緑青**は、銅または銅合金の表面に生じる青緑色のさびをいう。乾いた空気中ではさびにくいが、湿った空気中では徐々に緑青を生じる。各種のものがあるが、空気中の水分と二酸化炭素が作用して生じたものは、その組成が塩基性炭酸銅などで、緑色顔料に用いる。

◎**アルミニウム**は、次の特性がある。

①比重が**鉄の約3分の1**と軽い。

　〔解説〕比重は、ある物質の密度と水（4℃）の密度との比をいう。密度は物質の単位体積あたりの質量で、単位はkg/m³など。

②電気の伝導率は銅の約60％で、電気を通す。

③熱の伝導率は鉄の約3倍で、熱を通しやすい。

④線膨張係数は鉄の約2倍で、熱により膨張しやすい。

⑤大気中では酸素と結合し、表面に**ち密な酸化被膜**を形成する。これが腐食を防ぐ。

⑥強度が低いため、一般に、銅、マンガン、ニッケル、ケイ素、マグネシウム、亜鉛などの金属を1種類又は数種類を加えた**アルミニウム合金**として多く使用されている。

◎**ジュラルミン**は、アルミニウムに銅、マグネシウム、マンガンなどを加えたアルミニウム合金の1種である。特に、機械的強度が優れている。

◎**マグネシウム**は、比重が1.7で、アルミニウムの2.7より更に軽いという特性がある。マグネシウム合金は、アルミニウム合金に比べ、軽量かつ寸法安定性に優れている。しかし、腐食しやすく、成型加工が難しいという欠点がある。

【1】合金について、誤っているものは次のうちどれか。[★][編]

☐ 1．銅とすずの合金を青銅という。

　　2．銅と亜鉛の合金を黄銅という。

　　3．ニッケルとマンガンの合金をステンレス鋼という。

　　4．鉄と炭素の合金を炭素鋼という。

　　5．チタン合金には、アルミニウム、バナジウム、すず、モリブデンなどを加えたものが多い。

　　6．ジュラルミンは、アルミニウムに銅、マグネシウム、マンガンを加えた合金である。

【2】銅の合金について、最も不適当なものは次のうちどれか。

☐ 1．黄銅は、亜鉛との合金で、このうち亜鉛量が30％の七三黄銅は伸びが大きく強さもあるため、冷間加工ができる展伸用に適している。

　　2．青銅は、マンガンとの合金で、耐食性はよくないが鋳造性、被削性にすぐれている。

　　3．ベリリウム銅は、ベリリウムとの合金で、耐食性、導電性がよい。

　　4．白銅は、ニッケルとの合金で、耐食性がよく、特に耐海水性にすぐれている。

【3】銅の合金について、誤っているものは次のうちどれか。

☐ 1．黄銅は、マンガンとの合金で、加工性に優れている。

　　2．青銅は、すずとの合金で、鋳造性及び耐食性に優れている。

　　3．ベリリウム銅は、ベリリウムとの合金で、耐食性、導電性がよい。

　　4．白銅は、ニッケルとの合金で、耐食性がよく、特に耐海水性に優れている。

【4】黄銅を構成する主な金属として、正しいものは次のうちどれか。[編]

☐ 1．銅とスズ　　　　2．銅と亜鉛　　　3．銅と鉄

　　4．銅とニッケル　　5．銅とリン

【5】非鉄金属材料で、次に示す性質をもつ金属はどれか。

　「密度は鉄の約1／3であり、ち密な酸化被膜をつくると、耐食性のよい金属材料として使用できる。」

☐ 1．アルミニウム　　2．マグネシウム

　　3．チタン　　　　　4．ニッケル

【6】 アルミニウムの一般的な特徴として、最も不適当なものは次のうちどれか。

☐ 1．空気中で酸化すると、ち密な皮膜を作る。

　2．密度は、鉄とほぼ同等である。

　3．熱の良導体である。

　4．電気の良導体である。

【7】 金属材料の耐食性について、最も不適当なものは次のうちどれか。

☐ 1．アルミニウムは、大気中で酸化して、ち密な皮膜を作る。

　2．鉄鋼は、水中ではさびを生じない。

　3．マグネシウム及びその合金は、一般に耐食性が悪い。

　4．銅及び銅合金は、大気中で緑青ができ、その表面は次第に侵される。

▶▶正解＆解説……………………………………………………………………

【1】 正解3

　3．ステンレス鋼は、鉄にクロムなどを加えた合金である。

　5．チタンは、原子番号22の元素で、元素記号はTiである。鉄よりも軽く、アルミニウムよりも重い。チタン合金は、チタンにアルミニウムや錫などを加えたもので、軽量で強度がきわめて高く、耐熱性・耐食性に優れる。

【2】 正解2

　2．青銅は、銅と錫の合金で、耐食性に優れている。被削性とは、削りやすさのこと。

【3】 正解1

　1．黄銅は、亜鉛と銅の合金である。

【4】 正解2

　1．銅と錫の合金は、青銅である。

　3．銅と鉄の合金は、銅鉄合金である。

　4．銅とニッケルの合金は、白銅である。

　5．リンは燃焼し、合金の材料とはならない。

【5】 正解1

【6】 正解2

　2．アルミニウムの密度は、鉄の約1／3である。

　4．アルミニウムは電気の良導体で軽いため、高圧の架空電線の材料に使われている。

【7】 正解2

　2．鉄は水中でさびを生じる。水中の鉄は、鉄イオンとなって溶け出し、水酸化第二鉄 $Fe(OH)_3$ の赤褐色の沈澱となる。空気中ではこの後、水分がなくなって赤さび Fe_2O_3 を生じる。

15. 金属材料の防食

◎金属材料の腐食を防ぐ方法として、塗装、めっき、ライニングなどがある。

◎ライニングは、樹脂などを熱で半溶融状態にし、これを圧縮空気で金属材料の表面に吹き付けることをいう（溶射法）。

▶▶過去問題◀◀

【1】 金属材料の防食の方法として、誤っているものは次のうちどれか。

- □ 1．脱脂洗浄
  - 2．ライニング
  - 3．塗装
  - 4．めっき

▶▶正解&解説⋯⋯⋯⋯⋯⋯⋯⋯⋯⋯⋯⋯⋯⋯⋯⋯⋯⋯⋯⋯⋯⋯⋯⋯⋯⋯⋯⋯

【1】 正解1

1．脱脂洗浄とは、ライニング、塗装、めっきなどを行う前に、材料の表面から油や汚れなどの異物を取り除くことをいう。

◎物体に力 F〔N〕を作用させて、力と同じ向きに物体を距離 L〔m〕だけ動かしたとき、この力は物体に仕事をしたという。

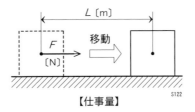

【仕事量】

◎仕事の量 W は、力と距離の積で表される。単位は J（ジュール）を用いる。

$$W = F \times L$$

◎仕事量 1 J は、1 N の力を加えた点がその方向に距離 1 m だけ動いたときになされた仕事の量である。

$$1 J = 1 N \cdot m$$

◎**仕事率**は、単位時間に行う仕事の割合をいう。仕事量を W〔J〕、仕事をした時間を t〔s〕とすると、仕事率 P は次の式で表される。単位は W（ワット）を用いる。仕事率は、**工率**または**動力**ともいう。

$$P = \frac{W}{t}$$

◎仕事率 1 W は、時間 1 秒あたり 1 J の仕事をこなす。

$$1 W = 1 J/s = 1 N \cdot m/s$$

▶▶過去問題◀◀

【1】仕事率（動力）の説明として、正しいものは次のうちどれか。

- □ 1．1 g の物体を水平に 1 m 動かすために要する力をいう。
- 2．物体に対する単位時間あたりの仕事をいう。
- 3．1 g の水を 1 m の高さに上げるために要する力をいう。
- 4．物体にかかる荷重を断面積で除したものをいう。

【2】質量 0.5kg の物体が、重力によって 2 m 落下した。このとき、重力が物体に
した仕事の値〔J〕として、正しいものは次のうちどれか。ただし、重力加速度
を 9.8m/s² とし、空気の抵抗は無視する。

☐ 1．4.9J　　　　2．9.8J
　　3．14.7J　　　4．19.6J

▶▶正解＆解説‥‥‥‥‥‥‥‥‥‥‥‥‥‥‥‥‥‥‥‥‥‥‥‥‥‥‥‥‥‥‥‥

【1】正解2
　　1．物体を水平に動かすための力は、物体と下面との摩擦力の大きさによって変化する。
　　3．1gの水に作用する力(重力)は、1.0×10^{-3}kg × 9.8m/s² ＝ 9.8×10^{-3}N となる。
　　　重力に逆らって1mの高さまで持ち上げる仕事量は、次のとおりとなる。
　　　　　9.8×10^{-3}N × 1 m ＝ 9.8×10^{-3}N·m ＝ 9.8×10^{-3}J
　　　仮に、持ち上げるのに 10 秒間を要した場合、仕事率は次のとおりとなる。
　　　　　9.8×10^{-3}J ／ 10s ＝ 9.8×10^{-4}J/s ＝ 9.8×10^{-4}W
　　4．物体にかかる荷重を断面積で除したものを応力という。特に、荷重と垂直な断面に
　　　はたらくものを垂直応力（引張応力・圧縮応力）、荷重と平行な断面にはたらくもの
　　　をせん断応力という。

【2】正解2
　　加速度の大きさは加えた力の大きさに比例し、物体の質量に反比例する。これは運動
の第2法則といわれ、次の式で表される。
　　　$F = m \times a$
　　ただし、m は質量〔kg〕、a は加速度〔m/s²〕、F は加えた力〔N〕を表す。
　　例えば、1 kg の物体に 2m/s² の加速度を生じさせるには、2 N の力を加える必要が
ある。重力については、例えば質量2kg の物体に 9.8m/s² の加速度が生じる場合、重
力により物体に加わる力は、2 kg × 9.8m/s² ＝ 19.6N となる。
　　仕事の量は、$W = F \times s$ である。ただし、W は仕事量〔J〕、F は加えた力〔N〕、s
は変位した距離〔m〕を表す。設問に当てはめると、
　　　$W =$ （0.5kg × 9.8m/s²）× 2m ＝ 9.8J　となる。
　　この問題は、重力による位置エネルギーの公式 $E = m \times g \times h$ を用いて解くことも
できる。ただし、E は位置エネルギー〔J〕、m は質量〔kg〕、g は重力加速度〔m/s²〕、
h は高さ〔m〕を表す。
　　〔重力がした仕事の値〕＝〔位置エネルギーの減少分〕
　　〔位置エネルギーの減少分〕＝ 0.5kg × 9.8m/s² × 2m ＝ 9.8J

17. 摩擦力

◎**摩擦力**は、物体が面に接して運動を始めようとするとき、また運動をしているとき、物体と面との間にはたらいて運動を阻止しようとする力をいう。

◎摩擦力 F は、**摩擦係数** μ と**垂直抗力** N との積で表される。

$$F = \mu N$$

◎摩擦係数 μ は、接触面積にはよらず、物体と面との状態によって決まる。物体が運動を始めようとするときの摩擦係数はガラスどうしが約0.9で、木材どうしが約0.6、スキー板と雪が約0.08となっている。

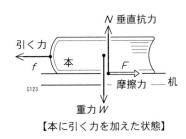

【本に引く力を加えた状態】

◎垂直抗力 N は、物体が水平面上にあるときは、物体の重力 W と等しい。しかし、物体が斜面にあるときは、その傾斜角に応じて重力より小さくなる。

▶▶ 過去問題 ◀◀

【1】 ある物体を水平な面の上に置き、水平方向に250Nの力を加えたとき初めてこの物体を動かすことができた。この物体が水平な面を垂直に押しつける力として、正しいものは次のうちどれか。ただし摩擦係数は0.2とする。

☐　1．500N 　　　　2．1,250N
　　3．2,500N 　　　4．3,750N

▶▶正解＆解説···

【1】正解2

この場合、水平方向の 250N の力がそのまま摩擦力 F となる。

摩擦力 F ＝摩擦係数 μ ×垂直抗力 N

250N = 0.2 × N 　　⇒　　 N = 250N ／ 0.2 = 1,250N

◎ねじは、ねじ山に沿い円筒のまわりを一周すると、軸方向にある距離を進む。この距離を**リード**という。また、隣り合うねじ山の距離を**ピッチ**という。一条ねじであれば、リードとピッチは等しい。

◎ねじには、丸棒の外側にねじ山を切った**おねじ**と、丸い穴の内側にねじ山を切った**めねじ**がある。

◎**メートルねじ**は、ねじの直径及びピッチを mm（ミリメートル）で表したもので、ねじ山の角度は 60° となっている。国内外で広く使われている。

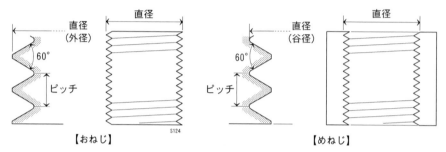

◎メートルねじの呼びは、「M10」のように表す。この場合、M はメートルねじを、10 はねじの直径を mm で表す。ただし、ねじの大きさは、おねじが**外径**、めねじが**谷径**で示す。これをねじの**呼び径**という。

〔解説〕

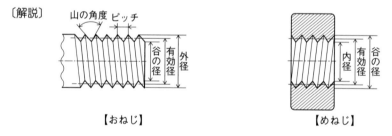

◎メートル並目ねじは、1 つの直径に対してピッチが決まっているため、ピッチの表示は省略する。

◎ただし、**メートル細目ねじ**は、「M10 × 1」「M10 × 1.25」のように、1 つの直径に対して各種のピッチが設定されているため、必ず直径の後にピッチを mm 単位で付記する。

◎**ユニファイねじ**は、メートルねじと同じく、ねじ山の角度は 60° に設定されている。ただし、径とピッチは**インチ**を基準に表示されている。並目ねじと細目ねじがあり、アメリカ、イギリス及びカナダで使われている。ユニファイ並目ねじは記号「UNC」、ユニファイ細目ねじは記号「UNF」で示される。

〔解説〕ユニファイ（unify）は「統一する」の意。かつて、欧州を中心にユニファイね
　　　じが広く使われていたが、順次メートルねじに切り替えられている。

◎リードに対するねじ1回転分の長さが作る角度を「**リード角**」という。また、ね
　じの谷の幅がねじ山の幅に等しくなるような仮想的な円筒の直径を**有効径**とい
　う。リード角 β、リード L、有効径 d は次の関係がある。

$$\tan \beta = \frac{L}{\pi d}$$

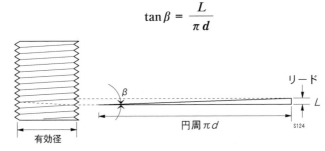

◎1本のねじ山が巻き付いてできたねじを**一条ねじ**という。また、2本のねじ山が
　巻き付いてできたねじを**二条ねじ**という。一条ねじが広く使われているが、二条
　ねじは少ない回転数で長い距離を移動させたり、開閉させたりする目的で利用さ
　れている。例：万年筆のキャップやカメラレンズのフォーカス用のねじなど。

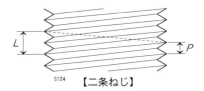

【二条ねじ】

◎メートル細目ねじは、「並目」に比べてピッチが細かく、同じ呼び径のねじを同
　じ強さで締付けた場合、細目の方が強く締まり、締付け後も並目より緩みにくい。
　主に精密さを必要とする箇所、微調整が必要な箇所、肉薄で強度が不足する箇所
　などに使用されている。

```
▶▶過去問題◀◀
```

【1】日本工業規格上、[M10]で表されるねじがある。このねじの種類として、正
　しいものは次のうちどれか。
☐　1．管用テーパねじ
　　2．メートル並目ねじ
　　3．管用平行ねじ
　　4．ユニファイ並目ねじ

【2】 ねじが機械の振動などによって緩むことを防ぐ方法として、誤っているもの
は次のうちどれか。

☐ 1．止めナットを用いる方法

2．リード角が異なるねじを用いる方法

3．座金を用いる方法

4．ピン、小ねじ、止めねじを用いる方法

【3】 ねじに関する次の記述のうち、文中の（　）に当てはまる語句として、正し
いものはどれか。

「ねじの大きさは、おねじの（　）で表し、これをねじの呼び径という。」

☐ 1．外径　　　　2．内径

3．谷の径　　　4．有効径

【4】 ねじに関する説明として、誤っているものは次のうちどれか。

☐ 1．ねじの軸方向を平行に測った際、隣り合うねじ山どうしの長さの間隔を
ピッチという。

2．ねじが1回転するとき、軸方向に進む距離をリードという。

3．ねじ山のらせん形状とねじ軸線に直角に交わる平面との角度をリード角と
いう。

4．2本のねじ山が巻き付いてできたねじを一条ねじという。

▶▶正解&解説‥‥‥‥‥‥‥‥‥‥‥‥‥‥‥‥‥‥‥‥‥‥‥‥‥‥‥‥‥‥‥‥‥‥

【1】 正解2

1＆3．管用ねじは、テーパねじと平行ねじがJISで設定されている。テーパねじは、
おねじとめねじがいずれも緩いテーパ状になっており、締め込むと気密性が高まるよ
うになっている。

【2】 正解2

高校用教科書である「機械設計工作」（文部科学省著作・海文堂出版）では、ねじの
緩み止めとして、①座金（ワッシャー）を用いる方法、②ダブルナットを用いる方法、
③ピン・止めねじなどを用いる方法（下図）、④その他の方法を挙げている。

③の図の割ピンは、溝付きナットとセットで使う。小ねじは、ねじ面にねじ込む。止
めねじはナットに横方向のスリットを設け、上から締め込むとダブルナットと同じ作用
をする。なお、ここでいう止めねじは、緩みを「止める」ためのものである。頭部がね
じ部分と同じ大きさになっていて、通称イモねじと呼ばれるものとは異なる。

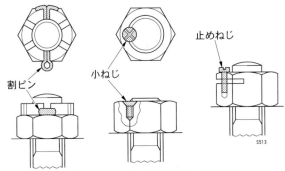

【③ピン・止めねじなどを用いる方法】

1. 止めナットは、緩み止めの効果をもつように考案されたナットの総称である。ダブルナット（二重ナット）やハードロックナット（ハードロック工業によって開発）が該当する。

2. 「リード角が異なるねじ」は、メートル並目ねじからメートル細目ねじへの変更及びメートル細目ねじからメートル並目ねじへの変更が考えられる。このうち、［メートル並目ねじ⇒メートル細目ねじ］は緩み止めの効果があるが、逆の［メートル細目ねじ⇒メートル並目ねじ］は緩みやすくなる。本書では「2.」を誤っているものとした（編集部）。

3. 座金は、平座金、ばね座金、歯付き座金がある。緩み止めの効果は、歯付き座金 ＞ ばね座金 ＞ 平座金の順となる。平座金については、ねじの座面積を大きくすることで、被締結物にかかる面圧を小さくして、座面が陥没することを防ぐ効果がある。座面が陥没しにくくなることで、緩みを防ぐことができる。

【3】正解1

4. 有効径は、ねじ山の部分の長さとねじ溝の幅が等しくなる仮想の円筒の直径をいう。強度計算や精度の検討に用いられる。

【4】正解4

4. 「一条ねじ」⇒「二条ねじ」。

19. ボルトの強度と径

◎ボルトの径は、次の3つの場合を考えて計算する（「機械設計工作」より）。

> 1. 軸方向に引張荷重を受ける場合の力
> 2. 軸方向に引張荷重とねじれ荷重を同時に受ける場合の力
> 3. せん断荷重を受ける場合の力

▶▶過去問題◀◀

【1】ボルトの太さを定める場合、ボルトに働く力について機械設計上、考慮しない力として、正しいものは次のうちどれか。

☐ 1. 軸方向の引張荷重を受ける力
　 2. 軸方向の引張荷重とねじれ荷重を同時に受ける力
　 3. せん断荷重を受ける力
　 4. 圧縮荷重を受ける力

▶▶正解＆解説‥‥‥‥‥‥‥‥‥‥‥‥‥‥‥‥‥‥‥‥‥‥‥‥‥‥‥‥‥‥‥‥‥‥‥‥

【1】正解4
　 4. 圧縮荷重とは、圧縮方向（部材や物を押す方向）に作用する荷重をいう。

20. 軸受

◎**軸受**はベアリングともいい、**滑り軸受**と**転がり軸受**とに大別される。また、軸と直角方向の荷重を支える**ラジアル軸受**と、軸方向の荷重を支える**スラスト軸受**に分けることもできる。

◎**滑り軸受**は、荷重を面で支え、滑り摩擦で荷重を支持する。半割メタル、スラストワッシャ、ブシュなどと呼ばれている。

◎**ピボット軸受**は、円錐形で先端にわずかに丸みを付けた軸端（ピボット）を、同様な形の凹面で受ける構造となっている。小型で低荷重の場合に適し、時計や計器に広く使われている。つば軸受及びうす軸受とともに、滑り軸受に分類される。

【ピボット軸受】 S705

〔用語〕ピボット（pivot）は「旋回軸」の意。

◎**つば軸受**は、軸方向の荷重をうけるスラスト軸受のひとつで、つば部分で荷重を受ける。

◎**うす軸受**は、立て軸の軸端を青銅製メタルなどで受ける軸受である。

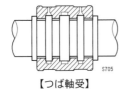
【つば軸受】 S705

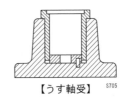
【うす軸受】 S705

◎**転がり軸受**は、内輪と外輪の間に玉やころ（円柱）を挿入し、転がり摩擦で荷重を支持する。玉軸受⇒ラジアル玉軸受⇒深溝玉軸受、などと順に分類できる。

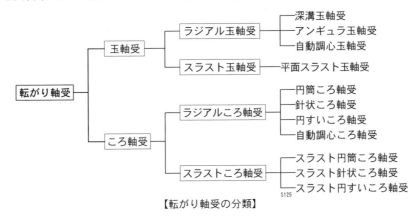
【転がり軸受の分類】

173

◎深溝玉軸受は、最も一般的な軸受で幅広い分野に使われている。アンギュラ玉軸受は、ラジアル荷重の他に軸方向の荷重も支えることができる。自動調心玉軸受は、内輪が外輪に対してやや傾いて回転できるようになっており、軸心の狂いが自動的に調整される。

〔用語〕アンギュラ（angular）は「角度の〜」、ラジアル（radial）は「放射状の〜・半径の〜」、スラスト（thrust）は「強く押すこと」の意。

〔主な転がり軸受の構造〕

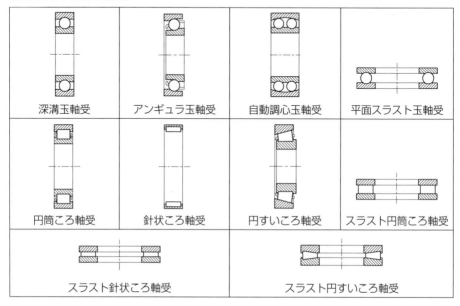

深溝玉軸受	アンギュラ玉軸受	自動調心玉軸受	平面スラスト玉軸受
円筒ころ軸受	針状ころ軸受	円すいころ軸受	スラスト円筒ころ軸受
スラスト針状ころ軸受		スラスト円すいころ軸受	

▶転がり軸受と滑り軸受の特徴

転がり軸受	滑り軸受
◇衝撃荷重に弱い。	◇衝撃荷重に強い。
◇始動摩擦が小さい。	◇始動摩擦が大きい。
◇騒音及び振動が大きい。	◇騒音及び振動が小さい。
◇構造が複雑である。	◇構造が簡単である。
◇高速回転に強い。	

【1】滑り軸受と転がり軸受を比較したとき、滑り軸受の性質として、正しいものは次のうちどれか。

☐ 1．衝撃荷重に弱い。

2．一般に高速用の軸受として使用される。

3．始動摩擦が大きい。

4．構造が複雑で、保守に注意が必要となる。

【2】転がり軸受でないものは次のうちどれか。3つ答えなさい。[編]

☐ 1．深溝玉軸受

2．自動調心玉軸受

3．うす軸受

4．円すいころ軸受

5．つば軸受

6．針状ころ軸受

7．アンギュラ玉軸受

8．ピボット軸受

▶▶正解＆解説⋯⋯⋯⋯⋯⋯⋯⋯⋯⋯⋯⋯⋯⋯⋯⋯⋯⋯⋯⋯⋯⋯⋯⋯⋯⋯⋯⋯⋯⋯⋯⋯

【1】正解3

　　滑り軸受と転がり軸受の性質が異なる原因は、接触部の構造の違いによる。滑り軸受は、面接触してこすり合う。一方、転がり軸受は、点接触または線接触して球または円柱が回転する。この違いから、転がり軸受は摩擦が小さくなるが、衝撃荷重に弱くなる。反対に、滑り軸受は摩擦が大きくなるが、衝撃荷重に強くなる。

【2】正解3＆5＆8

　　うす軸受、つば軸受及びピボット軸受は、転がる転動体がないため、転がり軸受ではない。うす軸受及びつば軸受は、滑り軸受に分類される。ピボット軸受は、転がり軸受及び滑り軸受以外の軸受として分類されることもある。

21. 気体の性質

■1. ボイルの法則

◎注射器に空気を入れて出口をふさぎ、プランジャを押し込むと、押し込む力に応じて内部の体積が変化する。これは、圧力に応じて気体の体積は変化することを意味している。

◎気体の体積と圧力の間には、「温度が一定のとき、一定物質量の気体の体積 V は圧力 P に反比例する」という関係がある。これを**ボイルの法則**という。このことを式で表すと、次のようになる。

$$PV = k_1 \quad (k_1 \text{ は一定})$$

〔解説〕物質量…アボガドロ数（6.0×10^{23}）個の粒子の集団を1モル（mol）という。モルを単位として表した粒子の量を物質量という。物質量の単位 mol は、国際単位系（SI）の基本単位の一つである。

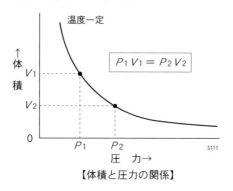

【体積と圧力の関係】

■2. シャルルの法則

◎へこんだピンポン球をお湯の中に入れると、膨らんで元に形に戻る。これは、温度上昇と共に気体分子の熱運動が激しくなり、気体分子が内壁に衝突する力が強くなるため、一定圧力のもとでは気体の体積が増えるためである。

◎気体の体積と温度の間には、「圧力が一定のとき、一定物質量の気体の体積 V は、温度 t が1K上下するごとに、0℃のときの体積 V_0 の273分の1倍ずつ増減する」という関係がある。これを**シャルルの法則**という。このことを式で表すと、次のようになる。

$$V = V_0 + \frac{1}{273} V_0 t = \left(\frac{273 + t}{273} \right) V_0$$

◎この式から、$t = -273$℃のとき、$V = 0$ となる。-273℃を**絶対零度**という。

◎絶対零度を基準にして、セルシウス温度と同じ目盛り幅で表した温度を**絶対温度** T といい、単位に K（ケルビン）を用いる。絶対温度 T とセルシウス温度 t は、次の関係にある。

$$T \text{〔K〕} = t \text{〔℃〕} + 273$$

絶対温度を用いて、体積 V の式を表してみる。

$$V = \left(\frac{T}{273} \right) V_0 = \left(\frac{V_0}{273} \right) T = k_2 T \quad (k_2 \text{は一定})$$

$$\frac{V}{T} = k_2 \quad (k_2 \text{ は一定})$$

◎この式から、シャルルの法則は次のように表すこともできる。「圧力が一定のとき、一定物質量の気体の体積 V は、絶対温度 T に比例する」。

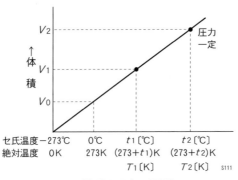

【体積と温度の関係】

■3．ボイル・シャルルの法則

◎ボイルの法則とシャルルの法則をまとめると、「一定物質量の気体の体積 V は、圧力 P に反比例し、絶対温度 T に比例する」となる。これを**ボイル・シャルルの法則**という。式で表すと、次のとおりとなる。

$$V = \frac{kT}{P} \qquad \text{または} \qquad \frac{PV}{T} = k$$

◎一定物質量の異なる状態の気体（絶対温度 T_1・圧力 P_1・体積 V_1 と絶対温度 T_2・圧力 P_2・体積 V_2）について、次の関係が成り立つ。

$$\frac{P_1 V_1}{T_1} = \frac{P_2 V_2}{T_2}$$

■4. 圧力と単位

◎Pa、hPa、atm、cmHg、mmHgは気圧を含む「圧力」の単位として使用される。中でも「Pa（パスカル）」はSI単位（国際単位）で、1Paは面積1m²あたり1Nの力が働いているときの圧力をいう（1Pa＝1N/m²）。

◎atm（アトム）は気圧としての圧力の単位、cmHgとmmHgはそれぞれ水銀柱センチメートル、水銀柱ミリメートルと呼ばれる圧力の単位で、これらは非SI単位である。

◎それぞれの単位を用いて1気圧を表すと以下のようになる。

- 101,325N/m² ＝ 1013.25 × 100N/m² ＝ 0.101325 × 1,000,000N/m²
- 101,325Pa ＝ 1013.25hPa ＝ 0.1MPa
  ※h（ヘクト）は 100 倍（100Pa ＝ 1hPa）を表し、
  M（メガ）は 100 万倍（1,000,000Pa ＝ 1MPa）を表す。
- 1atm ＝ 76cmHg ＝ 760mmHg

▶▶ 過去問題 ◀◀

【1】気体の性質について、正しいものは次のうちどれか。ただし、圧力は一定である。

☐ 1．273℃を超えると、すべての物質が気体になる。

 2．液体が気体になると、体積は 273 倍になる。

 3．温度が1℃上昇するごとに、0℃のときの体積の1／273 ずつ膨張する。

 4．温度が1℃下降するごとに、0℃のときの体積の1／273 ずつ液化する。

【2】ボイル・シャルルの法則について、正しいものは次のうちどれか。ただし、Pは圧力、Vは体積、Tは絶対温度とする。

☐ 1．$PVT ＝ 一定$　　　2．$\dfrac{PV}{T} ＝ 一定$

 3．$\dfrac{PT}{V} ＝ 一定$　　　4．$\dfrac{V}{PT} ＝ 一定$

【3】一定質量の気体の圧力を3倍にし、絶対温度を2倍にした場合、ボイル・シャルルの法則によると、その気体の体積は何倍になるか。

☐ 1．1／2倍　　　2．2／3倍

 3．2倍　　　　　4．3倍

【4】　一定質量の気体の圧力を５倍にし、絶対温度を３倍にした場合、ボイル・シャルルの法則によると、その気体の体積は何倍になるか。

□　1．1／5倍　　　　2．1／3倍

　　3．3／5倍　　　　4．5／3倍

【5】　ボイル・シャルルの法則による、一定質量の気体の圧力と絶対温度と体積との関係として、正しいものは次のうちどれか。

□　1．気体の圧力は、絶対温度に比例し、体積に比例する。

　　2．気体の圧力は、絶対温度に反比例し、体積に比例する。

　　3．気体の圧力は、絶対温度に比例し、体積に反比例する。

　　4．気体の圧力は、絶対温度に反比例し、体積に反比例する。

【6】　ボイル・シャルルの法則に関する記述として、正しいものは次のうちどれか。

□　1．一定質量の気体の体積は、絶対温度に反比例する。

　　2．一定質量の気体の体積は、絶対温度の２乗に反比例する。

　　3．一定質量の気体の体積は、圧力に反比例する。

　　4．一定質量の気体の体積は、圧力の２乗に反比例する。

【7】　1気圧に該当しないものは、次のうちどれか。

□　1．約40cm・Hg　　　　2．約1,013hPa

　　3．約101,325N/m^2　　　4．約1 atm

▶▶正解＆解説‥‥‥‥‥‥‥‥‥‥‥‥‥‥‥‥‥‥‥‥‥‥‥‥‥‥‥‥‥‥‥‥‥

【1】正解3

【2】正解2

【3】正解2

　　元の状態における気体の圧力・絶対温度・体積をそれぞれ P_1・T_1・V_1とし、状態変化後における気体の圧力・絶対温度・体積をそれぞれ P_2・T_2・V_2とすると、次の関係が成り立つ。

$$\frac{P_1 V_1}{T_1} = \frac{P_2 V_2}{T_2}$$

この等式に、$P_2 = 3P_1$、$T_2 = 2T_1$　を代入する。

$$\frac{P_1 V_1}{T_1} = \frac{3P_1 V_2}{2T_1} \quad \Rightarrow \quad V_1 = \frac{3}{2} V_2 \Rightarrow V_2 = \frac{2}{3} V_1$$

【4】 正解3

$$\frac{P_1 V_1}{T_1} = \frac{5 P_1 V_2}{3 T_1} \quad \Rightarrow \quad V_1 = \frac{5}{3} V_2 \quad \Rightarrow \quad V_2 = \frac{3}{5} V_1$$

【5】 正解3

　　気体の圧力は、温度を高くするほど大きくなる。また、体積を小さくするほど、圧力は大きくなる。

【6】 正解3

　　一定質量の気体の体積は圧力に反比例し、絶対温度に比例する。

【7】 正解1

　　1．1気圧において水銀柱は76cmHgを示す。また、cm・HgとcmHgは同じ単位である。

第4章　消火器の構造・機能

第4章

1．消火器による消火作用

◎物質が**燃焼**するのに必要な**三要素**は、①可燃物、②酸素（空気）、③熱源（点火源）の3つである。従って、三要素のうちどれか1要素を除去すると、消火することができる。

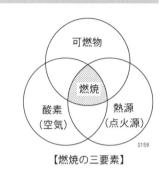

【燃焼の三要素】

◎燃焼の三要素に対し、除去作用による消火、窒息作用による消火、冷却作用による消火を**消火の三要素**という。

◎消火ではこの他、燃焼を化学的に抑制することで消火する方法がとられている。この抑制作用による消火も含めて、**消火の四要素**という。

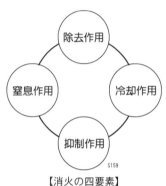

【消火の四要素】

■1．可燃物の除去作用
◎可燃物をさまざまな方法で除去することによって消火する。

◎具体的には、ロウソクの炎を息で吹き消す方法が該当する。息で吹くことで可燃性蒸気を吹き飛ばしている。

■2．窒息作用
◎酸素の供給を遮断することによって消火する。

◎具体的には、燃焼物を不燃性の泡や不燃性ガス（ハロゲン化物の蒸気や二酸化炭素）などで覆い、空気を遮断することによって消火する。

◎また、アルコールランプの炎にふたをして消したり、たき火に砂をかけて消す方法も、窒息作用による消火である。

■3．冷却作用
◎燃焼物を冷やすことで熱を奪い、引火点未満または発火点未満にして燃焼の継続を止める消火方法である。

第4章

◎木材や紙に水をかけると消火するのは、温度が低下して可燃性蒸気やガスの発生が抑えられるためである。

〔解説〕引火点は、空気中で点火したとき、可燃性液体が燃え出すのに必要な濃度の蒸気を液面上に発生する最低の温度をいう。また、発火点は可燃性物質を空気中で加熱したとき、他から火源を与えなくても自ら燃焼を開始する最低温度をいう。

◎二酸化炭素消火器は、液体で充てんされており、主な効果は**窒息作用**（酸素濃度を**希釈**する）で、放射する際の気化熱による**冷却作用**によっても消火する。

■4．抑制作用（負触媒作用）

◎燃焼という連続した酸化反応を遅らせることで消火する。負触媒作用ともいわれる。

◎**強化液消火剤、ハロゲン化物消火剤、粉末消火剤**は、それぞれに含まれる成分が燃焼を抑制する。特に**粉末消火剤**は抑制作用が最も強力である。

〔消火器ごとの消火作用〕

消火器の種類	冷却作用	窒息作用	抑制作用
水消火器	○	－	－
強化液消火器（アルカリ性）	○	－	○ （霧状の場合）
化学泡消火器	○	○	－
機械泡消火器	○	○	－
二酸化炭素消火器	○	○	－
ハロゲン化物消火器	－	○	○
粉末消火器	－	○	○

＊二酸化炭素消火器の冷却作用の有無ついては、333ページ【3】の出題により、「冷却作用 ○」としています。（編集部）

▶▶過去問題◀◀

【1】消火器の消火作用について、誤っているものは次のうちどれか。

□　1．棒状の強化液を放射する消火器の消火作用は、主に冷却作用および抑制作用によるものである。（＊）

　　2．水を放射する消火器の消火作用は、主に冷却作用によるものである。

　　3．二酸化炭素を放射する消火器の消火作用は、主に希釈作用によるものである。

　　4．泡を放射する消火器の消火作用は、主に抑制作用によるものである。

【2】消火器の消火作用について、主に窒息と抑制の両方の作用で消火するものの組合せとして、正しいものは次のうちどれか。

□ 1．強化液消火器及び二酸化炭素消火器

2．機械泡消火器及び水消火器

3．粉末消火器及び化学泡消火器

4．ハロゲン化物消火器及び粉末消火器

【3】消火器の消火作用として、**抑制作用（負触媒作用）をもたない**消火器は次のうちどれか。

□ 1．強化液消火器　　　2．ハロゲン化物消火器

3．化学泡消火器　　　4．粉末消火器

【4】危険物第4類第1石油類の火災の初期消火の方法として、**誤っている**ものは次のうちどれか。[★]

□ 1．乾燥砂による消火は効果がある。

2．通常、窒息消火が効果的である。

3．一般に、引火点が低いので冷却消火が最もよい。

4．二酸化炭素消火器による消火でもよい。

▶▶正解&解説……………………………………………………………………………………

【1】正解4

4．泡を放射する消火器の消火作用は、主に窒息作用と冷却作用である。

（＊）この問題では、1．の強化液の消火作用について、放射状態に関係なく「冷却作用」と「抑制作用」を有するものとして解答しました。実際の試験においてこのように出題されていましたが、今後、問題が変更される可能性もありますので、他の選択肢とよく比較して正解を選ぶようにしてください。一般に、強化液は霧状に放射することで冷却効果と抑制作用が得られるとされています。〔編集部〕

【2】正解4

1．強化液消火器には窒息作用がない。また、二酸化炭素消火器には、抑制作用がない。

2．機械泡消火器及び水消火器には、抑制作用がない。

3．化学泡消火器には、抑制作用がない。

【3】正解3

3．化学泡消火器には、抑制作用がない。

【4】正解3

3．第1石油類は、ガソリンなどが該当する。ガソリンの引火点は−40℃以下で、非常に引火しやすい。ガソリン火災に対し、冷却作用による消火は非常に困難である。窒息作用や抑制作用により消火する。

2. 消火器の分類

■1. 加圧方式

◎消火器は、消火剤の種類、内部の消火剤を放射するための加圧方法などによって分類される。

◎加圧方式は、蓄圧式と加圧式に大別され、加圧式は更にガス加圧式と反応式に分けられる。

◎**蓄圧式**は、消火器の本体容器内に圧縮した窒素ガスなどを充てんしたものと、消火剤自体を圧縮して充てんしたものとがある。いずれも、本体容器内に蓄圧されている力で消火剤を放射する。消火剤とは別に窒素ガスなどを充てんしてあるものは、圧力値を確認するため指示圧力計が装着されている。ただし、消火剤自体の圧力を利用する二酸化炭素消火器及びハロン1301消火器は、指示圧力計が装着されていない。

〔解説〕ハロンは、臭素原子を含むフルオロカーボンの通称である。

◎加圧式の**ガス加圧式**は、本体容器とは別に加圧用ガス容器を備え、使用時に加圧用ガス容器を開いて圧力を発生させる。

◎加圧式の**反応式**は、内部に2種類の溶液を備え、使用時に化学反応させることでガスを発生させ圧力を得る。この方式は、**化学泡消火器**のみが採用している。

〔消火器ごとの加圧方式〕

消火器の種類	蓄圧式	加圧式	
		ガス加圧式	反応式
水消火器	○	－	－
強化液消火器	○	○（大型のもの）	－
化学泡消火器	－	－	○
機械泡消火器	○	○（大型のもの）	－
二酸化炭素消火器	○	－	－
ハロゲン化物消火器	○	－	－
粉末消火器	○	○	－

◎現在、強化液消火器、機械泡消火器及び粉末消火器は、蓄圧式のものが主流となりつつある。理由は、加圧式において老朽化による破裂事故が多発したためである。事故多発を受け、消火器メーカー各社は蓄圧式の生産設備を増強している。

◎大型消火器においても、蓄圧式に変更できるものは積極的に移行している。

◎加圧式が優れているのは、価格面である。蓄圧式は、長期間圧力を保持する必要があり、生産工程において高い品質管理が必要とされる。

〔小型の蓄圧式と加圧式の違い〕

	蓄圧式	加圧式
構造	常時0.98MPa以下のガスで充圧	放出時に加圧用ガス容器で加圧
日常点検	指示圧力計で状態を確認	容器等の外観腐食等を確認
容器腐食時の安全性	腐食箇所からの圧力漏えいにより、放射必要圧が低下	容器腐食の場合、設置状態では、確認が不可。使用時の閉塞圧により破裂の恐れがある
圧力源	窒素（N2）ガスで蓄圧	二酸化炭素（CO2）・窒素（N2）ガスで加圧
放出時	0.7〜0.98MPaの均一圧力	瞬間的に1.2MPaまで加圧
放出状態	均一の圧力で放出	加圧直後が最高圧力
使用性	小さな力でレバーを握る	加圧用ガス容器の破封にある程度の力が必要
放射ストップ機能	全機種有り	一部ないものがある

第4章

■2．適応火災

◎火災は、①木材や紙などの**普通火災**（A火災）、②油類の**油火災**（B火災）③電線やモーターなどの**電気火災**（C火災）に分類される。

◎消火器は、それぞれ適応する火災の種類が異なる。また、消火剤の放射状態（棒状または霧状）によっても異なってくる。

◎**水消火器（棒状＆霧状）**は、油火災（B火災）に適応しない。油類は多くが水より軽く、放射しても浮くため、燃焼面が広がる危険性がある。また、棒状強化液消火器も、同様の理由から油火災に適応しない。

◎**棒状水消火器及び棒状強化液消火器**は、いずれも電気火災（C火災）に適応しない。これは、放射すると感電の危険性があるためである。ただし、霧状水消火器と霧状強化液消火器は、電気火災（C火災）に適応する。

◎**泡消火器**は、泡が燃焼面に付着することで、窒息作用及び冷却作用により消火する。このため、普通火災（A火災）及び油火災（B火災）に適応する。ただし、電気火災（C火災）は感電の危険性があるため適応しない。

◎**二酸化炭素消火器**は、普通火災（A火災）に適応しない。放射してもガスであるため拡散してあまり効果がない。

◎**ハロゲン化物消火器**は、燃焼の抑制作用が強い。普通火災（A火災）に適応するものと、適応しないものがある。各消火器ごとに、適応火災を確認する必要がある。

〔消火器ごとの適応火災〕

消火器の種類	普通（A）火災	油（B）火災	電気（C）火災
水消火器（棒状）	○	−	−
水消火器（霧状）	○	−	○
強化液消火器（棒状）	○	−	−
強化液消火器（霧状）	○	○	○
化学泡消火器	○	○	−
機械泡消火器	○	○	−
二酸化炭素消火器	−	○	○
ハロゲン化物消火器	△	○	○
粉末消火器（りん酸塩類等）	○	○	○
粉末消火器（炭酸水素塩類等）	−	○	○

▶▶過去問題◀◀

【1】消火器の種類と加圧方式の組合せとして、最も不適当なものは次のうちどれか。

□　1．強化液消火器…………蓄圧式　　　2．粉末消火器………加圧式
　　3．二酸化炭素消火器……加圧式　　　4．水消火器…………手動ポンプ式

【2】消火器の性能に関する次の記述のうち、誤っているものを2つ選びなさい。

［編］

□　1．粉末消火器には、普通火災、油火災及び電気火災のいずれの消火にも適応するものがある。

　　2．機械泡消火器は、水成膜泡等を使用し、普通火災及び油火災の消火にも適応する。

　　3．強化液消火器は、水系消火器として冷却作用と再燃防止作用を有することから、普通火災の消火のみに適応する。

　　4．強化液消火器は、A火災の消火には適応するが、低温（5℃以下）で機能が落ちるため、寒冷地には適さない。

　　5．化学泡消火器は、低温（5℃未満）では、発泡性能が落ちるため、寒冷地には適さない。

　　6．二酸化炭素消火器は、電気火災の消火には適応するが、A火災の消火には適応しない。

　　7．二酸化炭素消火器は、消火後の汚損も少なく電気絶縁性も大きいので、電気火災の消火に適応する。

【3】 消火器について、誤っているものは次のうちどれか。[★]

☐ 1. 霧状の強化液を放射する強化液消火器は、電気火災の消火に適応しない。

2. 水消火器は、冷却作用により消火を行うものであり、油火災には適応しない。

3. 化学泡消火器の外筒には、炭酸水素ナトリウムを主成分とした消火薬剤を、内筒には、硫酸アルミニウムを主成分とした消火薬剤を入れてある。

4. 機械泡消火器は、冷却及び窒息作用により消火を行うものであり、透視性に優れている。

▶▶正解&解説‥‥‥‥‥‥‥‥‥‥‥‥‥‥‥‥‥‥‥‥‥‥‥‥‥‥‥‥‥‥‥‥‥‥‥‥

【1】 正解3

1. 強化液消火器は、蓄圧式が主流となっている。しかし、大型消火器には加圧式も一部で採用されている。

2. 粉末消火器は、小型のものでも蓄圧式と加圧式がある。

3. 二酸化炭素消火器は、二酸化炭素を圧縮して液体の状態で充てんしてある。自身の圧力で放射するため、蓄圧式である。

4. 水消火器は、蓄圧式である。しかし、かつては手動ポンプによる加圧式も存在した。

【2】 正解3&4

1. リン酸塩類（リン酸二水素アンモニウム）等の粉末消火剤を使用した消火器は、普通火災、油火災及び電気火災のいずれの消火にも適応する。

3. 強化液消火器は、一般に霧状放射となっている。この場合、普通火災のほか、油火災及び電気火災にも適応する。

4. 強化液消火器の強化液は－20℃でも凍結しないため、寒冷地でも使用できる。

【3】 正解1

1. 霧状の強化液を放射する強化液消火器は、普通・油・電気火災（A・B・C火災）の全てに適応する。

3. 外筒の消火薬剤をA剤、内筒の消火薬剤をB剤といい、A剤とB剤の化学反応によりガスを発生させる。

4. 機械泡消火器は、泡の水溶液による冷却作用と、泡で空気を遮断する窒息作用により消火する。また、空気を多く含んだ泡は、発生した煙を吸着する作用があるため、透視性に優れている。

3．指示圧力計の構造

◎指示圧力計は、**ブルドン管式**のものが使われている。

◎ブルドン管式は、断面が偏平な金属管をうず巻き状にしてある。開口固定端から測定圧力を導入すると、圧力に応じて金属管の曲率が変化し、管先の密閉自由端が変位する。

◎管先の変位（移動）量は、管の弾性により圧力に比例する。このため、管先の指針が管内の圧力を表示する。

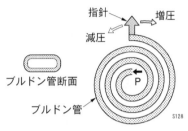

【圧力検出部（ブルドン管）の仕組み】　　　【指示圧力計の例】

◎ブルドン管の材質は、ステンレス鋼（SUS）、黄銅（Bs）、りん青銅（PB）、ベリリウム銅（BeCu）などの高弾性合金が使用される。また、消火器用のものは規格により、ブルドン管の材質を表示するようになっている。

〔解説〕ブルドンは、ブルドン管を考案したフランス人の名前である。

◎消火器用のブルドン管は、内部の消火薬剤によって腐食することがないように、種類ごとに次の材質のものが使われている。

〔消火器ごとの圧力検出部の材質〕

消火器の種類	材質記号（材質）
水（浸潤剤入り）消火器	SUS（ステンレス鋼）
強化液消火器	
機械泡消火器	
粉末消火器	Bs（黄銅）、BeCu（ベリリウム銅） PB（りん青銅）、SUS

◇**SUS** は、ステンレス鋼の材質記号を表す。錆びにくい特殊用途の鋼であることを示す「Steel Special Use Stainless」から。

◇**Bs** は、黄銅（真ちゅう）の材質記号を表す。Brass から。

◇**BeCu** は、ベリリウム銅（銅にわずかなベリリウムを加えた合金）の材質記号を表す。ベリリウムと銅の元素記号から。

◇**PB** は、りん青銅（銅と錫の合金である青銅にりんがわずかに含有）の材質記号を表す。「Phosphor Bronze」から。

▲指示圧力計の例

▶ ▶ 過去問題 ◀ ◀

【1】消火器の種別と指示圧力計に示される圧力検出部（ブルドン管）の材質記号
の組合せとして、誤っているものは次のうちどれか。[★]

	消火器の種別	材質記号
□ 1.	強化液消火器	SUS
2.	強化液消火器	Bs
3.	粉末消火器	SUS
4.	粉末消火器	Bs

▶ ▶ 正解&解説 ···

【1】正解2

　水（浸潤剤入り）消火器・強化液消火器・機械泡消火器では、指示圧力計の圧力検出
部（ブルドン管）にステンレス鋼（SUS）を使用すること。ステンレス鋼以外の銅合金
では腐食する危険性がある。粉末消火器では、ステンレス鋼（SUS）の他に黄銅（Bs）、
りん青銅（PB）、ベリリウム銅（BeCu）の圧力検出部（ブルドン管）を使用できる。

◎加圧用ガス容器は、加圧式消火器の構成部品で、消火剤を放射するための加圧源として用いられる。

◎加圧用ガス容器は、内容積が 100cm³ 以下のものと、100cm³ を超えるものとに大別される。

■1. 内容積が 100cm³ 以下のもの

◎高圧ガス保安法の適用外で、最も普及している。

　加圧用ガス容器の先端には、ガス容器を密閉するための作動封板が取り付けられている。作動封板は薄い金属板で作られている。

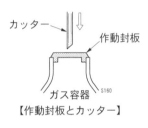

【作動封板とカッター】

◎加圧用ガス容器は、次の手順で作動させる。

　①消火器上部のレバーを握ると、カッターが押し下げられる。

　②作動封板がカッターの先端によって破られる。

　③加圧用ガス容器内のガスが導入管を通って消火器本体内に一気に充満する。

　④ガスの圧力によって、消火剤がサイホン管内に押し上げられ、ホースを通過してノズルより放射される。

▲カッター部

◎充てん量を確認する場合は、総質量を測定する。

■2．内容積が 100cm³ 超のもの

◎高圧ガス保安法の**適用を受ける**。容器は、表面積の２分の１以上が**緑色**（液化炭酸ガスが充てんされているもの）又は**ねずみ色**（窒素ガスが充てんされているもの）に塗装されていなければならない。

◎容器は、**作動封板付き**のものと、**容器弁付き**のものがある。

◎容器弁は、未使用時は充てんガスが漏れないように閉じておくとともに、使用時は弁を開けて内部の高圧ガスを放出する。

◎容器弁付きのものは使用後、その容器を再使用できるが、専門業者にガスの再充てんを依頼する。高圧ガス保安法の**適用を受ける**ため、自ら充てんしてはならない。また、充てん量を確認する場合は、**内圧を測定する**（窒素ガスのみ）。

■3．充てんガスの種類

◎加圧用ガス容器に充てんされているガスは、次の３種類である。

　①液化炭酸ガス（二**酸化炭素**）

　②窒素ガス

　③液化炭酸ガスと窒素ガスの混合ガス

◎一般に、小容量のものは液化炭酸ガスが使われ、大容量のものは窒素ガスが使われる傾向にある。しかし、消火器のメーカーによって異なることも多い。

■4．容器記号

◎加圧用ガス容器は、容器記号ごとに形状やねじ及びガス質量が異なっている。

　例：C60…ねじの種類が「C」で、充てんされているガス質量は60gである。

◎容器記号は、加圧用ガス容器の本体に刻印されている他、消火器銘板に表示されているものもある。交換する際は、同じ容器記号のものであるか確認する。

　〔解説〕消火器銘板は、消火器の本体に貼り付けられているシールである。消火器規格第38条（表示）では、消火器の見やすい位置に各種事項を記載した簡明な表示をするよう規定している。

▲加圧用ガス容器の刻印例（C60）

▲消火器銘板に表示されている容器記号

【1】消火器の加圧用ガス容器について、最も不適当なものは次のうちどれか。

☐ 1．作動封板を有するものを使用した場合は、同じ容器記号のものと取り替える。

2．容器弁付きのものを使用した場合は、専門業者に依頼してガスを充てんする。

3．内容積が100cm³以下のものは、すべて液化炭酸ガスを使用している。

4．内容積が100cm³を超えるものは、窒素ガス又は液化炭酸ガスを使用している。

【2】消火器の加圧用ガス容器について、正しいものは次のうちどれか。

☐ 1．加圧用ガス容器に充てんされているものは、二酸化炭素若しくは窒素ガス又は、二酸化炭素と窒素ガスの混合したものである。

2．容器弁のない加圧用ガス容器に充てんされている二酸化炭素は、液化炭酸ガスとして容器に貯蔵され、充てん量を確認する場合は、内圧を測定する。

3．容器弁付きの加圧用ガス容器に充てんされている窒素ガスは、圧縮されて容器に貯蔵され、充てん量を確認する場合は、総質量を測定する。

4．大型の加圧式強化液消火器の加圧用ガス容器には、緑色で塗色された窒素ガス用の加圧用ガス容器が用いられる。

【3】加圧式の消火器に用いる加圧用ガス容器について、正しいものは次のうちどれか。

☐ 1．容器弁付きの加圧用ガス容器は、必ず専門業者に依頼してガスを充てんする。

2．作動封板を有する加圧用ガス容器は、容量が同じであれば製造メーカーにかかわらず交換できる。

3．内容積100cm³以下の作動封板を有する加圧用ガス容器が腐食している場合は、充てんガスを放出せず廃棄処理をする。

4．作動封板を有する加圧用ガス容器は、すべて高圧ガス保安法の適用を受けない。

【4】加圧式の消火器の加圧用ガス容器に関する次の記述のうち、正しいものの組合せはどれか。［★］

ア．加圧用ガス容器を交換する場合、作動封板を有するものは、消火器銘板に明示されている容器記号のものと取り替える。

193

イ．加圧用ガス容器を交換する場合、容器弁付きのものは、専門業者に依頼して
ガスを充てんする。

ウ．作動封板を有するものは、その容量にかかわらず高圧ガス保安法の適用を受
ける。

☐ 1．ア、イのみ　　　　　　2．ア、ウのみ

　　3．イ、ウのみ　　　　　　4．ア、イ、ウすべて

▶▶正解＆解説…………………………………………………………………………………

【1】正解3

　1．作動封板を有するものは、加圧用ガス容器や消火器銘板に表示されている同じ容器
記号のものと取り替える。

　2．容器弁付きの加圧用ガス容器は、高圧ガス保安法の適用を受けるため、専門業者に
依頼してガスを充てんしなければならない。

　3．小容量のもの（内容積100cm^{3}以下）は大部分が液化炭酸ガスを使用しているが、
窒素ガスまたは液化炭酸ガスと窒素ガスの混合ガスを使用しているものもある。

　4．大容量のもの（内容積100cm^{3}超）は大部分が窒素ガスを使用しているが、液化炭
酸ガスを使用しているものもある。

【2】正解1

　2．容器弁のない加圧用ガス容器（内容積 100cm^3 以下）の充てん量を確認する場合
は、「総質量」を測定する。

　3．容器弁付きの加圧用ガス容器（内容積 100cm^3 超）の充てん量を確認する場合は、
「内圧」を測定する。

　4．緑色は液化炭酸ガス（二酸化炭素）用の塗色である。窒素ガス用はねずみ色の塗色
となる。

【3】正解1

　2．作動封板を有するものは、加圧用ガス容器や消火器銘板に表示されている同じ容器
記号のものと取り替える。

　3．高圧ガス保安法の適用を受けない加圧用ガス容器を廃棄処理する場合は、本体容器
から分離して処理を依頼するか、または排圧治具により充てんガスを排圧処理する
（「第5章　9．消火器の廃棄処理の方法」272P参照）。

　4．作動封板を有する加圧用ガス容器で、内容積が100cm^{3}を超えるものは高圧ガス保
安法の適用を受ける。この場合、表面積の2分の1以上が緑色またはねずみ色に塗装
されている。

【4】正解1

　ウ．作動封板を有する加圧用ガス容器は、内容積が100cm^{3}以下のものと、100cm^{3}を
超えるものとに区分される。高圧ガス保安法の適用を受けるのは、内容積が100cm^3
を超えるものに限られる。

5. 高圧ガス保安法

◎高圧ガス保安法は、高圧ガスによる災害から、公共の安全を確保することなどを目的としている。以下、高圧ガス保安法関連の要点は次のとおりである。

◎高圧ガス保安法の適用を受ける**消火器**は次のとおりである。

①二酸化炭素消火器（写真左）

②ハロン 1301 消火器（写真中央）

③ハロン 1211 消火器（写真右）

▲高圧ガス保安法の適用を受ける消火器3種

◎高圧ガス保安法の適用を受ける**加圧用ガス容器**は次のとおりである。

• 内容積が 100cm³ を超えるもの。

| 容器 [1] | 容器 [2] | 容器 [3] |

▲高圧ガス保安法の適用を受ける加圧用ガス容器3種

▶**容器〔1〕** 作動封板付き　　品番：D126サN　　内容積：0.24L
　　　　　　充てんガス：CO_2（120g）とN_2（6g）の混合ガス
　　　　　　最高充てん圧力：11.5MPa　　全高：約19cm
▶**容器〔2〕** 作動封板付き　　品番：D370　　内容積：0.7L
　　　　　　充てんガス：CO_2（352g）とN_2（17g）の混合ガス
　　　　　　最高充てん圧力：11.5MPa　　全高：約28cm
▶**容器〔3〕** 容器弁付き　　品番：N3.4　　内容積：3.4L　　充てんガス：N_2
　　　　　　最高使用圧力：14.7MPa　　全高：約65cm

◎蓄圧式の水消火器・強化液消火器・機械泡消火器は、一般に最高圧力が0.98MPaに設定されているため、高圧ガス保安法の適用は受けない。圧力が**1MPa以上**の圧縮ガスが高圧ガス保安法の適用を受ける。また、内容積が$100cm^3$以下の容器も、高圧ガス保安法の適用を受けない。

◎高圧ガス保安法の適用を受ける消火器及び加圧用ガス容器は、表面積の2分の1以上を高圧ガスごとの塗色に塗装しなければならない（容器保安規則第10条）。

①二酸化炭素消火器…………………………………………………… **緑色**

②ハロン1301及び1211消火器 ……………………………………… **ねずみ色**

③液化炭酸ガスの加圧用ガス容器…………………………………… **緑色**

④窒素ガス（CO_2とN_2の混合ガスを含む）の加圧用ガス容器………… **ねずみ色**

◎高圧ガス保安法の適用を受ける消火器及び加圧用ガス容器において、刻印されている各種記号の内容は次のとおりである（容器保安規則第8条）。

①容器製造業者の名称又はその符号。

②高圧ガスの名称、略称又は分子式。例：CO_2、N_2

③「W」…… 附属品（取り外しのできるものに限る）を含まない容器の質量（Weight）。単位はkg。

④「V」…… 内容積（Volume）。単位はL。

⑤「TP」… 耐圧試験における圧力（Test Pressure）及び<ruby>M<rt>メガ</rt></ruby>。単位はMPa。例：TP12.3M

⑥「FP」… 最高充てん圧力（Filling Pressure）及び<ruby>M<rt>メガ</rt></ruby>。単位はMPa。例：FP12.3M

（W1.7　TP24.5M）　　　（V3.4）　　　　　（TP24.5M）　　　　　（FP11.5M）

 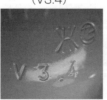  

▲刻印の例（4種）

【1】消火器及び消火器の部品として使用されている高圧ガス容器に関する説明として、誤っているものは次のうちどれか。

□ 1．二酸化炭素消火器の本体容器は高圧ガス保安法に適合したもの以外は、使用が禁止されている。

2．内容積100cm³以下の加圧用ガス容器は高圧ガス保安法の適用除外を受け、外面はメッキがしてある。

3．加圧用ガス容器に充てんするガスとしては、主に二酸化炭素又は窒素ガスが用いられる。

4．窒素ガスを充てんした内容積100cm³を超える加圧用ガス容器の外面は、緑色に塗装されている。

【2】消火器の中には高圧ガス保安法の適用を受けるものがある。これについて、誤っているものは次のうちどれか。

□ 1．高圧ガスとは、二酸化炭素、窒素等の圧縮ガスの場合は、圧力1MPa以上のものをいうので、蓄圧式強化液消火器には高圧ガス保安法は、適用されない。

2．高圧ガス保安法の適用を受ける消火器本体容器又は加圧用ガス容器は、その表面積の1／2以上が、二酸化炭素の場合は緑色に塗色され、また窒素の場合はねずみ色に塗色されている。

3．高圧ガス保安法の適用を受ける消火器本体容器又は加圧用ガス容器へ高圧ガスを充てんする者には、消防法とは別の取り扱い上の資格が必要なので、消防設備士の資格では充てんできない。

4．内容積200cm³以下の加圧用ガス容器は、高圧ガス保安法の適用が除外されるが、容器の表面はガスの種類により塗色の色が規定されている。

【3】消火器には、高圧ガス保安法の適用を受ける容器を使用しなければならないものがあるが、これに該当しないものは、次のうちどれか。

□ 1．二酸化炭素消火器の本体容器

2．加圧式大型強化液消火器の加圧用ガス容器

3．蓄圧式機械泡消火器の本体容器

4．加圧式粉末消火器に使用する内容積200cm³の加圧用ガス容器

【4】 高圧ガス保安法の適用を受ける本体容器又は加圧用ガス容器を使用しなけれ
ばならない場合がある消火器は、次のうちどれか。

□ 1．加圧式粉末消火器（薬剤質量20kg以上のもの）

2．ハロン2402消火器（薬剤が常温で液体のもの）

3．蓄圧式粉末消火器

4．蓄圧式機械泡消火器

【5】 二酸化炭素消火器の容器の肩部に刻印されている「W」の記号の意味として、
正しいものは次のうちどれか。[★]

□ 1．耐圧試験圧力　　　2．容器の質量

3．容器の内容積　　　4．充てんガス量

▶▶**正解＆解説**……………………………………………………………………………………

【1】**正解4**

1．二酸化炭素消火器の本体容器は、高圧ガス保安法の適用を受ける。

2．加圧用ガス容器について、内容積が100cm³以下のものは高圧ガス保安法の適用を
受けない。外面は一般に亜鉛メッキが施されている。

4．内容積が100cm³を超える加圧用ガス容器は、高圧ガス保安法の適用を受ける。こ
の場合、容器保安規則により容器の外面は、容器の表面積の2分の1以上について定
められた塗色に塗装すること。窒素ガス…ねずみ色、液化炭酸ガス…緑色。

【2】**正解4**

1．高圧ガス保安法では、規制の対象となる「高圧ガス」を細かく定義している。圧縮
ガスの場合、温度35℃において圧力が1MPa以上のものが高圧ガスとなる。強化液
消火器は、使用温度範囲−20〜40℃において圧力が0.7〜0.98MPaに設定されてい
る（「8．強化液消火器」202P参照）。上限の数値を用いると、温度40℃のときの圧
力が0.98MPaとなり、温度35℃では圧力が0.98MPaよりやや低くなる。従って、高
圧ガス保安法は適用されない。

3．「4．加圧用ガス容器 ■2．内容積が100cm³超のもの」192P参照。

4．高圧ガス保安法の適用が除外されるのは、内容積が100cm³以下の加圧用ガス容器
である。

【3】**正解3**

2．加圧式の大型強化液消火器は、加圧用ガス容器が本体容器の外部に取り付けられ
ている。加圧用ガスとしては主に二酸化炭素が用いられている。一般に内容積は
100cm³を超えており、高圧ガス保安法の適用を受ける。

3．蓄圧式の機械泡消火器は、使用温度範囲−20〜40℃において圧力0.7〜0.98MPa
に設定されている。温度35℃において圧力1MPa未満の圧縮ガスとなるため、高圧
ガス保安法の適用は受けない。

4．内容積100cm³超のため、この加圧用ガス容器は高圧ガス保安法の適用を受ける。

【4】正解1

1．粉末消火器（加圧式・蓄圧式）で、薬剤質量が20kg以上のものは一般に大型消火
器に該当する（「第6章　5．大型消火器」281P参照）。大型消火器は、多くが加圧
用ガス容器を本体容器の外部に取付けてあり、その内容積は100cm³を超えている。
従って、加圧用ガス容器は高圧ガス保安法の適用を受けるものを使用しなければなら
ない。

2．ハロン2402消火器に使われているハロン2402は、沸点が約47℃で常温では液体で
ある。蓄圧式の構造となっており、他の蓄圧式と同様に、使用圧力の上限は0.98MPa
に設定されている。

【5】正解2

1．耐圧試験圧力……TP（Test Pressure）　　2．容器の質量………W（Weight）
3．容器の内容積……V（Volume）　　　　　4．充てんガス量を表す記号はない。

6. 容器弁

◎高圧ガス保安法の適用を受ける蓄圧式の消火器及び消火器の加圧用ガス容器（作
動封板を設けたものを除く）には、同法の適用を受けるバルブ（以下「**容器弁**」
という）を設けなければならない（消火器規格第14条2項）。

〔解説〕高圧ガス保安法の適用を受ける蓄圧式の消火器は、二酸化炭素消火器やハロン
1301消火器が該当する。

◎容器弁は、ハンドル車式のものと、ハンドル車式以外のものがある。

◎**ハンドル車式**のものは、ハンドルを回すことによって弁が開き、ガスを放出する。
車載式二酸化炭素消火器や車載式粉末消火器の加圧用ガス容器などに使われてい
る。

◎**ハンドル車式以外**のものは、レバー
を握ると弁が開いてガスが放出さ
れる構造のものがほとんどである。
手提げ式の二酸化炭素消火器など
に使われている。

◎容器弁には、**安全弁**を有していなけ
ればならない。

◎安全弁は、何らかの原因で容器内の
圧力が規定値以上に達すると、安
全のため自動的にバルブを開いて、
圧力を外部に排出する。

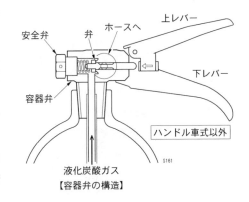

【容器弁の構造】

◎容器弁に付いている安全弁は、次の３種類に分けられる。
　①封板式……… 一定の圧力以上で作動する。
　②溶栓式……… 一定の温度以上で作動する。
　③封板溶栓式… 一定の圧力及び温度以上で作動する。

ハンドル車式

▲容器弁

安全弁▶

▲容器弁

安全弁▶

ハンドル車式以外

▲容器弁

安全弁▶

7. 水（浸潤剤入り）消火器

▶消火剤…水（浸潤剤入り）
▶構　造…蓄圧式・指示圧力計
▶消火作用…冷却作用
▶適応火災…普通火災、電気火災（霧状放射）
▶使用温度範囲…0～40℃（純水ベース）
▶使用圧力範囲…0.7～0.98MPa

◎浸潤は、「しみこんで濡れること」の意である。水単独
　では燃焼物に浸み込みにくい場合でも、浸潤剤が添加
　されていると容易に浸み込み、消火して再着火を防ぐ
　ことができる。
◎かつては、清水（澄んできれいな水）に界面活性剤な
　どを添加して、消火能力を高めるとともに、不凍性を
　もたせた水消火剤が使われていた。しかし、近年は製
　造されておらず、新たに純水ベースのものが製造されている。
　〔解説〕純水（純度の高い水）ベースの消火剤が使われるようになったのは、使用後の
　　　　汚損が少なく、精密機器への影響を極力抑えることができるためである。
◎浸潤剤として添加する化学物質は、リン酸二水素アンモニウム、硫酸アンモニウ
　ム、尿素、合成界面活性剤などである。
◎水消火剤は、本体容器に圧縮空気または窒素ガスと共に充てんされており、指示
　圧力計が装着されている。
◎レバーを握ると、バルブが開いて内部の消火剤を放射する。レバーを放すと、バ
　ルブが閉じて放射を停止する。消火器は、一般にレバーの操作によりバルブが開
　閉して、消火剤の放射及び放射停止ができるようになっている。ただし、加圧式
　の粉末消火器の一部には、放射を開始すると途中で停止することができない「開
　放式」のものがある。
◎油火災に対しては、燃焼面に放射しても水が油の下面に入り込み、燃焼面が広が
　るため適応しない。また、電気火災に対しては感電の危険性があるため、棒状に
　放射してはならない。
◎一般に、霧状に放射するノズルが装着されている。構造は、強化液消火器と同じ
　である。

8. 強化液消火器

▶消火剤…強化液（アルカリ性・中性）
▶構　造…蓄圧式・指示圧力計
　　　　／大型の一部で加圧式
▶消火作用…冷却作用＆抑制作用（アルカリ性）
　　　　　窒息作用＆冷却作用（中性）
▶適応火災…普通火災、霧状放射では油火
　　　　　災と電気火災にも適応
▶使用温度範囲…－20～40℃
▶使用圧力範囲…0.7～0.98MPa（蓄圧式）

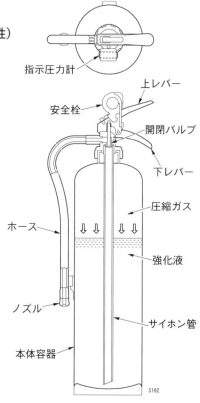

指示圧力計
上レバー
安全栓
開閉バルブ
下レバー
圧縮ガス
ホース
強化液
ノズル
サイホン管
本体容器
S162

【蓄圧式強化液消火器の構造】

◎強化液は、炭酸カリウムK_2CO_3を水に約40％溶解させた**強アルカリ水溶液**で、水素イオン濃度（pH）は約12である。濃厚な溶液で無色透明であるが、水などと区分するため淡黄色に着色されているものもある。

◎強化液は、アルカリ性でなく**中性**（pH 6～8）のものもある。アルカリ性のものと比較して、普通火災及び油火災の消火能力が高められている。アルカリ金属塩類を主成分として、フッ素系界面活性剤などを溶解した水溶液である。界面活性剤の作用により、放射すると泡を形成する。普通火災では冷却作用、油火災では泡による窒息作用と冷却作用がある。

◎両者を区別するときは、「アルカリ性」または「中性」を明記する。近年は、中性の強化液消火剤が主流となりつつある。

◎強化液消火器は、一般に蓄圧式を採用し、**指示圧力計**が装着されている。ただし、大型消火器（強化液60L以上）には、本体容器の外部に加圧用ガス容器を装着しているものが多い。

◎強化液は燃焼面に放射されると、冷却作用とアルカリ金属による燃焼の抑制作用により消火する（抑制作用が得られるのは霧状に放射した場合）。

◎浸潤剤や不凍剤等が混和または添加されている。これらは消火薬剤の性状や性能に影響しないものが用いられている。

◎鋼板製の本体容器内に消火薬剤が窒素ガスとともに充てんされ、レバー式の開閉バルブが装着されている。

◎一般に、霧状に放射するノズルが装着されている。この場合、普通火災・油火災・電気火災の全てに適応する。

◎強化液は－20℃でも凍結しない（凝固点－20℃以下）ため、寒冷地でも使用できる。

▲サイホン管

▲適応火災

◀銘板

強化液（中性）消火器		
蓄圧式		3型

仕様 SPECIFICATIONS

総質量‥‥‥‥‥‥‥‥‥‥5.80kg
薬剤容(質)量‥‥‥‥‥3.0L(3.35kg)
使用圧力‥‥‥‥7.0〜9.8(×10⁻¹MPa)
耐圧試験圧力値‥‥‥‥‥‥2.0MPa
放射時間(20℃)‥‥‥‥‥‥約53S
放射距離(20℃)‥‥‥‥‥‥4〜7m
使用温度範囲‥‥‥‥‥－20〜+40℃
能力単位‥‥‥‥‥‥‥A-2・B-2・C
型式番号‥‥‥‥‥‥消第23〜431号
製造年

▼指示圧力計

◀▲ノズル

▲強化液消火剤

▲開閉バルブ

▲減圧孔

【1】消火器の性能とその適応性について、誤っているものは次のうちどれか。

☐　1．粉末消火器には、A火災、B火災及びC火災のいずれの消火にも適応できるものがある。

　　2．強化液消火器は、A火災の消火には適応するが、低温（5℃以下）で機能が落ちるため、寒冷地には適さない。

　　3．化学泡消火器は、低温（5℃未満）では、発泡性能が落ちるため、寒冷地には適さない。

　　4．二酸化炭素消火器は、電気火災の消火には適応するが、A火災の消火には適応しない。

【2】蓄圧式の強化液消火器の構造について、誤っているものは次のうちどれか。

[★]

☐　1．鋼板製の本体容器内に消火薬剤が窒素ガスとともに充てんされ、レバー式の開閉バルブが装着されている。

　　2．本体容器内面には、充てんされた消火薬剤の液面を示す表示装置が設置されている。

　　3．内部圧力を示す指示圧力計が取り付けてあり、使用圧力範囲は 0.7MPa ～ 0.98MPa で、ノズルは霧状放射用である。

　　4．使用温度範囲は、－20℃～＋40℃である。

【3】蓄圧式の強化液消火器の構造又は性能について、誤っているものは次のうちどれか。

☐　1．消火薬剤は、通常アルカリ金属塩類の水溶液で、強アルカリ性である。

　　2．この消火器は、冷却作用、負触媒効果による抑制作用及び再燃を阻止する作用がある。

　　3．本体容器は鋳鉄製である。

　　4．容器内部の圧力状態は、指示圧力計で明示され、使用圧力の範囲が緑色で示されている。

【4】消火器の消火薬剤について、最も不適当なものは次のうちどれか。

☐　1．強化液消火薬剤は、無色半透明又は淡黄色の高濃度の炭酸ナトリウム水溶液である。

　　2．合成界面活性剤泡消火薬剤は、界面活性剤の水溶液に浸潤性、浸透性、不凍性を促進する薬剤を加えたもので、一般的に長期安定性を有している。

　　3．水成膜泡消火薬剤は、ふっ素系界面活性剤を主成分とするもので、その水溶液は表面張力が極めて小さいという特徴を有している。

　　4．化学泡消火薬剤は、外筒用薬剤と内筒用薬剤からなり、これらを混合、反応させると二酸化炭素を含む泡となる。外筒用薬剤には炭酸水素ナトリウムが用いられ、内筒用薬剤には硫酸アルミニウムが用いられる。

▶▶正解＆解説‥‥‥‥‥‥‥‥‥‥‥‥‥‥‥‥‥‥‥‥‥‥‥‥‥‥‥‥‥‥‥‥‥‥‥‥

【1】正解2

　1．リン酸二水素アンモニウムを主成分とする粉末（ABC）消火器は、A火災・B火災・C火災（普通・油・電気火災）のすべてに適応する（「14. 粉末消火器（蓄圧式）」222P参照）。

　2．強化液消火器は、−20℃でも凍結しないため、寒冷地に適している。

　3．化学泡消火器の使用温度範囲は5〜40°である（「9. 化学泡消火器」206P参照）。

　4．二酸化炭素消火器は、消火剤を放射すると拡散するため、A（普通）火災の消火には適応しない（「11. 二酸化炭素消火器」216P参照）。

【2】正解2

　2．本体容器内面に、充てんされた消火薬剤の液面を示す表示装置が設置されているのは、化学泡消火器である。

【3】正解3

　3．本体容器は鋼板製である。鋳鉄が使われることはない。鋳鉄は鋼に比べて耐摩耗性に優れているが、一般に衝撃に弱いという性質がある。本体容器は、規格省令により各種の鋼板を使用するよう定められている。「第6章　8. 本体容器の板厚」286P参照。

　4．「3. 指示圧力計の構造」189P参照。

【4】正解1

　1．強化液消火薬剤は、無色半透明又は淡黄色の高濃度の炭酸カリウム水溶液である。

　2＆3．「10. 機械泡消火器」212P参照。

　4．「9. 化学泡消火器」206P参照。

9. 化学泡消火器

▶消火剤…化学泡（A剤とB剤）
▶構　造…反応式
▶消火作用…冷却作用＆窒息作用
▶適応火災…普通火災＆油火災
▶使用温度範囲…5〜40℃

◎化学泡消火剤は、2種類の薬剤を使用する2液型である。使用に当たり、容器を転倒させ、外筒容器のA剤と内筒容器のB剤を混合させると、化学反応により**二酸化炭素**を含んだ大量の泡が生成し、これを消火剤及び放射圧として使用する。
◎A剤は、**炭酸水素ナトリウム**を主成分とし、起泡安定剤や防腐剤等が添加されており、淡褐色の粉末である。水によく溶解させてから、消火器の外筒に充てんする。弱アルカリ性を示す。
◎B剤は、**硫酸アルミニウム**の白色粉末である。水によく溶解させてから、消火器の内筒に充てんする。弱酸性を示す。

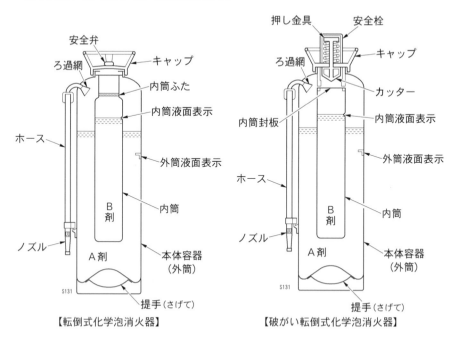

【転倒式化学泡消火器】　　　　【破がい転倒式化学泡消火器】

206

◎消火器を転倒して逆さにすると、内筒のふたが落下して、B剤がA剤と混合し、次の化学反応が起きる。

$$6NaHCO_3 + Al_2(SO_4)_3 \longrightarrow 2Al(OH)_3 + 3Na_2SO_4 + 6CO_2$$

◎水酸化アルミニウムを核とした泡は、粘着性に富み、燃焼物に付着して耐火性の強い層を形成し、窒息作用と冷却作用により消火する。

◎特に起泡安定剤は水溶液にすると経年劣化が激しいため、化学泡消火剤は設置から１年ごとに新品に交換する必要がある。

◎適応火災は、普通火災及び油火災である。ただし、電気火災に対しては電気絶縁性が劣るため適応しない。

◎温度が低いと**発泡性能**も低下するため、使用最低温度は5℃に設定されている。このため、**寒冷地には適さない**。

◎化学泡消火器は、構造により**転倒式**と**破がい転倒式**、**開がい転倒式**の３種類がある。

◎**転倒式**は、転倒させるだけで２種類の薬剤が混合し化学反応を開始する。このため、消火器を誤って転倒させた場合でも反応が開始する。

◎一方、**破がい転倒式**は、鉛の内筒封板で内筒を密栓した構造となっている。このため、消火器を誤って転倒させても内筒のB剤が流出することはない。使用方法は、キャップの安全栓を外し、押し金具を押してカッターで内筒封板を破ってから転倒させる。

◎**開がい転倒式**は、使用時にハンドルを回して内筒のふたを開ける方式のもので、この後、本体を逆さに傾けて内筒のB剤を外筒のA剤に混ぜ合わせる。主に車載式の大型消火器に採用されている。

〔解説〕「がい」は「蓋」で、ふたの意味である。

開がい転倒式▶
（車載式の大型消火器）

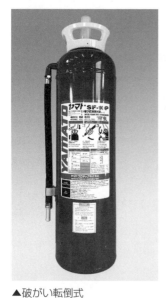

▲破がい転倒式

▲銘板に表示されている使用方法

▲キャップ上の安全栓

▲底部の提手　　　▲安全弁

ノズル▶

▲Ａ剤とＢ剤

▲内筒と液面表示　　▲キャップの減圧孔

▲鉛の内筒封板

▲キャップ下のカッター

▲外筒の液面表示

▲ろ過網

▶開がい転倒式の構造（車載式の大型消火器）

【使用方法】

①梶棒を手前に倒して移動する。

②梶棒を起こして消火器を垂直
　に立てる。

③ノズルの先を持ってホースを
　外して伸ばす。

④回転止ハンドルを回してロッ
　クを解除する。

⑤丸ハンドルを止まるまで回し
　て内筒ふたを全開にする。

⑥ノズルを火元に向ける。

⑦梶棒を持って手前に倒す（胴
　体上部の突起が床面に着くま
　で倒す）。

⑧倒すと、ノズルの先から放射
　を開始する。

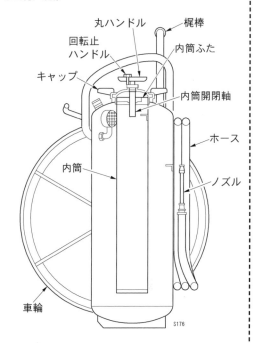

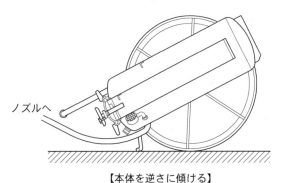

【本体を逆さに傾ける】

【1】消火器の一般的な消火特性について、誤っているものは次のうちどれか。

☐ 1．強化液消火器は、アルカリ塩類を含む薬剤を放射するものであり、浸透性がよいので、再燃防止効果に優れている。

2．化学泡消火器は、低温でも発泡性能が低下しないものであり、浸透性がよいので、再燃防止効果に優れている。

3．機械泡消火器は、窒息作用により消火するものであり、また、浸透性がよいので、再燃防止効果に優れている。

4．水消火器は、冷却作用により消火するものであり、また、浸透性がよいので、再燃防止効果に優れている。

【2】消火薬剤の放射の異常についての判断として、適当でないものは次のうちどれか。[★]

☐ 1．蓄圧式消火器のレバーを握ったとき、少量の消火剤しか出なかった。これは蓄圧ガスが漏れていたことが考えられる。

2．二酸化炭素消火器を使用したところ、二酸化炭素がまったく放射されなかった。これは二酸化炭素が自然噴出していたことが考えられる。

3．設置されている泡消火器のノズルから泡が漏れていた。これは、内筒に亀裂が入りA剤とB剤が徐々に反応したことが考えられる。

4．加圧式の強化液消火器のバルブを開いたとき消火剤が出なかった。これは消火器を転倒させなかったことが原因として考えられる。

【3】化学泡消火器について、誤っているものは次のうちどれか。

☐ 1．消火薬剤を放射する方法として、転倒式、破がい転倒式及び開がい転倒式の3種類がある。

2．温度20℃の消火薬剤を標準発泡ノズルを用いて放射した場合、大型消火器以外の消火器では泡の膨張率は7倍以上でなければならない。

3．本体容器の内面には、充てんされた消火薬剤の液面を示す表示がついている。

4．使用温度範囲は、0℃〜40℃とされている。

【1】正解2

1＆3＆4．一般に水系消火剤（浸潤剤入り水・強化液・泡）は、浸透性が良いので再燃防止効果が優れている。

2．化学泡消火器は、化学反応によって泡を発生させるため、低温になると化学反応が鈍化し発泡性能が低下する。

【2】正解4

1．蓄圧ガスが漏れていて、本体内にわずかな蓄圧ガスしか残っていないと、レバーを握っても少量の消火剤しか出なくなる。

2．二酸化炭素が自然噴出していると、使用しても二酸化炭素が全く放射されなくなる。

3．化学泡消火器において、内筒に亀裂が入ってA剤（外筒剤）とB剤（内筒剤）がわずかに反応すると、ノズルから泡が漏れ出す。

4．加圧式の消火器でバルブを開いたととき、消火剤が出ないのは、バルブの詰まりやカッターの作動不良、加圧用ガス容器（作動封板など）の不具合が原因として考えられる。「消火器を転倒させなかったこと」により消火剤が出ないのは、化学泡消火器において考えられる。

【3】正解4

2．「第6章　25．消火薬剤の技術上の基準　■4．泡消火薬剤」313P参照。

4．化学泡消火器は、低温になると発泡性能が低下するため、使用温度範囲は5～40℃とされている。

10. 機械泡消火器

▶消火剤…機械泡（水成膜／界面活性剤）
▶構　造…蓄圧式・指示圧力計／加圧式
▶消火作用…冷却作用＆窒息作用
▶適応火災…普通火災＆油火災
▶使用温度範囲…－20〜40℃
▶使用圧力範囲…0.7〜0.98MPa（蓄圧式）

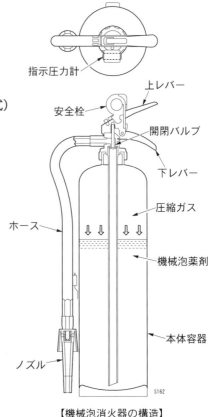

【機械泡消火器の構造】

◎合成界面活性剤泡消火剤は、合成洗剤や
シャンプーなどに使われる炭化水素系界
面活性剤を主成分としている。この他、
泡安定剤や浸潤剤、不凍液、防錆剤など
が添加されている。化学泡消火剤より泡
の長期安定性に優れている。

〔用語〕合成界面活性剤：セッケンのように
分子中に疎水基と親水基をあわせも
つ物質をいう。水と油などの界面に
作用し、表面張力を低下させること
により、互いを混ぜ合わせる作用が
ある。

◎合成界面活性剤泡消火剤は発泡性にも富
んでおり、発泡倍率が10倍前後の低発泡
から500〜1000倍の高発泡まで、幅広い
泡性状の泡を作ることができる。

◎水成膜泡消火薬剤は、界面活性剤泡消火剤にフッ素系界面活性剤を添加したもの
である。フッ素系界面活性剤を添加した水溶液は、表面張力が極めて小さい特徴
がある。このため、油の表面に対し水成膜のフィルムを形成し、油の蒸発を防い
で消火後の再着火を防ぐことができる。この水成膜形成型のものが機械泡消火剤
の主流となっている。

◎機械泡消火剤は、水溶液自体が泡の立ちやすい性質を備えているが、ノズルから
消火剤を放射する際に空気を吸い込んで発泡する。具体的には、消火剤がノズル
内を通過する際に生じる負圧により空気吸入口から空気を吸引し、ノズル内で消
火剤と空気が撹拌される。これにより泡が形成され、ノズル放出口から泡を放出
する。

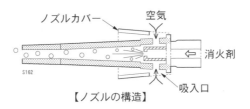

ノズルカバー　空気

消火剤

吸入口

【ノズルの構造】

◎機械泡消火器は、多くが蓄圧式を採用し、指示圧力計が装着されている。ただし、大型消火器（機械泡消火剤20L以上）は本体容器の外部に加圧用ガス容器が取り付けられている。

◎機械泡は、窒息作用及び冷却作用により消火を行い、再燃防止効果及び透視性に優れている。

◎適応火災は、普通火災及び油火災である。ただし、電気火災に対しては電気絶縁性が劣るため適応しない。

◎機械泡消火剤は－20℃でも凍結しないため、寒冷地でも使用できる。

YVF-3
機械泡(水成膜)消火器/蓄圧式
総質量・・・・・・・・・・・・・・・・・・・5.80kg
薬剤容量(質)量・・・・・・・・・・・3.0L(3.34kg)
使用圧力・・・・・・・・・・・・・7.0〜9.8(×10⁻¹MPa)
耐圧試験圧力値・・・・・・・・・・・・2.0MPa
放射時間(20℃)・・・・・・・・・・・約40S
放射距離(20℃)・・・・・・・・・・・4〜6m
使用温度範囲・・・・・・・・・・・－20〜+40℃
能力単位・・・・・・・・・・・・・・A-2・B-6
型式番号・・・・・・・・・・消第28〜7号
製造年　2017　年

▲銘板

◀適応火災

普通火災用

油火災用

▲減圧孔

▲指示圧力計

▲機械泡消火剤(放射直後)

▲ノズル

▲発泡部を外した状態

【1】 機械泡消火器について、正しいものは次のうちどれか。

☐　1．充てんする消火薬剤は、化学泡消火薬剤と共用できる。

　　2．霧状ノズルの場合は、電気設備の火災にも適応する。

　　3．油火災のみに適応する。

　　4．ノズルには、外部の空気を取り入れる吸入口が設けられている。

【2】 機械泡消火器（蓄圧式）の構造又は機能について、誤っているものは次のうちどれか。[★]

☐　1．ノズルには、薬剤が放射されるときに外部の空気をノズル内に吸い込むための空気吸入口がある。

　　2．この消火器による消火作用には、冷却作用及び窒息作用がある。

　　3．蓄圧式であるため、指示圧力計が装着されている。

　　4．電気設備の消火にも適応する。

【3】 蓄圧式機械泡消火器の構造及び機能について、正しいものは次のうちどれか。

☐　1．二酸化炭素消火器と同じく高圧ガス容器が使われている。

　　2．この消火器には、負触媒効果による消火の抑制作用がある。

　　3．霧状放射ができるノズルを使用する場合には、普通火災、油火災のほか、電気設備の火災にも適応する。

　　4．使用温度範囲は、「消火器の技術上の規格」において、0℃以上40℃以下と定められているが、低温用として、下限温度が－10℃又は－20℃まで拡大したものがある。

【4】 消火器に使用する消火薬剤について、正しいものは次のうちどれか。

☐　1．化学泡消火薬剤は、外筒用薬剤と内筒用薬剤の両方が反応し、窒素を含んだ多量の泡を生成させ使用する。

　　2．合成界面活性剤泡消火薬剤は、合成洗剤に類似した界面活性剤を使用する。一般に化学泡消火薬剤に比べて安定性が低い。

　　3．水成膜泡消火薬剤は、油面に水成膜のフィルムを形成する。過去の製品の中には、PFOSと呼ばれる化学物質が含まれているものがあるため取扱いには注意する。

　　4．二酸化炭素消火薬剤は、大気中で液体の状態から急激に気化されると、気体・液体の性状を呈する。

【1】正解4

1. 化学泡消火剤は、2種類の溶液の化学反応によって泡を発生させるものであり、機械泡は、泡が立ちやすい水溶液をノズルから放射する際に空気を混入して発泡するものである。泡の発生機構が全く異なっているため、それぞれ専用の消火薬剤を使用する。

2. 機械泡消火器は、ノズル部で発泡させる必要があるため、専用のノズル（発泡ノズル）が装着されている。霧状ノズルは、水（浸潤剤入り）消火器や強化液消火器に使われている。また、化学泡及び機械泡は、いずれも電気を通し、感電の危険があるため電気火災（C火災）には適応しない。

3. 化学泡及び機械泡は、泡が燃焼面に付着することで、窒息作用及び冷却作用により消火する。このため、普通火災及び油火災に適応する。

【2】正解4

4. 泡は電気を通し、感電の危険があるため、電気火災（C火災）には適応しない。

【3】正解4

1. 二酸化炭素消火器は、高圧ガス保安法が適用されるため、高圧ガス容器が使われる。しかし、機械泡消火器（蓄圧式）は、圧縮ガスの圧力が1.0MPa未満であるため、高圧ガス保安法は適用されない。

2. 泡消火器の消火作用は、主に窒息作用と冷却作用である。

3. 機械泡消火器は、ノズル部で発泡させる必要があるため、専用のノズル（発泡ノズル）が装着されている。霧状ノズルは、水（浸潤剤入り）消火器や強化液消火器に使われている。また、化学泡及び機械泡は、いずれも電気を通し、感電の危険があるため電気火災（C火災）には適応しない。

【4】正解3

1. 化学泡消火薬剤は、外筒用薬剤と内筒用薬剤を混合させると化学反応により二酸化炭素を含んだ大量の泡を生成する。

2. 合成界面活性剤泡消火薬剤は、化学泡消火薬剤に比べて泡の安定性が高い。

3. かつては水成膜泡消火薬剤の原料にPFOS（ペルフルオロオクタンスルホン酸）が使われていた。日本では2010年4月から製造・使用等が事実上禁止されており、現在、製造・使用されている水成膜泡消火薬剤は、PFOSを含有していない。PFOSはフッ素化合物であり、非常に分解されにくいことから、環境への残留性及び人体への蓄積性が問題視され、国際的に規制されることになった。

4. 二酸化炭素消火薬剤は、高圧で圧縮されて液体の状態で消火器に充てんされている。大気中に放出されると、直ちに気化し気体となる。「11. 二酸化炭素消火器」216P参照。

11. 二酸化炭素消火器

▶消火剤…二酸化炭素
▶構　造…蓄圧式
▶消火作用…窒息作用、冷却作用
▶適応火災…油火災＆電気火災
▶使用温度範囲…－30～40℃

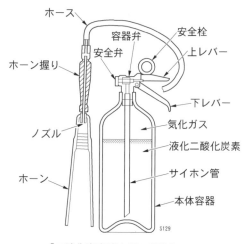

【二酸化炭素消火器の構造】

◎二酸化炭素は、常温常圧では無色無臭の気体である。高圧で圧縮すると液化し、消火器本体内には、液体の状態で充てんされている。消火器本体は、**高圧ガス保安法の適用**を受け、**容器検査**が必要となる。また、**容器弁**を装着しなくてはならない。

◎二酸化炭素消火器は、表面積の1／2以上を緑色（高圧ガス保安法）、1／4以上を赤色に塗装（消火器規格）されたものでなければならない。

◎二酸化炭素消火器には、2種類の容器弁がある。

◎小型の消火器には、レバー式の容器弁が取り付けられている。レバーを握ると弁が開いて二酸化炭素を放射し、レバーを放すと弁が閉じる。

◎車載式の消火器には、ハンドル車式の容器弁が取り付けられている。ハンドル車を回すと弁が開いて二酸化炭素を放射し、ハンドル車を元に戻すと弁が閉じる。

◎消火器には、液化二酸化炭素がノズルから放射される際、気化冷却による凍傷防止のためホーン握りが装着されている。また、ホーンは気化ガスを収束し、一定の範囲に放射させるためのものである。

◎二酸化炭素消火器は、窒息作用により油火災に適応し、電気の不導体であるため電気火災にも適応する。ただし、二酸化炭素は窒息作用があるため、**地下街、準地下街、地下室、無窓階等への設置が禁止**されている。

◎二酸化炭素消火器に充てんされる消火薬剤は、日本工業規格（JIS K 1106）に定める2種または3種に適合する液化二酸化炭素でなければならない。

項目	1種	2種	3種
二酸化炭素 vol%	99.5 以上	99.5 以上	99.9 以上
水分 vol%	0.12 以下	0.012 以下	0.005 以下

※ vol%（ボリュームパーセント）は濃度を表す単位の1つ。

216

二酸化炭素消火器

蓄圧式	7型

仕様 SPECIFICATIONS

総質量 ‥‥‥ 10・30 kg
薬剤質量 ‥‥‥‥‥‥‥‥3.2kg
耐圧試験圧力値 ‥‥‥‥24.5MPa
放射時間(20℃) ‥‥‥‥約19S
放射距離(20℃) ‥‥‥‥2〜4m
使用温度範囲 ‥‥‥‥−30〜+40℃
安全弁作動圧力‥17.5〜24.5MPa
能力単位‥‥‥‥‥‥‥B-2・C
型式番号 ‥‥‥‥消第23〜427号
製造年

2012

▲銘板

▲容器弁。レバー、安全弁、本体容
器及びゴム管が取り付けてある。

油火災用

電気火災用

▲適応火災

▲ホーン

▲刻印されているガス
の種類(CO_2)と容器
の質量(6.4kg)

▲外観。イラストとはホーン握
りの部分が異なる。

▶▶過去問題◀◀

【1】二酸化炭素消火器の使用上の注意事項として、誤っているものは次のうちど
れか。

☐　1．地下街、準地下街や密閉した狭い地階、無窓階等では、使用してはならな
い。

2．火炎に接すると消火薬剤が熱分解し、有毒な一酸化炭素が発生するので吸
入しないこと。

3．消火した後は、速やかに換気をはかる。

4．−40℃の冷凍倉庫での使用はできない。

【2】二酸化炭素消火器の設置上の注意事項として、誤っているものは次のうちど
れか。[★]

☐　1．直射日光、高温、多湿の場所に置かないこと。

2．刻印により、ガスの種類と本体容器の質量を確認すること。

3．雨露により腐食されない場所に置くこと。

4．A火災用として設置することもできる。

【3】 二酸化炭素消火器の構造と機能について、誤っているものを2つ選びなさい。

［編］

☐ 1．二酸化炭素消火器の消火剤は、B火災及びC火災の消火に適応する。

　2．本体容器は、赤色に塗られ、表面積の1／4以上は緑色に塗ることとされている。

　3．本体容器は、高圧ガス保安法の容器検査を合格したものであっても、日本消防検定協会または指定の検定機関等の個別検定合格が表示されていないと消火器として認められていない。

　4．消火剤には、日本工業規格（JIS）に定める2種または3種の液化二酸化炭素が使用されている。

　5．充てんされている消火剤の量の測定には、圧力計を用いる。

　6．容器の内圧は、高温になると非常に大きくなって、ガス漏れの原因になることがあるので、高温の場所へ設置することは避ける。

　7．安全栓とともに安全弁の取り付けも必要である。

【4】 二酸化炭素消火器について、誤っているものは次のうちどれか。

☐ 1．ガス量の測定には圧力計を用いる。

　2．ガス漏れの原因となるので、高温になる場所へは設置しない。

　3．地階や無窓階に設置してはならない。

　4．必ず安全弁が設けられている。

【5】 二酸化炭素消火器の構造及び機能について、誤っているものは次のうちどれか。

☐ 1．二酸化炭素消火器の小型のものには、レバー式の開閉バルブ（容器弁）が取り付けられている。

　2．二酸化炭素消火器は、蓄圧式の消火器に分類されている。

　3．二酸化炭素消火器には、指示圧力計が取り付けられていない。

　4．本体容器の外面の20％が赤色に塗られているほか、容器表面積の1／3（上下の形）が緑色で塗られていること。

▶▶正解＆解説……………………………………………………………………………………………

【1】正解2

2．二酸化炭素CO_2は安定した分子で、熱分解することはない。

4．使用温度範囲は一般に－30℃～40℃に設定されている。－40℃では使用温度範囲外となる。温度低下に比例して、内部圧力が低下するため放射時の勢いが弱くなる。

【2】正解4

1＆3．「第5章　1．消火器具の点検要領　■2．機器点検　◎設置場所」232P参照。消火器は使用温度範囲内の場所に設置されていること。また、著しく湿気の多い箇所、たえず潮風又は雨雪にさらされている箇所等に設置されている場合は、適当な防護措置を講じること。この内容は、全ての種類の消火器に適用される。

4．二酸化炭素消火器は、A火災（普通火災）に適応しない。

【3】正解2＆5

2．本体容器の表面積の1／4以上を赤色に、1／2以上を緑色に塗ること。

3．二酸化炭素消火器は、高圧ガス保安法の他に、消防法の検定制度の規制を受ける。消火器は、「検定が必要な機械器具等」に指定されている。

　設問の「個別検定合格が表示されているもの」とは、型式適合検定に合格したものである旨の表示（検定合格証）が付されているものである。「第1章　21．検定制度」84P参照。

5．二酸化炭素は液体の状態で充てんされているため、圧力計では充てんされている質量を測定することができない。はかりを用いて消火器本体の質量を計測することにより、消火薬剤の質量を算出する。

【4】正解1

1．二酸化炭素は液体の状態で充てんされているため、圧力計では充てんされている質量を測定することができない。

【5】正解4

3．当該充てん圧力が指示圧力計の許容最大値より高い圧力のため、指示圧力計の取付けは必要ない。

4．本体容器の表面積の1／4以上が赤色に、1／2以上が緑色に塗られていること。

12. ハロン1301消火器

▶消火剤…ハロン1301
▶構　造…蓄圧式
▶消火作用…窒息作用、抑制作用
▶適応火災…油火災＆電気火災
　　　　　　＆（普通火災）
▶使用温度範囲…−30〜40℃

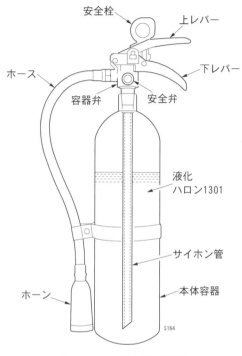

【ハロン1301消火器の構造】

◎ハロゲン化物消火剤には、ハロン1301やハロン2402などがあるが、いずれもオゾン層を破壊することから世界的に生産が中止されている。しかし、相当数の数のハロゲン化物消火器が未だ設置されているため、試験に出題されている。

◎ハロン1301は、常温常圧では無色無臭の気体である。高圧に圧縮すると液化し、消火器本体内には、液体の状態で充てんされている。消火器本体は、高圧ガス保安法の適用を受け、容器弁を装着しなくてはならない。

◎消火器には、気化ガスを収束し、一定の範囲に放射させるためのホーンが装着されている。ただし、形状は二酸化炭素消火器のものよりやや短くなっている。

◎ハロン1301は、窒息作用により油火災に適応し、電気の不導体であるため電気火災にも適応する。普通火災には適応するものと、適応しないものがある。

◎ハロン1301は毒性が少ないため、地下街、準地下街、地下室、無窓階等への設置が認められている。

▶普通火災に適応する消火器（右側）と適応しない消火器（左側）がある。

▲安全弁と容器弁

仕　　様	
型式番号	消第61～60号
能力単位	A-1, B-2, C
使用温度範囲	−30℃～＋40℃
放射時間	約15S(於20℃)
放射距離	2～4m(於20℃)
安全弁作動温度	65℃～82℃
薬剤重量	2.0kg
総重量	4.5kg
製造年	
製造番号	
ホース 伸長時	3.0kgf/cm²
耐圧 還状時	2.5kgf/cm²
国家 消 合 検	

▲銘板

▲刻印。CF₃Brは、ハロン
　1301（ブロモトリフル
　オロメタン）の化学式。

ハロン1301消火器
SH-2V 型

注意事項
1.狭い密閉した室では使用後
　すみやかに換気をはかってく
　ださい。
2.レバー部に OK 表示がある
　ものは使用可能、使用済表示
　がでているものは使用済です。
3.直射日光・高温多湿の場所
　はさけてください。
4.定期的に総重量を計り200g
　以上減量していたら消火薬剤
　を充てんしてください。
5.使用後は当社指定のハロン
　1301消火薬剤を充てんし
　てください。
6.ハロゲン化物消火器は、環
　境保護のため、設置場所が抑
　制されています。

▲型式と注意事項

▲ホーン部

13. ハロン 2402 消火器

▶消火剤…ハロン 2402
▶構　造…蓄圧式・指示圧力計
▶消火作用…窒息作用、抑制作用
▶適応火災…油火災＆電気火災
▶使用温度範囲…−30～40℃
▶使用圧力範囲…0.7～0.98MPa

◎ハロン 2402 は、常温常圧で蒸発性の液体である。沸点は約47℃である。無色透
　明で芳香性がある。消火器本体には、圧縮した空気や窒素とともに充てんされて
　おり、指示圧力計が装着されている。高圧ガス保安法の適用は受けない。

◎ハロン 2402 は、窒息作用により油火災に適応し、電気の不導体であるため電気
　火災にも適応する。ただし、ハロン 2402 は毒性があるため、二酸化炭素消火器
　と同様に地下街、準地下街、地下室、無窓階等への設置が禁止されている。

14. 粉末消火器（蓄圧式）

▶消火剤…粉末（ABC）、粉末（Na）、粉末（K）、粉末（KU）
▶構　造…蓄圧式・指示圧力計
▶消火作用…窒息作用、抑制作用
▶適応火災…油火災＆電気火災、粉末（ABC）は普通火災にも適応
▶使用温度範囲…－30～40℃
▶使用圧力範囲…0.7～0.98MPa

◎粉末消火剤は、次の4種類がある。

名称	消火剤の主成分	着色	適応火災
粉末（ABC）	リン酸二水素アンモニウム（$NH_4H_2PO_4$） （「りん酸アンモニウム」とも呼ばれる）	淡紅色	普通・油・電気
粉末（Na）	炭酸水素ナトリウム（$NaHCO_3$）	白色	油・電気
粉末（K）	炭酸水素カリウム（$KHCO_3$）	紫色	油・電気
粉末（KU）	炭酸水素カリウムと尿素（$CO(NH_2)_2$）の反応物	灰色	油・電気

※着色について、リン酸二水素アンモニウム以外は消火器工業会の自主基準である。
［参考］尿素の英語は「urea」。

◎粉末消火器のうち、最も多く生産されているのが粉末（ABC）消火器で、約9割を占める。粉末（ABC）消火剤は、普通・油・電気火災の全てに適応する。他の粉末消火剤が普通火災に適応していないのと、最も大きな違いである。
◎粉末消火剤は、いずれも180ミクロン以下の微細な粉末である。
◎燃焼面に放射されると、粉末は熱分解して各種イオンを生成する。これらの各種イオンが燃焼の連鎖反応を強く抑制する。また、粉末が燃焼面を覆うことで窒息作用によっても消火する。

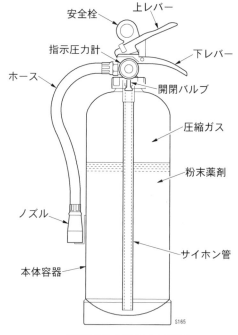

【蓄圧式粉末消火器の構造】

◎粉末消火器は、蓄圧式と加圧式がある。蓄圧式は鋼板製又はステンレス鋼板製の本体容器内に粉末消火剤と圧縮した**窒素ガス**（または空気）が充てんされており、指示圧力計が装着されている。

◎蓄圧式は、レバー式の開閉装置が取り付けてあり、レバーの操作により放射と放射停止ができるようになっている。

▲サイホン管

▲銘板

▲適応火災

▲指示圧力計

▲減圧孔

▲粉末（ABC）消火剤

◀ノズル

【1】 粉末消火器（蓄圧式）の使用圧力の範囲として、最も適正なものは次のうちどれか。

□　1．0.6MPa 以上 0.85MPa 未満　　　2．0.7MPa 以上 0.85MPa 未満
　　3．0.7MPa 以上 0.98MPa 未満　　　4．0.8MPa 以上 0.98MPa 未満

【2】 蓄圧式の粉末消火器の使用圧力範囲として、最も適当なものは次のうちどれか。

□　1．0.18MPa 〜 0.70MPa　　　2．0.24MPa 〜 0.70MPa
　　3．0.60MPa 〜 0.98MPa　　　4．0.70MPa 〜 0.98MPa

【3】 粉末消火器（蓄圧式）の構造について、最も不適当なものは次のうちどれか。

[★]

□　1．放射圧力源として、圧縮ガスが充てんされている。
　　2．使用圧力範囲は、0.7MPa 〜 0.98MPa である。
　　3．容器内には、サイホン管が設けられている。
　　4．サイホン管の内部で粉末が詰まることを防止するため、粉上り防止装置が装着されている。

【4】 蓄圧式の粉末消火器の構造又は機能について、最も不適当なものは次のうちどれか。

□　1．レバーを握ることにより作動して、消火薬剤の放射を開始することができる。
　　2．内部圧力を示す指示圧力計が、取り付けられている。
　　3．サイホン管の先端に逆流防止装置が、取り付けられている。
　　4．消火薬剤が、鋼板製、ステンレス鋼板製等の本体容器内に、圧縮された空気、窒素ガス等と共に充てんされている。

【5】 粉末消火器の消火薬剤名と消火薬剤の成分の組合せとして、正しいものは次のうちどれか。

　　　　　消火薬剤名　　　　　　　　　消火薬剤の成分
□　1．粉末（ＡＢＣ）　　炭酸アンモニウムを主成分としたもの
　　2．粉末（Ｋ）　　　　水酸化カリウムを主成分としたもの
　　3．粉末（ＫＵ）　　　水酸化カリウムと尿素の反応物を主成分としたもの
　　4．粉末（Ｎａ）　　　炭酸水素ナトリウムを主成分としたもの

【6】粉末消火器の消火薬剤の性状及び適応性について、誤っているものは次のうちどれか。

□ 1. リン酸アンモニウムを主成分とした微粉末で、A火災、B火災及び電気火災（C火災）に適応する。

2. 炭酸水素ナトリウムを主成分とした微粉末で、B火災及び電気火災（C火災）に適応する。

3. 炭酸水素カリウムを主成分とした微粉末で、A火災及びB火災にのみ適応する。

4. 炭酸水素カリウムと尿素の化学反応した生成物を主成分とした微粉末で、B火災及び電気火災（C火災）に適応する。

【7】蓄圧式粉末消火器の構造又は機能について、正しいものは次のうちどれか。

□ 1. 放射圧力源は、一般に二酸化炭素が用いられている。

2. 使用圧力範囲は、0.5〜1.0MPaの範囲とされている。

3. レバー操作で放射停止できるように、開閉バルブが設けられているものがある。

4. サイホン管の内部に消火薬剤が詰まらないように、サイホン管の先端に粉上り防止用封板が設けてあるものがある。

▶▶正解&解説··

【1】正解3

【2】正解4

【3】正解4

4. サイホン管の内部で粉末が詰まることを防止するため、粉上り防止装置が装着されているのは、加圧式の粉末消火器である。蓄圧式の粉末消火器には装着されていない。蓄圧式の粉末消火器は、開閉バルブで外気と遮断されているため、サイホン管内で粉末が詰まることはない。

【4】正解3

3. 蓄圧式の粉末消火器のサイホン管の先端には何も取り付けられていない。加圧式の粉末消火器のサイホン管の先端には粉上り防止用封板が取り付けられている。

【5】正解4

1. 粉末（ABC）…リン酸二水素アンモニウム（$NH_4H_2PO_4$）を主成分としたもの

2. 粉末（K）…炭酸水素カリウム（$KHCO_3$）を主成分としたもの

3. 粉末（KU）…炭酸水素カリウムと尿素（$CO(NH_2)_2$）の反応物

4. 粉末（Na）…炭酸水素ナトリウム（$NaHCO_3$）を主成分としたもの

【6】正解3

1．「りん酸アンモニウム」は、「リン酸二水素アンモニウム」を表す。

3．粉末消火薬剤で「炭酸水素塩類」という場合、炭酸水素ナトリウムと炭酸水素カリウムが対象となる。更に、「炭酸水素塩類等」という場合は、炭酸水素塩類に炭酸水素カリウムと尿素の反応生成物を加えたものが対象となる。「炭酸水素塩類等」を使用した消火薬剤は、いずれもＢ火災（油火災）及びＣ火災（電気火災）に適応する。「第2章　3．消火器具ごとの適応火災　●施行令　別表第2　備考」103P参照。

【7】正解3

1．放射圧力源は、一般に窒素が用いられている。窒素と二酸化炭素はともに不燃性のガスであるが、二酸化炭素は人体に有害である。

2．使用圧力範囲は、0.7〜0.98MPaの範囲とされている。付属の指示圧力計は、この範囲に収まるようにしている。

3．蓄圧式の多くは、レバー操作で放射停止できるように開閉バルブが設けられている。

4．サイホン管の先端に粉上り防止用封板が設けてあるのは、加圧式の粉末消火器である。

15. 粉末消火器（加圧式）

▶消火剤…粉末（ABC）、粉末（Na）、粉末（K）、粉末（KU）

▶構　造…加圧式

▶消火作用…窒息作用、抑制作用

▶適応火災…油火災＆電気火災、粉末（ABC）は普通火災にも適応

▶使用温度範囲…主に－20〜40℃

◎加圧用ガス容器は、本体容器の内部に取り付けられている。ただし、大型消火器で容量の大きいものは、本体容器の外部に加圧用ガス容器が取り付けられている。

◎加圧用ガスは、主として二酸化炭素が用いられるが、大容量のものには窒素ガスが用いられる。

◎レバーを握ると、カッターが加圧用ガス容器の作動封板を破り、加圧用ガスがガス導入管を通って本体容器内に導入される。粉末消火剤はガスによって撹拌、加圧され、サイホン管の先にある**粉上り防止用封板**を破り、サイホン管及びホースを通ってノズルから放射される。

◎大型消火器で二酸化炭素加圧のものは押し金具を押してガスの封板を破り、ガスを本体容器内に導入して加圧放射する。窒素ガス加圧のものはガス容器のハンドルを回してバルブを開き、ガスを本体容器内に導入して加圧放射する。

◎放射機構は、開閉バルブ式と開放式がある。

◎**開閉バルブ式**は、カッター上部にバルブが装着されており、レバーを放すとバルブが閉じ、放射を停止できるようになっている。

◎**開放式**は、いったん放射するとレバーを放しても途中で放射を停止することができない方式で、主に消火剤3kg以下の小型のものに採用されている。

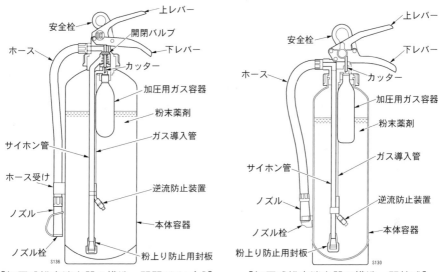

【加圧式粉末消火器の構造：開閉バルブ式】　【加圧式粉末消火器の構造：開放式】

◎開閉バルブ式で放射を途中で中断したものは、加圧ガスが残ったままになっており、点検整備等でキャップを開けるとキャップが飛散する危険がある。このため、残圧を排出するための「**排圧栓**」がキャップ上部に取り付けられている。

◎使用温度範囲は、加圧用ガスの種類などによって多少異なる。

◎ガス導入管の先端に取り付けられている**逆流防止装置**は、粉末がガス導入管に逆流するのを防止するためのものである。管の末尾にガス噴出孔が4箇所程度開けられ、周囲をゴム管で覆った構造となっている（タイヤの虫ゴムと同じ構造）。加圧用ガスボンベ内のガスは、ガス噴出孔から管とゴムのすき間を通って本体容器内に噴出するが、容器内の粉末はガス導入管側には入り込むことはない。

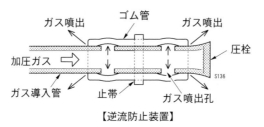

【逆流防止装置】

◎サイホン管の先端に取り付けられている**粉上り防止用封板**は、粉末の消火薬剤がサイホン管に入って詰まるのを防ぐ働きがある。また、開放式のものは外部から湿気の侵入を防ぐ働きもある。ゴム製の薄膜がサイホン管先端に密着する構造となっている。

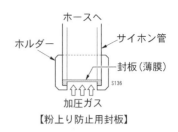

【粉上り防止用封板】

▲本体容器の内部

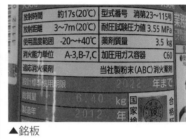

▲銘板

▲適応火災

◀ノズル

▼逆流防止装置
下はゴム管を外した状態

◀排圧栓

▲粉上り防止用封板

▲加圧用ガス容器
TW278(総質量)
CO2(充てんガス)
C60(容器記号)

【1】大型粉末消火器（ガス加圧式）の構造について、最も不適切なものは次のうちどれか。

□　1．使用する場合に、二酸化炭素加圧のものは押し金具を押してガスの封板を破り、ガスを本体容器内に導入して加圧放射する。

　　2．使用する場合に、窒素ガス加圧のものはガス容器のハンドルを回してバルブを開き、ガスを本体容器内に導入して加圧放射する。

　　3．ノズルは開閉式でノズルレバーの操作により放射及び放射停止ができる。

　　4．加圧用ガスとして小容量のものには窒素ガスが、大容量のものには二酸化炭素が用いられる。

▶▶正解＆解説……………………………………………………………………………

【1】正解4

　4．加圧用ガスとして小容量のものには二酸化炭素が、大容量のものには窒素ガスが用いられる。

第5章　消火器の点検・整備

※消火器の点検・整備の方法については、「消防用設備等の点検要領」（以下、「点検要領」という。平成22年12月の一部改正まで）で細かく規定されている。以下、点検部分は「点検要領　第1　消火器具」を元にまとめてある。

第5章

■1. 一般的留意事項

◎性能に支障がなくともごみ等の汚れは、はたき、雑巾等で掃除すること。

◎合成樹脂製の容器又は部品の清掃にはシンナー、ベンジン等の**有機溶剤**を使用しないこと。

◎キャップ又はプラグ等を開けるときは容器内の残圧に注意し、残圧を排除する手段を講じた後に開けること。

◎キャップの開閉には、所定のキャップスパナを用い、ハンマーで叩いたり、タガネをあてたりしないこと。

◎ハロゲン化物及び粉末消火薬剤は、水分が禁物なので、消火器本体の容器内面及び部品の清掃や整備には十分注意すること。

◎二酸化炭素消火器、ハロゲン化物消火器及び加圧用ガス容器のガスの充てんは、専門業者に依頼すること。

◎点検のために、消火器を所定の設置位置から移動したままにする場合は、代替消火器を設置しておくこと。

■2. 機器点検（一部抜粋）

◎機器点検は、「設置状況」「表示及び標識」「消火器の外形」「消火器の内部及び機能」「消火器の耐圧性能」に区分されている。

◎これらのうち「設置状況」「表示及び標識」「消火器の外形」の点検は、設置してある全ての消火器を対象に6か月に1回以上行わなければならない。

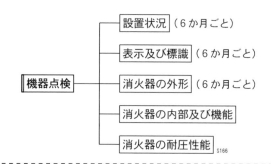

▶設置状況・・・

◎設置場所

　①通行又は避難に支障がないこと。

　②使用に際し、容易に持ち出すことができること。

　③床面からの高さが1.5m以下の箇所に設けられていること。

④消火器に表示された使用温度範囲内である箇所に設置されていること。なお、使用温度範囲外の箇所に設置されているものは、保温等適当な措置が講じられていること。

⑤本体容器又はその他の部品の腐食が著しく促進されるような場所（化学工場、メッキ工場、温泉地等）、著しく湿気の多い箇所（厨房等）、たえず潮風又は雨雪にさらされている箇所等に設置されているものは、適当な防護措置が講じられていること。

◎設置間隔

防火対象物又は設置を要する場所の各部分から、一の消火器に至る歩行距離が20m以下、大型消火器にあっては30m以下となるように配置してあること。

◎適応性

対象物の区分に応じ、適応した消火器具が設置されていること（詳細省略）。

◎耐震措置（転倒により消火薬剤が漏出するおそれのある消火器（化学泡消火器）に限る）

変形、損傷等がないこと。また、取付け等の措置が適正であること。

▶表示及び標識……………………………………………………

◎損傷、汚損、脱落、不鮮明等がないこと。

◎表示については、所定の銘板が貼付されていること。

◎標識については、消火器具設置場所の見易い位置に消火器具の種類にしたがい、「消火器」、「消火バケツ」、「消火水槽」、「消火砂」又は「消火ひる石」と表示した標識が設けてあること。

▲［消火器］の標識の例

◎型式失効に伴う特例期間を過ぎたものでないこと。銘板のないもの又は型式失効に伴う特例期間を過ぎたものは廃棄すること。

▶消火器の外形……………………………………………………

◎本体容器

①消火薬剤の漏れ、変形、損傷、著しい腐食等がないこと。

②腐食のあるものは耐圧性能に関する点検を行うこと。

③［溶接部の損傷しているもの］又は［著しい変形のあるもので機能上支障のおそれのあるもの］、［著しく腐食しているもの］及び［錆がはく離するようなもの］は廃棄すること。

◎安全栓の封

①損傷又は脱落がないこと。

②確実に取り付けられていること。

　※封が脱落しているものは、安全栓が取り外されている。

▲安全栓の封の例

◎安全栓

①安全栓が外れていないこと。

②操作に支障がある変形、損傷等がないこと。

③確実に装着されていること。

◎使用済みの表示装置

変形、損傷、脱落等がなく、作動していないこと。

※使用済みの表示があるものは、消火器を使用している。

▲使用済みの表示装置の例

◎押し金具及びレバー等の操作装置

変形、損傷等がなく、確実にセットされていること。

◎キャップ

目視及び手で締め付けを行うこと等により確認する。

①強度上支障がある変形、損傷等がないこと。

②容器に緊結されていること。

③緩んでいるものは締め直しを行うこと。

④粉末消火器で変形、損傷、緩み等のあるものにあっては、消火薬剤の性状を点検すること。

◎ホース

目視及び手で締め付けを行うこと等により確認する。

①変形、損傷、老化等がなく、内部につまりがないこと。

②容器に緊結されていること。ホース取付けねじの緩みは締め直しを行うこと。

③消火薬剤の漏れ又は固化によるつまりのあるものは、消火薬剤量を点検すること。

④加圧式の粉末消火器（開閉バルブ付きのものを除く）でつまり、著しい損傷、取付けねじの緩み等のあるものにあっては、加圧用ガス容器の封板及びガス量、消火薬剤量及び性状を点検すること。

◎ノズル、ホーン及びノズル栓

目視及び手で締め付けを行うこと等により確認する。

①変形、損傷、老化等がなく、内部につまりがないこと。異物によるつまりは
清掃すること。消火薬剤の漏れ又は固化によるつまりのあるものは、消火薬
剤量を点検すること。

②ホースに緊結されていること。ねじの緩みは締め直しをすること。

③ノズル栓が外れていないこと。外れているものは取
り付け直しをすること。

④ホーン握り（二酸化炭素消火器に限る）が脱落して
いないこと。

⑤加圧式の粉末消火器（開閉バルブ付きのものを除く）
でつまり、著しい損傷、老化、取付けねじの緩み等
のあるものにあっては、加圧用ガス容器の封板及び
ガス量、消火薬剤量及び性状を点検すること。

▲ノズル栓の例

◎指示圧力計

※指示圧力計を有しない二酸化炭素消火器及びハロゲ
ン化物消火器（ハロン2402を除く。221P参照）
にあっては、質量を測定して確認する。

①変形、損傷等がないこと。

②指示圧力値が緑色範囲内にあること。指針が緑
色範囲の下限より下がっているものは、**消火薬
剤量を点検**すること。指示圧力値が緑色範囲外
のものは、指示圧力計の作動を点検すること。

緑色範囲

7 9.8

消

SUS

×10⁻¹MPa

S135

【指示圧力計】

◎圧力調整器

変形、損傷等がないこと。

◎**安全弁**

①変形、損傷等がないこと。噴き出し口の封が損傷、脱落しているものは、消火
薬剤量を点検すること。

②緊結されていること。ねじの緩みは締め直しを行うこと。

◎**保持装置**

変形、損傷、著しい腐食等がなく、容易に取り外しがで
きること。

◎**車輪**（車載式消火器に限る）

変形、損傷等がなく、円滑に回転すること。点検のつど、
注油等を行い円滑に動くようにしておくこと。

▲保持装置の例

◎ガス導入管（車載式消火器に限る）

①変形、損傷等がないこと。

②緊結されていること。結合部の緩みは締め直しをすること。

▶消火器の内部及び機能……………………………………………………………

◎消火器（二酸化炭素消火器及びハロゲン化物消火器を除く。以下同じ。）のうち、製造年から一定期間を経過したもの等は、この「消火器の内部及び機能」の点検を実施しなければならない。

※具体的な経過年数は、〔2.「消火器の内部及び機能」点検の対象〕（243P）参照。

◎「消火器の内部及び機能（放射能力を除く）」の点検は、全数を対象に行うものと、抜取り数を対象に行うものとがある。

◎また、「消火器の内部及び機能」の点検のうち、放射能力については全数の10％以上を対象に行うものと、抜取り数の50％以上を対象に行うものとがある。

◎本体容器及び内筒等

• 本体容器…〔本体容器の内面に腐食〕、〔防錆材料の脱落等〕がないこと。著しい腐食、防錆材料の脱落等のあるものは廃棄すること。

• 内筒等……内筒及び内筒ふた、内筒封板に変形、損傷、腐食、漏れ等がないこと。

• 液面表示…液面表示が明確なこと。

◎消火薬剤

• 性状…強化液消火薬剤又は泡消火薬剤は、個々にポリバケツ等に移して確認する。粉末消火薬剤は個々にポリ袋等に移して確認する。

①変色、腐敗、沈澱物、汚れ等がないこと。

②固化していないこと。

• 消火薬剤量…薬剤量を質量で表示しているものは秤量^{ひょうりょう}により確認する。液面表示で表示しているものは、消火薬剤を移す前に液面表示により確認する。

〔用語〕秤量：はかりで重さをはかること。

①所定量（質量は表の許容範囲内）あること。

〔消火器総質量の許容範囲（一部省略）〕

薬剤の表示質量	総質量の許容範囲
2kg以上5kg未満	＋300g ～－100g
5kg以上8kg未満	＋400g ～－200g
8kg以上10kg未満	＋500g ～－300g

◎加圧用ガス容器

封板式の液化炭酸ガス（二酸化炭素）又は窒素ガス、混合ガスのものは、秤^{はかり}で総質量を測定して確認する。容器弁付窒素ガスのものは、内圧を測定することにより確認する。

①変形、損傷、著しい腐食がなく、封板に損傷がないこと。

②封板式の液化炭酸ガス（二酸化炭素）又は窒素ガス、混合ガスのものは表に示す許容範囲内に、容器弁付窒素ガスのものは図に示す所定圧の範囲内にあること。

※加圧用ガス容器の取り付けねじには、右ねじのものと左ねじのものがあるため注意すること。

▲左ねじの例

〔加圧用ガス容器総質量の許容範囲（一部省略）〕

	ガスの別	充てんガス量	許容範囲
作動封板を有するもの	液化炭酸ガスCO₂（二酸化炭素）	20g以上 50g未満	±5g
		50g以上200g未満	±10g
		200g以上500g未満	±20g
		500g以上	±30g
	窒素ガスN₂	表示充てんガス量の±10%以内	
	混合ガス CO₂ + N₂		
容器弁付のもの	液化炭酸ガス CO₂（二酸化炭素）	500g 以上 900g 未満	± 30g
		900g 以上	± 50g
	窒素ガス N₂	図の圧力範囲	

〔窒素ガスの圧力範囲〕

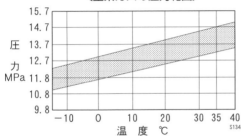

圧力 MPa — 温度 ℃

S134

第5章

◎カッター及び押し金具

①加圧用ガス容器が取り外されていることを確認した後、レバー、ハンドル等の操作により作動状況を確認する。

②変形、損傷等がなく、円滑かつ確実に作動すること。

◎ホース

ホース及びホース接続部につまり等がないこと。つまりのあるものは清掃すること。

◎開閉式ノズル及び切替式ノズル

ノズルの開閉又は切替操作が円滑かつ確実に作動すること。

◎指示圧力計

容器内圧を排出する際の指針の作動を目視により確認したとき、円滑に作動すること。

◎使用済みの表示装置

作動軸を手で操作して確認したとき、円滑に作動すること。

◎圧力調整器

①次の操作により確認する。

　　1．消火器本体容器との連結バルブを閉める。

　　2．加圧用ガス容器のバルブを開き、圧力計の指度及び指針の作動を確認する。

　　3．加圧用ガス容器のバルブを閉め、高圧側の指度を確認する。なお、指度が下がった場合は、漏れの箇所を確認する。

　　4．圧力調整器の逃がし弁又はガス導入管の結合部を緩めてガスを放出し、元の状態に復元する。

②指針の作動が円滑であり、調整圧力値が緑色範囲内であること。

◎安全弁及び減圧孔（排圧栓を含む）

①変形、損傷、つまり等がないこと。つまりのあるものは清掃すること。

②排圧栓は確実に作動すること。

◎粉上り防止用封板

変形、損傷等がないこと。また、確実に取り付けられていること。

◎パッキン

変形、損傷、老化等がないこと。

◎サイホン管及びガス導入管

①変形、損傷、つまり等がないこと。つまりのあるものは清掃すること。

②取付部の緩みがないこと。取付部がねじのもので緩みのあるものは締め直しをすること。

◎ろ過網

損傷、腐食、つまり等がないこと。つまりのあるものは清掃すること。

◎放射能力

車載式の消火器以外の消火器については、放射試験を抜取り方式により実施し、放射状態が正常であることを確認する。ただし、外形の点検で腐食の認められたものは放射しないこと。また、放射が不能のもの又は著しく異常があるものは各項目の点検をしながら原因を確認し、該当項目の判定に従って処置すること。

▶消火器の耐圧性能

◎消火器のうち、製造年から10年を経過したもの、又は消火器の外形の点検において本体容器に腐食等が認められたものについて実施すること。ただし、この点検を実施してから3年を経過していないものを除く。すなわち、耐圧性能試験は製造年から10年を経過した時点で行い、その後は3年以内ごとに実施する。

◎本体容器及びキャップ

所定の水圧をかけた場合において、変形、損傷又は漏水等がないこと。

▶▶過去問題◀◀

【1】加圧式の消火器の点検結果に不良内容があった場合の対応方法について、最も不適当なものは次のうちどれか。

- □ 1．ノズル及びノズル栓を目視及び手で締め付けを行って確認したところ、ねじの緩みがあったので締め直した。
  - 2．本体容器の内面に著しい腐食があったので、廃棄し取替えた。
  - 3．窒素ガスを充てんし、作動封板により密封した加圧用ガス容器の総質量を秤で測定したところ、表示充てんガス量の−15％であったので、窒素ガスを充てんした。
  - 4．本体容器を目視により確認したところ、著しい変形があり機能上支障のおそれがあるため、廃棄し取替えた。

【2】加圧式の粉末消火器の点検、整備等について、最も不適当なものは次のうちどれか。

- □ 1．加圧用ガス容器の取付けねじには、右ねじのものと左ねじのものがあるので、これに注意して分解と組立てを行った。
  2．放射機構が開放式のもののノズル栓に破損が見受けられたので、加圧用ガス容器の封板及びガス量、消火薬剤量及び性状を点検した。
  3．消火薬剤が固化している部分があったので詰め替えた。
  4．変形と腐食のため廃棄と判定されたので、設置することをやめ、消火訓練用に保管することにした。

【3】蓄圧式の消火器の点検及び整備の方法について、最も不適当なものは次のうちどれか。

- □ 1．消火薬剤を確認し、消火薬剤の一部に固化によるつまりがあるものは、固化部分を除去し、除去した量を補充する必要がある。
  2．粉末消火器のキャップを目視し、手で締め付けを行った際、変形、損傷、ゆるみ等があるものは、消火薬剤の性状を点検する必要がある。
  3．ホースを目視により確認した際、消火薬剤の漏れ又は固化によるつまりがあるものは、消火薬剤量を点検する必要がある。
  4．ノズル、ホーン及びノズル栓を目視により確認した際、消火薬剤の漏れ又は固化によるつまりがあるものは、消火薬剤量を点検する必要がある。

【4】消火器の点検又は整備について、正しいものは次のうちどれか。

- □ 1．強化液消火器の指示圧力計の指針が緑色の上限を超えていた場合は、指示圧力計の作動を点検しなければならない。
  2．化学泡消火器のキャップでポリカーボネート樹脂製のものについては、点検時に油汚れが認められた場合、シンナー又はベンジンで掃除しなければならない。
  3．蓄圧式粉末消火器の蓄圧ガスの充てんには、必ず二酸化炭素を使用しなければならない。
  4．加圧用のガスとしては、空気、二酸化炭素又は窒素ガスが使用されるが、機器点検でそれらの充てん量を調べるには、空気及び窒素ガスの場合は質量を測定し、二酸化炭素の場合は圧力を測定する。

【5】 開がい転倒式の大型化学泡消火器の点検項目に含まれていないものを２つ選びなさい。[★][編]

☐ 1．ホース、ノズル
　　2．保持装置
　　3．内筒、内筒封板、ハンドル軸
　　4．内筒の安全装置
　　5．ろ過網
　　6．圧力調整器

▶▶正解＆解説……………………………………………………………………

【1】正解３

1．ノズルはホースに緊結されていること。ねじの緩みがある場合は締め直す。「消火器の外形」の点検。

2．「▶消火器の内部及び機能」の「◎本体容器及び内筒等」236P参照。

3．窒素ガスを充てんしている作動封板を有する加圧用ガス容器は、表示充てんガス量の±10％以内でなければならない。±10％を超えている加圧用ガス容器は使用してはならない。また、窒素ガスを再充てんすることは一般にできない。なお、容器弁付きで内容積が100㎤超のものは高圧ガス保安法の適用を受けるため、自ら充てんしてはならない。

4．「▶消火器の外形」の「◎本体容器」233P参照。

【2】正解４

2．ノズル栓は、「▶消火器の外形」の「◎ノズル、ホーン及びノズル栓（235P参照）」の点検項目に含まれている。単にノズル栓が外れているものは、取り付け直しをする。加圧式の粉末消火器（開放式）でノズル栓に破損があるものは、加圧用ガス容器が開封している可能性があるため、加圧用ガス容器の封板及びガス量、消火薬剤量及び性状を点検する。

3．消火薬剤の固化は、「▶消火器の内部及び機能」の「◎消火薬剤（236P参照）」の点検項目に含まれる。

4．変形と腐食は、「▶消火器の外形」の「◎本体容器（233P参照）」の点検項目に含まれる。変形または腐食がある場合は、消火器そのものを廃棄する。たとえ消火訓練用であっても保管してはならない。

【3】正解１

1．消火薬剤の一部に固化によるつまりがあるものは、消火薬剤を全量交換する。
「4．消火器の整備の要点」251P 参照。

【4】正解1

2．合成樹脂製の容器又は部品の清掃に、シンナーやベンジン等の有機溶剤を使用してはならない。「■1．一般的留意事項」232P参照。

3．蓄圧式粉末消火器の蓄圧ガスの充てんには、主に窒素ガスが使用される。

4．加圧用のガスとしては、二酸化炭素、窒素ガス、またはそれらの混合ガスが使用されるが、機器点検でそれらの充てん量を調べるには、作動封板式のもの（二酸化炭素・窒素ガス・混合ガス）と容器弁付きの二酸化炭素の場合は質量を測定し、容器弁付きの窒素ガスの場合は圧力を測定する。

【5】正解2＆6

開がい転倒式の大型化学泡消火器の構造は、「第4章　9．化学泡消火器　▶開がい転倒式の構造（車載式の大型消火器）」209P参照。

2．消火器の保持装置は、消火器を安定した状態に保つためのもので、手提げ式の消火器（自動車用消火器を除く）は設置するよう定められている（消火器規格第22条）。開がい転倒式の大型化学泡消火器は一般に車載式であるため、保持装置は設けられていない。

3〜4．点検項目の名称は、メーカーや型式等によって異なることがある。設問の内容で覚えるようにする（法令では「内筒等」としている）。

6．圧力調整器は設けられていない。

2.「消火器の内部及び機能」点検の対象

◎「消火器の内部及び機能」点検の**対象となる消火器**は次のとおりである。

化学泡消火器	設置後1年を経過したもの
加圧式消火器	製造年から3年を経過したもの
蓄圧式消火器	製造年から5年を経過したもの
外形の点検において異常が認められたもの	

◎「消火器の内部及び機能」点検は、次の2つに大別される。

1. 放射能力を除く項目（本体容器、消火薬剤、加圧用ガス容器など）
2. 放射能力（抜取り方式により実施する）

◎「1. 放射能力を除く項目」の点検について、**化学泡消火器**や**加圧式の強化液消火器**などは、**全数の消火器**を対象に実施する。また、**蓄圧式の強化液消火器**などは、**抜取り数**を対象に点検を実施することができる。ここで注意を要するのが粉末消火器で、加圧式及び蓄圧式のいずれも抜取り方式で点検できるようになっている。

◎「2. 放射能力」の点検について、化学泡消火器や加圧式の強化液消火器などは、全数の10%以上の消火器を対象に実施する。また、蓄圧式の強化液消火器及び粉末消火器（加圧式及び蓄圧式）などは、抜取り数の50%以上を対象に点検を実施する。

消火器の区分		放射能力を除く項目	放射能力
化学泡消火器		**全数**	**全数の10%以上**
強化液消火器	加圧式	**全数**	
機械泡消火器			
粉末消火器	加圧式及び蓄圧式	**抜取り数**	**抜取り数の50%以上**
水消火器	蓄圧式	**抜取り数**	
強化液消火器			
機械泡消火器			

〔解説〕加圧式及び蓄圧式の消火器について、法令では加圧式の方により厳しい点検を求めている。これは、加圧式では使用時に一気に1MPa以上の高圧が本体容器内に発生し、破損等の事故が多発していることによるものと考えられる。加圧式の破損事故を防止するための根本的な解決策はなく、消火器メーカーの多くは加圧式消火器の生産を縮小、もしくは生産そのものを中止している。特に加圧式の強化液・機械泡消火器は、法令により3年を超えると全数を対象に内部等の点検を実施しなければならないが、現在ではほとんど生産されていない。

■1．抜取り方式とその判定方法

◎抜取り方式で点検する場合、その対象数は抜取り数となる。

◎抜取り方式では、次の方法で消火器を抜取る。

①確認試料（確認ロット）の作り方

消火器を器種（消火器の種類別）、種別（大型、小型の別）、加圧方式（加圧式、蓄圧式の別）ごとに分類し、同一のものを1ロット（組）とする。

例えば、粉末消火器・小型・加圧式…10本、強化液消火器・小型・蓄圧式…12本がある場合、2つのロットが存在することになる。

ただし、製造年から8年を超える加圧式の粉末消火器及び製造年から10年を超える蓄圧式の消火器は別ロットとする。

②消火器の抜取り方法

製造年から3年を超え8年以下の加圧式の粉末消火器及び製造年から5年を超え10年以下の蓄圧式の消火器は、5年でロット全数の確認が終了するよう概ね均等に製造年の古いものから抽出する。

先の例で、粉末消火器が4年経過しているものとすると、ちょうど6か月の点検期間（外形など）ごとに1本ずつ抜き取って点検した場合、5年でロット（組）内の10本全ての消火器の点検（確認）が終了する。

また、先の例で、強化液消火器が6年経過しているものとすると、12本あることから6か月の点検期間（外形など）ごとに1本ずつ抜き取って点検した場合、5年後に2本の消火器が残ってしまう。この場合、6か月の点検期間（外形など）ごとに2本ずつ抜き取って点検する回数を2回とし、5年の期間内に「概ね均等」となるように配分する。

◎抜取り方式で点検した場合、次の方法で判定する。

①欠陥がなかった場合

当該ロットは良とする。

②欠陥があった場合

消火薬剤の固化又は容器内面の塗膜のはくり等の欠陥がある場合は、欠陥試料と同一メーカー、同一質量、同一製造年のもの全数について欠陥項目の確認（点検）を行うこと。

上記以外の欠陥がある場合は、欠陥のあった試料について整備するよう指示すること。

● 参考：法令原文より

〔抜取り方式による確認試料の作成要領〕

消火器の区分			確認項目	
器　種	加圧方式	対　象	放射能力を除く項目	放射能力
水	加圧式	製造年から3年を経過したもの	全数	全数の10%以上
	蓄圧式	製造年から5年を経過したもの	※抜取り数	抜取り数の50%以上
強化液	加圧式	製造年から3年を経過したもの	全数	全数の10%以上
	蓄圧式	製造年から5年を経過したもの	※抜取り数	抜取り数の50%以上
化学泡	加圧式	設置後1年を経過したもの	全数	全数の10%以上
機械泡	加圧式	製造年から3年を経過したもの	全数	全数の10%以上
	蓄圧式	製造年から5年を経過したもの	※抜取り数	抜取り数の50%以上
粉末	加圧式	製造年から3年を経過したもの	※抜取り数	抜取り数の50%以上
	蓄圧式	製造年から5年を経過したもの		
全器種		外形確認で欠陥があり、内部及び機能の確認を要するもの	全数	－

備考

1. 車載式のものは、放射能力を除く。
2. 表中※印のあるものは、次の抜取り方法によること。

   (1) 確認試料（確認ロット）の作り方

   　　器種（消火器の種類別）、種別（大型、小型の別）、加圧方式（加圧式、蓄圧式の別）の同一のものを1ロットとすること。ただし、製造年から8年を超える加圧式の粉末消火器及び製造年から10年を超える蓄圧式の消火器は別ロットとする。

   (2) 試料の抜取り方

   　ア．製造年から3年を超え8年以下の加圧式の粉末消火器及び製造年から5年を超え10年以下の蓄圧式の消火器は5年でロット全数の確認が終了するよう概ね均等に製造年の古いものから抽出する。

   　イ．製造年から8年を超える加圧式の粉末消火器及び製造年から10年を超える蓄圧式の消火器は2.5年でロット全数の確認が終了するよう概ね均等に製造年の古いものから抽出する。

   　注）2000年製造品は、2004年点検から3年を超えていると判断する。

【1】消火器の機器点検のうち、内部及び機能の点検期間について、正しいものは次のうちどれか。

- □　1．ハロン1301消火器は、製造年から1年を経過したもの
- 　　2．加圧式の機械泡消火器は、設置後1年を経過したもの
- 　　3．加圧式の強化液消火器は、製造年から3年を経過したもの
- 　　4．加圧式の粉末消火器は、設置後5年を経過したもの

【2】消火器の機器点検のうち内部及び機能の点検を実施する期間について、誤っているものは次のうちどれか。[★]

- □　1．加圧式の水消火器にあっては、製造年から3年を経過したもの
- 　　2．加圧式の化学泡消火器にあっては、設置後1年を経過したもの
- 　　3．加圧式の機械泡消火器にあっては、設置後3年を経過したもの
- 　　4．加圧式の強化液消火器にあっては、製造年から3年を経過したもの

【3】消火器の内部及び機能点検をするものは、消火器の外形の点検において異常が認められたもののほか、一定の年数が経過したものである。その一定の経過年数として、正しいものは次のうちどれか。

- □　1．蓄圧式の強化液消火器…………製造年から1年を経過したもの。
- 　　2．蓄圧式の機械泡消火器…………設置後1年を経過したもの。
- 　　3．蓄圧式の粉末消火器……………製造年から5年を経過したもの。
- 　　4．加圧式の粉末消火器……………設置後3年を経過したもの。

【4】防火対象物に設置された消火器を点検する場合に、ロットを作成して抜き取る試料を決めるが、このロットの作成方法として、誤っているものは次のうちどれか。

- □　1．小型消火器と大型消火器に分ける。
- 　　2．消火器のメーカー別に分ける。
- 　　3．加圧方式（蓄圧式、加圧式）別に分ける。
- 　　4．製造年から3年を超え8年以下の加圧式の粉末消火器及び製造年から5年を超え10年以下の蓄圧式の消火器と、製造年から8年を超える加圧式の粉末消火器及び製造年から10年を超える蓄圧式の消火器に分ける。

【5】消火器の機能点検のうち内部及び機能の点検に関する記述として、正しいものは次のうちどれか。

□ 1．蓄圧式の強化液消火器は、製造年から3年を経過したものについて、必ず全数の内部及び機能の点検を行う。

2．蓄圧式の機械泡消火器は、配置後3年を経過したものについて、必ず全数の内部及び機能の点検を行う。

3．二酸化炭素消火器は、製造年から3年を経過したものについて、抜取りにより内部及び機能の点検を行う。

4．加圧式の粉末消火器は、製造年から3年を経過したものについて、抜取りにより内部及び機能の点検を行う。

【6】消火器の機器点検において、外形の点検結果のいかんにかかわらず行わなければならない消火器の内部及び機能の点検で、確認試料の対象と数について、誤っているものは次のうちどれか。

□ 1．化学泡消火器は、設置後1年を経過したものについて、全数の放射能力を除く項目の点検を行う。

2．蓄圧式の強化液消火器は、製造年から5年を経過したものについて、抜取り数により放射能力及び放射能力を除く項目の点検を行う。

3．加圧式の機械泡消火器は、製造年から3年を経過したものについて、全数の放射能力を除く項目の点検を行う。

4．加圧式の粉末消火器は、製造年から3年を経過したものについて、全数の放射能力及び放射能力を除く項目の点検を行う。

【7】消火器の機器点検に関する次の記述のうち、文中の（　）に当てはまる語句の組合せとして、正しいものはどれか。[★]

「化学泡消火器にあっては（ア）を経過したもの、加圧式粉末消火器にあっては（イ）を経過したものについて、消火器の内部及び機能の点検を行う。」

	（ア）	（イ）
□ 1．	設置後1年	製造年から1年
2．	設置後3年	製造年から1年
3．	設置後1年	製造年から3年
4．	設置後3年	製造年から3年

【1】正解3

　1．ハロゲン化物消火器及び二酸化炭素消火器は、内部及び機能の点検の対象から除外。

　2〜4．加圧式の消火器（化学泡を除く）は、製造年から3年を経過したものが内部及び機能の点検の対象となる。

【2】正解3

　加圧式の消火器（化学泡を除く）は、製造年から3年を経過したものが内部及び機能の点検の対象となる。また、化学泡消火器は、設置後1年を経過したものが対象となる。

　化学泡消火器のみが、「設置後」となっているのは、消火剤（A剤及びB剤）が粉末の状態で供給されており、自身でそれぞれ水に溶解後、外筒及び内筒に注入して消火器を設置するためである。また、他の消火器と比べ内部及び機能点検の経過期間が短いのは、水に溶解してからの消火剤の劣化が早く進むためである。

【3】正解3

　1＆2．蓄圧式の消火器は製造年から5年を経過したものが対象となる。

　4．加圧式の消火器は製造年から3年を経過したものが対象となる。

【4】正解2

　2．消火器のメーカー別にロットを区分する必要はない。器種（消火器の種類別）、種別（大型、小型の別）、加圧方式（加圧式、蓄圧式の別）が同一のものを1ロットとする。

【5】正解4

　1＆2．蓄圧式の強化液消火器及び機械泡消火器は、製造年から5年を経過したものについて、抜取り数により内部及び機能の点検を行う。

　3．二酸化炭素消火器及びハロゲン化物消火器は、内部及び機能の点検の対象から除外。

【6】正解4

　消火器の内部及び機能の点検についての要点は次のとおりである。

　　①化学泡消火器は、消火剤を1年ごとに交換するため、1年経過ごと。

　　②加圧式は3年経過ごとで、蓄圧式は5年経過ごと。

　　③放射能力は、抜取り数または全体のうちからある割合のものを点検する。

　　④放射能力を除く項目は、加圧式が全数で蓄圧式が抜取り数（粉末は例外）。

　4．加圧式の粉末消火器は、製造年から3年を経過したものについて、抜取り数により放射能力及び放射能力を除く項目の点検を行う。

【7】正解3

　消火器の内部及び機能の点検が必要な消火器は、次のとおりである。

　　①化学泡消火器にあっては設置後1年を経過したもの

　　②加圧式消火器にあっては製造年から3年を経過したもの

　　③蓄圧式消火器にあっては製造年から5年を経過したもの

3. 加圧方式の区分による確認の順序（例）

◎製造年から3年を経過した加圧式の粉末消火器及び5年を経過した蓄圧式の消火器にあっては、抜き取り方式により「消火器の内部及び機能」の点検を行うことができる。消防庁では、別添1「消火器の内部及び機能に関する点検方法」により確認するよう求めている。

◎以下の内容は、別添1の第3に定められているものである。

◎加圧式の消火器（化学泡消火器以外）

①消火薬剤量を質量で表示してあるものは、総質量を秤量して消火薬剤量を確認する。

②排圧栓のあるものはこれを開き、容器内圧を完全に排出する。

③キャップを外し、加圧用ガス容器の支持具、加圧用ガス容器等を取り出す。

④消火薬剤量を容量で表示してあるものは、液面表示と同一レベルであるかどうかを確認する。

⑤消火薬剤を別の容器に移す。

⑥清掃する。

　ア．水系の消火器にあっては、本体容器の内外、キャップ、ホース、ノズル、サイホン管等を水洗いする。

　イ．粉末消火器にあっては、水分が禁物であるため、乾燥した圧縮空気等により本体容器内、キャップ、ホース、ノズル、サイホン管等を清掃する。

⑦各部品についての確認を行う。

　※放射の試料は、①の確認のあと放射を行うこと。

◎加圧式の消火器（化学泡消火器）

①キャップを外し、内筒を取り出す。

②消火薬剤量が液面表示と同一レベルであるかどうかを確認する。

③消火薬剤を別の容器に移す。

④消火器の本体容器の内外、キャップ、ホース、ノズル、ろ過網、内筒等を水洗いする。

⑤各部品についての確認を行う。

　※放射の試料は、②の確認のあと放射を行うこと。

◎蓄圧式の消火器

①総質量を秤量して消火薬剤量を確認する。

②指示圧力計の指度を確認する。

③減圧孔のあるものはこれを開き、ないものは容器をさかさにしてレバーを徐々に握り、容器内圧を完全に排出する。

〔注意〕「点検要領」には「排圧栓」とあるが、蓄圧式のため「減圧孔」とした。

④キャップ又はバルブ本体を本体容器から外す。

⑤消火薬剤を別の容器に移す。

⑥清掃する。

ア．水系の消火器にあっては、本体容器の内外、キャップ、ホース、ノズル、サイホン管等を水洗いする。

イ．粉末消火器にあっては、水分が禁物であるため、乾燥した圧縮空気等により本体容器内、キャップ、ホース、ノズル、サイホン管等を清掃する。

⑦各部品についての確認を行う。

※放射の試料は②の確認のあと放射を行うこと。

▶▶過去問題◀◀

【1】加圧式の消火器（化学泡消火器を除く。）の内部及び機能の点検を実施する際における手順の一部として、最も不適当なものは次のうちどれか。

- □　1．消火薬剤量が質量で表示されているものは、総質量を秤量して消火薬剤量を確認する。

　　2．排圧栓のあるものはこれを開いて、容器内圧を完全に排圧する。

　　3．消火薬剤を別の容器に移す。

　　4．水系及び粉末系の消火器ともに本体容器の内外、キャップ、ホース、ノズル、サイホン管等を水洗いする。

▶▶正解＆解説……………………………………………………………………………

【1】正解4

　　4．水系の消火器にあっては、本体容器の内外、キャップ、ホース、ノズル、サイホン管等を水洗いする。

　　　粉末消火器にあっては、乾燥した圧縮空気等により本体容器内、キャップ、ホース、ノズル、サイホン管等を清掃する。水分は厳禁。

4．消火器の整備の要点

■ 1．消火器に共通する整備の要点

◎本体容器に変形、腐食があるものは点検要領にしたがって廃棄処理する。

◎消火器本体に軽微な錆がある場合は、そのまま放置すると、腐食が進行するので速やかに補修する。

　①塗装する部分の油、水分を十分に拭き取る。

　②**サンドペーパー**で地金がでるまで錆を落とす。サンドペーパーでこすっても、なお地肌に深い腐食が残っているものは廃棄する。

　③刷毛又はスプレーガンで数回塗装する。

◎蓄圧式の消火器は、内部の圧力をあらかじめ排出しておく。また、使用済みの加圧式消火器は内部に圧力が残っている場合があるため、同様に排出する。

◎キャップは黄銅、アルミニウム合金製がほとんどであるが、**反応式化学泡消火器**の小型のものは**合成樹脂製**であり、劣化の見極めが困難である。微細なひび割れ、変色等に留意し、**有機溶剤、中性洗剤等で洗浄しないように注意**すること。

◎キャップを取り外した際は、内部のパッキンも点検する。変形、損傷、老化等があるものは新品に交換する。また、メーカーにより分解時は必ず新品を使用するように指示がある場合も、新品に交換する。

▲内部のパッキン

◎レバーは、安全栓のセット⇒レバーの固定、安全栓の解除（引抜）⇒レバーの作動可、という一連の操作が円滑に行えるか、繰り返し確認する。ただし、蓄圧式は内圧が完全に排出されていることを確認する。また、加圧式は加圧用ガス容器を取り外した状態で行う。

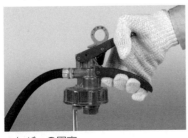

▲レバーの固定

▲レバーの作動可

◎ノズルはホースに組み付けられた状態
で、一体供給されていることが多い。こ
の場合、**ノズルのみを取り替えることは
できない。**アッセンブリ（組）で取り替
える。

▲ホース単品

◎消火薬剤の名称と量（容量又は質量）は、消火器の銘板に表示されている。
◎消火薬剤は、点検要領により「性状」と「消火薬剤量」について点検する。性状
について、「変色、腐敗、沈澱物、汚れ等」があるもの、または「固化」してい
るものは**全量を詰め替える。**また、消火薬剤量が許容範囲内にない場合は、量を
補充または削減するか、全量を詰め替える。

■２．耐圧性能試験の順序（蓄圧式の場合）

◎**製造年から10年を経過した消火器、又は消火器の外形の点検において本体容器
に腐食等が認められたもの**は、次の順序に従って耐圧性能試験を実施すること。

※［点検要領　第１　消火器具　別添２「消火器の耐圧性能に関する点検方法」蓄圧式
の消火器による確認の順序（例）］より引用。

①指示圧力計の指針を確認する。

②排圧栓のあるものはこれを開き、ないものは容器をさかさにしてレバーを徐々
に握り、容器内圧を完全に排出する。

③指示圧力計の指針が「０」になったのを確認してから、キャップを外す。

④消火薬剤を別の容器に移す。

⑤エアーブロー等にて本体容器の内外を清掃し、本体容器内面及び外面に腐食又
は防錆材料の脱落等がないかを確認する。

⑥ホースを取り外す。

⑦本体容器内を水道水で満水にし、レバ
ーを握ったままの状態で、キャップを
締める。

⑧ホース接続部に耐圧試験用接続金具を
加圧中に外れることのないよう確実に
接続する。

▲接続金具の接続

⑨保護枠等を消火器にかぶせ、耐圧試験機（手動水圧ポンプ）を接続する。

▲手動水圧ポンプ

▲保護枠を消火器にかぶせる

⑩耐圧試験機を作動させ、各締め付け部及び接続部からの漏れがないことを確認しながら所定の水圧まで、急激な昇圧を避け、圧力計で確認しながら徐々に昇圧する。

仕様 SPECIFICATIONS	
総質量	5.80kg
薬剤容(質)量	3.0L(3.35kg)
使用圧力	7.0〜9.8($\times 10^{-1}$MPa)
耐圧試験圧力値	2.0MPa
放射時間(20℃)	約53S
放射距離(20℃)	4〜7m
使用温度範囲	−20〜＋40℃

▲耐圧試験圧力値　　　　　　　▲手動水圧ポンプに付属の圧力計

⑪所定の水圧を5分間かけて、変形、損傷又は漏れのないことを確認する。

⑫耐圧試験機の排圧栓から水圧を排除し、圧力計の指針が「0」になったのを確認してから本体容器内の水を排水する。

⑬本体容器等の水分をウエス又はエアーブロー等で除去する。

　※粉末消火薬剤にあっては水分が禁物であるので、乾燥炉等で十分に乾燥させ、本体容器内、サイホン管内、ガス導入管及びキャップ部分等に水分がないことを十分に確認すること。

⑭本体容器等に水分がないことを確認した後、部品等の組付け、消火薬剤の充てん等を行う。

【1】 消火器の点検、整備等について、最も不適切なものは次のうちどれか。

☐ 1. 本体容器の腐食部分を紙やすりで処理したところ、さらに深い箇所で腐食
があったため、紙やすりで完全に除去できるまで処理し整備した。

2. 反応式化学泡消火器のキャップは、一般に合成樹脂製であることから、有
機溶剤、中性洗剤を除いたもので洗浄し整備した。

3. レバーを装着したあと、安全栓がセットされた状態で固定し、安全栓を解
除した状態で円滑に作動することを点検し整備した。

4. 消火薬剤に沈澱物があったため、消火薬剤を交換し、整備した。

▶▶正解&解説‥‥‥‥‥‥‥‥‥‥‥‥‥‥‥‥‥‥‥‥‥‥‥‥‥‥‥‥‥‥‥‥‥‥‥‥‥

【1】正解1

1. 本体容器の深い箇所で腐食があるものは、廃棄する。

2. 合成樹脂製の部品の清掃には、シンナー、ベンジン等の有機溶剤を使用しないこ
と。また、化学泡消火器の本体容器の内外、キャップ、ホース、ノズル、ろ過網、内
筒等は、水洗いする。「8. 化学泡消火器の整備」268P参照。

■ 1. 消火器の分解

◎蓄圧式の消火器は、次の手順で分解する。

①総質量を秤量して、消火薬剤量を確認
する。

②指示圧力計の指針が緑色範囲内（0.7MPa
～0.98MPa）にあることを確認する。

▲消火器の計量

③キャップの側面などに減圧孔が設けられているものは、キャップを徐々に回して残圧を排除する。減圧孔のないものは、本体容器を逆さまにしてレバーを握り、容器内圧を完全に排出する。

▲逆さまにして容器内圧を排出　　▲内圧のゼロを確認

〔解説〕本体容器を逆さまにすると、サイホン管の端が消火薬剤より上に出るため、薬
剤を放射せずに、内圧だけを排出することができる（二酸化炭素消火器及びハ
ロン1301消火器を除く）。

〔解説〕減圧孔は多くの消火器に設けられている（ガス系の消火器を除く）。排圧栓は、
主に加圧式粉末消火器（開閉バルブ式の消火薬剤量3.5kg以上）に設けられてい
る。ドライバーで回すと残圧を排出することができる。

④本体容器をクランプ台に固定し、キャッ
プスパナでキャップを緩める。

※キャップの開閉には、所定のキャップス
パナを用い、ハンマーで叩いたり、タガ
ネをあてたりしないこと。

⑤バルブ本体を本体容器から抜き取る。

▲キャップスパナで緩める

⑥本体容器をクランプ台から外し、中の消火薬剤をポリバケツ（水系消火剤）やポリ袋（粉末消火剤）などに移す。

▲中の消火薬剤の移し替え

⑦水系の消火器にあっては、本体容器の内外、キャップ（バルブ本体）、ホース、ノズル、サイホン管等を水洗いする。粉末消火器にあっては、水分（湿気）が禁物であるため、除湿（乾燥）した圧縮空気や窒素ガスにより本体容器内、キャップ（バルブ本体）、ホース、ノズル、サイホン管等をエアブローにて清掃する。

⑧各部分についての確認を行う。

■2．消火薬剤の充てん

◎消火薬剤を次の手順で消火器に充てんする。

①あらかじめメーカー指定の消火薬剤を用意しておく。また、パッキン等はメーカーにより再使用しないよう指示されている場合がある。

▲キャップのパッキン

②本体容器内に漏斗を挿入する。

③消火薬剤の量又は質量を確認して、静かに注入する。

④口金のパッキン座やねじ等に付着した粉末消火剤はハケ等で除去する。水系消火剤が付着している場合は水で洗い流す。

▲強化液消火薬剤の注入

⑤バルブ本体を本体容器に挿入し、指示圧力計が正面を向くように保持しながらキャップを手で締める。

⑥本体容器をクランプ台に固定し、キャップスパナでキャップを締める。

⑦「6．蓄圧ガスの充てん」（258P 参照）作業に進む。

【1】蓄圧式消火器の整備の方法で、正しいものは次のうちどれか。

□　1．ホース、ノズルが一体的に組み込まれているものは、ノズルを取り替える場合、ノズルを既存のホースに差し込んだ上から金具で固定して取り替える。

　　2．消火薬剤の質量、容量が規定量ないものは、新しい消火薬剤と古い消火薬剤を混ぜないために、必ず新しい消火薬剤に詰め替える。

　　3．レバーの作動確認は、組み立てたまま行うとバルブが開いたりして誤放射することがあるので、整備をする前に、内圧を排出してから行う。

　　4．指示圧力計には、使用圧力範囲、圧力検出部の材質記号及び蓄圧ガスの種類が明示されており、指示圧力計を取り替える際には指示されているものを使用する。

【2】次の文は、全量放射しなかったある消火器の使用後の整備の一部について説明したものである。この説明から、ある消火器の名称として、正しいものは次のうちどれか。

　　「消火器を逆さまにし、残量を放射して乾燥した圧縮空気等でホース及びノズルをクリーニングした。」

□　1．化学泡消火器　　　2．二酸化炭素消火器
　　3．強化液消火器　　　4．粉末消火器

▶▶正解＆解説‥‥‥‥‥‥‥‥‥‥‥‥‥‥‥‥‥‥‥‥‥‥‥‥‥‥‥‥‥‥‥‥‥‥

【1】正解3

　　1．ノズルがホースに挿入されて一体的に組み付けられている場合は、アッセンブリ（組）で取り替える。どちらか一方だけを取り替えることをしてはならない。

　　2．消火薬剤は、一般に新品のものに詰め替える場合が多い。しかし、古い消火薬剤であっても、性状について点検の結果、変色、腐敗、沈澱物、汚れ、固化等の異常のないものは不足分を補充することができる。「必ず新しい消火薬剤に詰め替え」なければならない、というわけではない。

　　4．指示圧力計には、使用圧力範囲及び圧力検出部（ブルドン管）の材質記号が明示されている。しかし、蓄圧ガスの種類は明示されていない。

【2】正解4

　　蓄圧式消火器（二酸化炭素及びハロン1301消火器を除く）は本体容器を逆さまにして残圧を排出することができる。強化液などの水系の消火器はホースやノズル等を水洗いするが、粉末消火器の場合、水分は厳禁となるため乾燥した圧縮空気や窒素ガス等を使用して清掃する。

6. 蓄圧ガスの充てん

■1. 窒素ガス容器による充てん

◎蓄圧式の消火器は、消火薬剤を充てん後、放射用の蓄圧ガスを充てんする必要がある。消火器の内部点検後の蓄圧ガスとして、一般に窒素ガス容器に高圧充てんされている**窒素ガス**が用いられる。

〔解説〕水系の消火器では、蓄圧ガスとして空気による圧縮ガスが主に使われる。しかし、粉末消火器は湿気を嫌うため窒素ガスを使用する。なお、消火器の点検後に蓄圧ガスを充てんする場合、水系の消火器であっても窒素ガスを使用することが多い。

①窒素ガス容器本体のバルブ（容器弁）に**圧力調整器**を取り付ける。

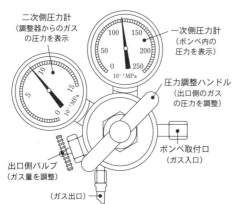

二次側圧力計
（調整器からのガス
の圧力を表示）

一次側圧力計
（ボンベ内の
圧力を表示）

10^{-1}MPa

10^{-1}MPa

圧力調整ハンドル
（出口側のガス
の圧力を調整）

ボンベ取付口
（ガス入口）

出口側バルブ
（ガス量を調整）

（ガス出口）

▲圧力調整器の取付け

②圧力調整器の出口側と消火器間を高圧ホースで接続する。消火器側は、ホース接続部に接手金具及び三方バルブを介して結合する。

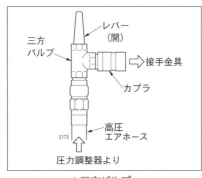

三方
バルブ

レバー
（開）

接手金具

カプラ

高圧
エアホース

圧力調整器より

▲三方バルブ

▲接手金具と消火器のホース接続部

③圧力調整器の出口側バルブは閉め、圧力調整ハンドル（六角棒レンチ）は緩めておく。また、消火器側の三方バルブも閉めておく。

④窒素ガス容器本体のバルブをゆっくりと開く。圧力調整器の一次側圧力計が窒素ガス容器内の圧力を指示する。また、圧力調整器の二次側圧力計は0を示したままとなる。

⑤圧力調整器の調整ハンドルをゆっくりと右に回すと、二次側圧力計の指針が上昇する。消火器の充てん圧力値になるように、調整ハンドルを操作する。

▲二次側圧力の調整

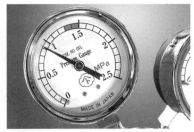

▲調整後の二次側圧力値

⑥消火器の充てん圧力値は、消火器の種類（水系または粉末）や、温度によって異なる。高温になるほど充てん圧力値を高くし、低温になるほど圧力値を低くする必要がある。また、水系の消火剤（液体）は圧縮ガスを吸収する特性があるため、一般に適正圧力に0.1MPaを加えた圧力を充てん圧力値とする。

⑦圧力調整器の出口側バルブを開ける。この状態で、高圧ホースの三方バルブまで、二次側圧力計の指針まで減圧された窒素ガスが通じる。

⑧三方バルブを開いて消火器のレバーを握ると、窒素ガスが消火器内に充てんされる。

⑨窒素ガスの充てんが完了すると、充てん音がしなくなり、二次側圧力計の指針が充てん圧力値を指示したままとなる。

▲レバーを握って窒素ガスを充てん

⑩窒素ガスの充てん完了後、消火器のレバーを離してバルブを閉じる。次いで三方バルブを閉じる。

⑪消火器に安全栓を取り付け、消火器の接手金具から三方バルブを外す。

⑫充てんが完了した消火器は、しばらく放置して、消火器に付属している指示圧力計の指針が低下しないか確認する。指針が低下する場合、消火器内に充てんした高圧ガスが漏れていることになる。

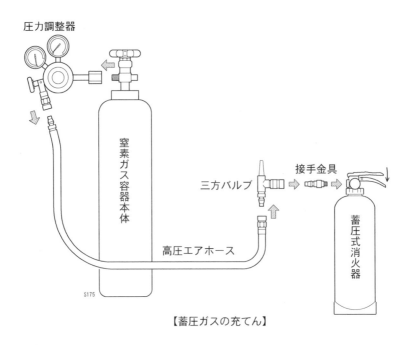

圧力調整器

窒素ガス容器本体

高圧エアホース

三方バルブ

接手金具

蓄圧式消火器

S175

【蓄圧ガスの充てん】

■２．水槽による気密試験

◎蓄圧式の消火器は、蓄圧ガスの充てん後、漏れがないか気密試験を行う。

◎気密試験は、高圧ガスを充てんした消火器を水槽中に浸漬して点検する方法が主に採用されている。

〔用語〕浸漬：「水にひたす」の意。

◎高圧ガスが漏れている場合、漏えい箇所から微小な気泡が発生する。

▲気密試験

◎ガスの漏れがない場合、雑巾等で水分を拭き取り、接手金具を外してホースを組み付ける。

〔解説〕接手金具を付けたまま気密試験を行うのは、漏れがあった場合、パッキン等の交換後に再度、窒素ガスを充てんするためである。

【1】 蓄圧式消火器の気密試験について、適当でないものは次のうちどれか。

☐ 1. 消火器本体内に水を満たし、キャップを締め、各部からの漏れを確認する。

2. 充てん用圧力容器に付属している圧力調整器の二次側圧力計の指針の降下状況で判別できる場合もある。

3. 消火器のバルブ、パッキン等から漏れを発見した場合、これを整備し、再組立ての上、再度気密試験を行わなければならない。

4. 再充てんしたものを水槽中に浸漬し、各部からの漏れを確認する。

【2】 蓄圧式の消火器に蓄圧ガスを再充てんするときから気密試験までに使用する用具として、必要のないものは次のうちどれか。

☐ 1. 手動水圧ポンプ

2. 圧力調整器

3. 高圧エアーホース

4. 水槽

【3】 表1の窒素ボンベを使用して、表2の蓄圧式の強化液消火器に充てんする場合、理論上充てんできる消火器の最大本数として、最も適当なものは次のうちどれか。ただし、消火器の内部には大気圧に等しい圧力の窒素ガスが残留しており、温度は不変で、消火薬剤は非圧縮性のものとする。[★]

表1

窒素ボンベ	
内容積	10リットル
充てん圧力 (ゲージ圧)	14.7MPa

表2

消火器	
内容積	15.5リットル
消火薬剤量	8.5リットル
充てん圧力 (ゲージ圧)	0.96MPa

☐ 1. 約10本

2. 約20本

3. 約30本

4. 約40本

【1】正解1

1. この方法では、気体が密閉されているかどうかの気密試験はできない。漏れの対象としているのは、高圧の蓄圧ガスである。

2. 蓄圧ガスの漏れが生じている場合、蓄圧後、高圧ホース接続状態で二次側圧力計の指針が低下する。ただし、水系の消火器は、圧縮ガスを少しずつ吸収して圧力がわずかに低下（約0.1MPa）するため、漏れとの違いを判別する必要がある。

【2】正解1

圧力調整器と高圧エアーホースは、蓄圧ガスの再充てんに使用する。また、水槽は気密試験に使用する。手動水圧ポンプは、消火器本体の耐圧性能試験を行う際に使用する。

【3】正解2

ボイル・シャルルの法則を利用する。

$$\frac{P_1 V_1}{T_1} = \frac{P_2 V_2}{T_2}$$

温度 T は不変であることから、式から除外する。また、圧力 P は絶対圧力である。大気圧は0.1MPaであることから、ゲージ圧14.7MPaは絶対圧14.8MPaとなる。

仮に、窒素ボンベを大気開放した場合、窒素ガスの容積 V を求める。

14.8MPa × 10L = 0.1MPa × V

V = 148 × 10L = 1,480L

仮に、充てんできる消火器の最大本数を10本とすると、大気圧状態の窒素ガスの容積は、窒素ボンベ内のものと、消火器に残留している窒素ガス×10本の合計となる。消火器1本当たり消火器に残留している窒素ガスは、15.5L − 8.5L = 7.0L となる。

窒素ガスの全容積= 1,480L + 7.0L × 10本= 1,550L

この1,550Lは、絶対圧0.1MPaとなる。これを消火器10本に均等に充てんした場合の絶対圧 P を求める。

0.1MPa × 1,550L = P × 7.0L × 10本

P = 0.1MPa × （1,550L ／ 70L）= 2.214…MPa

この2.214…MPaは絶対圧となるため、ゲージ圧では2.114…MPaとなる。消火器の充てん圧力（ゲージ圧）は0.96MPaであるため、まだ十分に充てんできる。

充てんできる消火器の最大本数を20本としてみる。充てん後の絶対圧 P を求める。

0.1MPa × 1,620L = P × 7.0L × 20本

P = 0.1MPa × （1,620L ／ 140L）= 1.157…MPa ⇒ ゲージ圧1.057…MPa

消火器の充てん圧力（ゲージ圧）は0.96MPaであるため、約20本は充てんできることになる。しかし、30本は充てんできない。

0.1MPa × 1,690L = P × 7.0L × 30本

P = 0.1MPa × （1,690L ／ 210L）= 0.804…MPa ⇒ ゲージ圧0.704…MPa

■1. 消火器の分解

◎加圧式の粉末消火器（小型）は、次の手順で分解する。

①総質量を秤量して、消火薬剤量を確認する。

②本体容器をクランプ台に固定する。

③排圧栓のあるものは、これをドライバーで開き、容器内圧を完全に排出する。排出後は、排圧栓を閉じておく。

〔解説〕排圧栓は、主に加圧式粉末消火器（開閉バルブ式の消火薬剤量3.5kg以上）に設けられている。

▲クランプ台に固定　　　　　▲排圧栓を開く

④キャップスパナでキャップを緩める。このとき、排圧栓がないものは減圧孔から残圧が噴出することがあるため、噴出が終了してからキャップを取り外す。

〔解説〕減圧孔は多くの消火器に設けられている（化学泡・ガス系の消火器を除く）。

▲キャップスパナで緩める

⑤バルブ本体を本体容器から抜き取る。

⑥本体容器をクランプ台から外し、中の消火薬剤（粉末消火剤）をポリ袋などに移す。ポリ袋には輪ゴムなどで封をしておく。

⑦プライヤーなどを用いて加圧用ガス容器をバルブ本体から取り外す。加圧用ガス容器は、右ねじのものと左ねじのものがあるため注意する。

⑧サイホン管の粉上り防止用封板、安全栓及びノズルキャップを取り外す。

▲加圧用ガス容器の取り外し

⑨除湿（乾燥）した圧縮空気や窒素ガス
によって本体容器内、キャップ（バルブ
本体）、ホース、ノズル、サイホン管
等をエアブローにて清掃する。

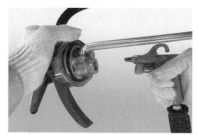

▲エアブローによる清掃

⑩作動封板付きの加圧用ガス容器は、新品のものと交換する。この際、新品の加
圧用ガス容器は総重量を計測して、ガス漏れの有無を確認する。また、容器に
刻印されている容器記号で装着部分の適合可否やガスの種類を確認する。高圧
ガス保安法の適用を受ける容器弁付きのものは、専門業者に依頼してガスを充
てんしてもらう。

■2．サイホン管の通気点検

①レバーを握ってバルブを開けた状態にする。
②サイホン管の端部にエアーガンを押し
付け、圧縮空気を送り込むと、ノズル
から空気が勢いよく吹き出すことを点
検する（サイホン管やホース内部に詰
まりがあると、吹き出す空気に勢いが
なくなる）。

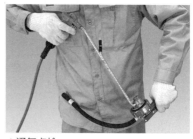

▲通気点検

◎この通気点検により、同時に内部の清掃も行うことができる。この通気点検は、
蓄圧式の粉末消火器についても同様に行う。

■3．消火薬剤の充てん

◎消火薬剤を次の手順で消火器に充てんする。
①あらかじめメーカー指定の消火薬剤を用意しておく。
②サイホン管の端部に新品の粉上り防止用封板を取り付ける。消火薬剤を再充て
んする際は、必ず粉上り防止用封板を新品のものと交換する。

③安全栓を起動レバーにセットする。加
　圧用ガス容器を**装着する**前に、安全栓
　は必ずセットしておく。加圧用ガス容
　器の作動封板の誤開封を防ぐための措
　置である。

▲安全栓のセット

④プライヤーなどを用いて加圧用ガス容器をバルブ本体に取り付ける。加圧用ガ
　ス容器は、右ねじのものと左ねじのものがあるため注意する。

⑤本体容器内に漏斗を挿入する。

⑥消火薬剤の質量を確認して、少しずつ注入する。

⑦口金のパッキン座やねじ等に付着した粉末消火
　薬剤はハケ等で除去する。

▲粉末消火薬剤の注入

⑧充てんした消火薬剤がふわふわと**流動している**間に、素早く**サイホン管を差し
　込み**、手でキャップを締める。サイホン管を差し込む際は、本体容器側のホー
　ス固定位置とバルブ本体のホース方向を合わせておく。ある程度の時間が経過
　すると、消火薬剤が沈降して締まってくるため、後でバルブ本体の回転位置を
　調整することができなくなる。この場合は、サイホン管を抜き取り、口金部分
　に封をして本体容器を逆さにし、消火薬剤を浮かせてから再度試みる。

▲サイホン管の挿入

▲回転位置がずれている状態

⑨本体容器をクランプ台に固定し、キャップスパナでキャップを締める。
⑩安全栓に封印をする。
⑪使用済み表示装置を装着する。

```
▶ ▶ 過去問題 ◀ ◀
```

【1】 手提げ式の加圧式粉末消火器の薬剤充てん方法について、順を追って述べた
次の説明のうち、誤っているものはどれか。

□　1．最初に、本体容器内、サイホン管、ホース、ノズル等を除湿された圧縮空
　　　気又は窒素ガスで清掃する。
　　2．2番目に、加圧用ガス容器、粉上り防止用封板等を取り付けてから安全栓
　　　をセットする。
　　3．3番目に、消火薬剤を規定量まで入れる。
　　4．最後に、充てんされた薬剤がふわふわと流動しているうちに素早くサイホ
　　　ン管をさし込み、キャップを確実に締める。

【2】 消火器使用後の消火薬剤の充てん等について、誤っているものは次のうちど
れか。

□　1．化学泡消火器にあっては、消火器内で消火薬剤を溶かさないこと。
　　2．蓄圧式の粉末消火器を再充てんする前には、除湿された圧縮空気又は窒素
　　　ガスで十分に清掃すること。
　　3．粉末消火器にあっては、消火薬剤の残量があれば取り出し、新しい消火薬
　　　剤を充てんすること。
　　4．加圧式の粉末消火器にあっては、加圧用ガス容器を取り付けた後、必ず安
　　　全栓を起動レバーに挿入しておくこと。

【3】 消火薬剤の充てん上の注意事項として、最も不適当なものは次のうちどれか。

［★］

□　1．蓄圧式の強化液消火器は、規定量の薬剤を入れ、窒素ガスで規定値まで加
　　　圧する。
　　2．加圧式の粉末消火器は、規定量の薬剤を入れ、加圧用ガス容器及び粉上り
　　　防止用封板を取り付けた後、安全栓を起動レバーにセットする。
　　3．二酸化炭素消火器にあっては、高圧ガス保安法に基づく許可を受けた専門
　　　業者に充てんを依頼する。
　　4．化学泡消火器にあっては、消火器内で消火薬剤を溶かさないこと。

【4】 手提げ式の加圧式粉末消火器に消火薬剤を充てんする場合の注意事項として、最も不適当なものは次のうちどれか。

□ 1. メーカー指定の消火薬剤を用意し、不足分だけ計量して補充する。

2. 加圧用ガス容器の新しいものが、しっかり取り付けられているかどうかを確認する。

3. 粉上り防止用封板が正常に取り付けられているかどうかを確認する。

4. キャップの締め付けは、充てんされた消火薬剤が流動している間に素早くサイホン管を差し込んで締め付ける。

▶▶正解＆解説‥‥‥‥‥‥‥‥‥‥‥‥‥‥‥‥‥‥‥‥‥‥‥‥‥‥‥‥‥‥‥‥‥‥‥‥

【1】 正解2

2. 安全栓は、加圧用ガス容器を取り付ける前に起動レバーにセットしておく。万が一、レバーが押し込まれても、安全栓がレバーにセットされていることで、加圧用ガス容器の作動封板が破れるのを防ぐことができる。

【2】 正解4

1. 化学泡消火器は、あらかじめバケツ内で水と消火薬剤を十分に溶かしてから、消火器内に注入する。

3. 消火薬剤は、使用後の充てん時は原則として新品のものに詰め替える。

4. 安全栓は、加圧用ガス容器を取り付ける前に起動レバーにセットしておく。万が一、レバーが押し込まれても、安全栓がレバーにセットされていることで、加圧用ガス容器の作動封板が破れるのを防ぐことができる。

【3】 正解2

1. 蓄圧式消火器の蓄圧ガスは、再充てん時の場合、主に窒素ガスが用いられる。

2. 安全栓は、加圧用ガス容器を取り付ける前に起動レバーに挿入しておく。万が一、レバーが押し込まれても、安全栓がレバーに挿入されていることで、加圧用ガス容器の作動封板が破れるのを防ぐことができる。

4. 化学泡消火器は、あらかじめバケツ内で水と消火薬剤を十分に溶かしてから、消火器内に注入する。

【4】 正解1

1. 消火薬剤は、使用後の充てん時及び点検時は、原則として新品のものに詰め替える。設問のように不足分を補充する場合は、あらかじめ充てんされている消火薬剤を容器に移し、性状を点検しておく必要がある。点検の結果、「変色、腐敗、沈澱物、汚れ等」があるもの、または「固化」している場合は、新品に詰め替えなければならない。単純に不足分を「補充」してはならない。

4. 消火薬剤は充てん後、しばらくすると沈降して締まってくる。このため、消火薬剤が流動している間に素早くサイホン管を差し込んで、キャップを締め付ける。

8. 化学泡消火器の整備

■1. 消火器の分解

◎化学泡消火器は、次の手順で分解する。

 ①本体容器をクランプ台に固定する。

 ②キャップハンドルに木製のてこ棒を差
  し込み、左方向に回してキャップを外
  す。

 〔解説〕キャップハンドルは合成樹脂製であ
   るため、木製のてこ棒を使用する。

▲てこ棒によるキャップの取外し

 ③内筒を取り出す。

 ④内筒及び外筒の消火薬剤が液面表示と同一レベルであるかどうかを確認する。

 ⑤消火薬剤をそれぞれ別の容器に移す。

 ⑥本体容器の内外、キャップ、ホース、ノズル、ろ過網、内筒等を水洗いする。
  特にろ過網、ホース、ノズルの流通部は水を通してよく洗う。

■2. 消火薬剤の充てん

◎化学泡消火器は、次の手順で消火薬剤を充てんする。

 ①外筒の液面表示の8割程度まで水を注入する。

 ②この水をいったんポリバケツに移す。

 ③ポリバケツの水にA剤を少しずつ入
  れ、棒等で撹拌しながらよく溶かす。
  外筒内に直接A剤を投入してはなら
  ない。溶かす際に内面の防錆塗装を傷
  付ける危険がある。

▲バケツでA剤を水によく溶かす

 ④外筒に漏斗を挿入し、ポリバケツ内の
  A剤水溶液を静かに注入する。この後、
  液面表示まで水を追加する。

▲A剤水溶液の注入

⑤内筒の液面表示の約半分まで水を注入する。

⑥この水を別のポリバケツに移す。

⑦ポリバケツの水にB剤を少しずつ入れ、棒等で撹拌しながらよく溶かす。内筒内に直接B剤を投入してはならない。

⑧内筒に漏斗を挿入し、ポリバケツ内のB剤水溶液を静かに注入する。この後、液面表示まで水を追加する。

▲B剤水溶液の注入

⑨内筒にふたをする（破がい転倒式は内筒封板を取り付け、逆さにしても内筒薬剤が漏れないことを確認する）。

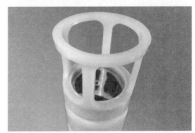

▲内筒封板の取り付け

⑩内筒を外筒内に挿入する。

⑪キャップパッキンの変形、損傷、老化等を確認する。

▲内筒の挿入

▲キャップパッキン

⑫消火器本体をクランプ台に固定し、てこ棒でキャップを締める。

⑬充てん年月日を点検票に記録する。

【1】化学泡消火器に消火薬剤を充てんする方法について、誤っているものは次の
うちどれか。

☐　1．消火器内では消火薬剤を溶解しないこと。

　　2．消火薬剤に水をそそいで、溶解すること。

　　3．消火薬剤は原則として1年に1回交換すること。

　　4．外筒にはA剤を内筒にはB剤を充てんすること。

【2】化学泡消火器の消火薬剤を充てんする場合の注意事項として、誤っているも
のは次のうちどれか。

☐　1．消火薬剤を取り扱う場合は、内筒液と外筒液を混合すると多量の泡が発生
するので注意すること。

　　2．充てん前に、外筒、内筒の内外面及びキャップを水洗いし、特にろ過網、
ホース、ノズルの流通部は水を通してよく洗うこと。

　　3．水にB剤を完全に溶かし、内筒に漏斗を挿入して注入すること。

　　4．外筒内で棒等により薬剤を入念に撹拌溶解すること。

【3】化学泡消火器の消火薬剤の充てんに関する記述として、最も不適当なものは
次のうちどれか。[★]

☐　1．外筒、内筒の内外面及びキャップを水洗いし、特にろ過網、ホース、ノズ
ルの流通部は水を通してよく洗う。

　　2．外筒内の外筒液面表示の8割程度まで水を入れ、ここに外筒用薬剤を少し
ずつ入れ、棒等で撹拌しながら完全に溶かした後、更に液面表示に達するま
で水を加える。

　　3．内筒の約半分の容量の水をバケツに入れ、ここに内筒用薬剤を少しずつ入
れ、撹拌しながら完全に溶かした後、それを内筒に注入し、更に液面表示に
達するまで水を加える。

　　4．破がい式の内筒には封板を確実に取り付け、逆さ又は横に倒しても内筒薬
剤が漏れないことを確認する。

【4】 化学泡消火器の整備について、誤っているものは次のうちどれか。

□ 1．消火薬剤水溶液に変色や異臭があるのは、老化や腐敗のためであるから、ただちに新しいものと詰め替えること。

2．消火薬剤は、原則として1年に1回交換すること。

3．消火薬剤水溶液を作るときは、消火薬剤に水を少しずつ注ぎながらかき混ぜて溶かすのが最もよい。

4．キャップパッキンやエルボパッキンは、傷みやすいので、損傷しているものは、すみやかに交換すること。

▶▶正解＆解説‥‥‥‥‥‥‥‥‥‥‥‥‥‥‥‥‥‥‥‥‥‥‥‥‥‥‥‥‥‥‥‥‥‥‥‥‥‥‥

【1】正解2

2．バケツにあらかじめ計量した水を入れ、これに消火薬剤を少しずつ入れて撹拌しながら溶解する。消火薬剤に水を注入して溶解してはならない。

3．法令では、化学泡消火薬剤の交換時期について、具体的には定めていない。しかし、消火器メーカーでは消火薬剤の劣化が進むため、1年に1回交換するように推奨している。

【2】正解4

3．内筒にはB剤の水溶液、外筒にはA剤の水溶液を注入する。

4．消火薬剤のA剤及びB剤は、ポリバケツ内で棒等により入念に撹拌溶解する。外筒内または内筒内で水と溶解させてはならない。

【3】正解2

2．水に外筒用薬剤を溶かす際は、外筒内で水と溶解させてはならない。外筒の8割程度の水を入れたバケツを用意し、そこに外筒用薬剤を入れて棒等で入念に撹拌しながら溶解する。

【4】正解3

1＆2．法令では、化学泡消火薬剤の交換時期について、具体的には定めていない。しかし、消火器メーカーでは消火薬剤の劣化が進むため、1年に1回交換するように推奨している。

3．バケツにあらかじめ計量した水を入れ、これに消火薬剤を少しずつ入れて撹拌しながら溶解する。消火薬剤に水を注入して溶解してはならない。

4．パッキンは、「目視により確認」して、「変形、損傷、老化等がないこと」。

9. 消火器の廃棄処理の方法

◎「消火器の廃棄処理の指導について」(昭和54年1月　消防予第17号　消防庁予防救急課長)。

◎消火器本体は、次により処理を行うこと。

　①本体容器及び部分品は、その材料ごとに金属材料とプラスチック類、ゴム等に分離して処理すること。

　②高圧ガス保安法の適用を受ける**二酸化炭素消火器**、ハロン1301消火器の本体容器及び粉末消火器、強化液消火器の加圧用ガス容器(内容積100cm³以上のもの)は、消火器メーカー又は高圧ガス容器専門業者に処理を依頼すること。

　③高圧ガス保安法の適用を受けない内容積100cm³未満の**加圧用ガス容器**は、本体容器から分離し、処理を依頼するか又は排圧治具により排圧処理をすること。

　④**蓄圧式消火器**は、圧力が加わっているので、消火器容器本体を倒立しバルブを開くなどして排圧処理をすること。

◎消火薬剤は、次により処理を行うこと。なお、この場合、各市の下水道条例により排水の制限があるので注意すること。

　①**強化液消火薬剤**は、水素イオン濃度指数が高いので多量の水で稀釈(水素イオン濃度指数5.0以上9.0以下とする)し、水を流しながら放流処理をすること。

　②**泡消火薬剤**は、放射して中和処理すると泡の収集処理が困難となり、また、公共下水道等においても処理が困難となるので、外筒液と内筒液を分離して処理すること。この場合、外筒液(炭酸水素ナトリウム)は、水で稀釈しながら放流処理すること。また、内筒液(硫酸アルミニウム)は、酸性であるので稀釈(水素イオン濃度指数5.0以上9.0以下とする)し、水を流しながら放流処理をすること。なお、放流する場合は、外筒液と内筒液が混合しないように別々に放流処理をすること。

　③**粉末消火薬剤**は飛散しないように袋に入れてからブリキ缶に入れ、蓋をして処理をすること。

　④**二酸化炭素**、ハロン1011、ハロン2402、ハロン1301消火薬剤は、保健衛生上危害を生じるおそれのない場所で少量ずつ放出し揮発させる。

◎以上が消防庁予防救急課長通達(通知)の内容である。消火器の廃棄処理についてはこのほか、廃棄物処理法やリサイクル法の適用を受ける。

【1】消火薬剤の廃棄処理について、最も不適当なものは次のうちどれか。

☐　1．強化液消火薬剤は、水素イオン濃度指数が高いので産業廃棄物として処理
　　　すること。

　　2．化学泡消火薬剤は、外筒液と内筒液を同時に多量の水を流しながら処理す
　　　ること。

　　3．粉末消火薬剤は、飛散しないように袋に入れてからブリキ缶に入れ、ふた
　　　をして処理すること。

　　4．二酸化炭素消火薬剤は、保健衛生上危害を生じるおそれがない場所で少量
　　　ずつ処理すること。

【2】消火器の排圧処理及び消火薬剤の廃棄処理の方法について、誤っているもの
　　は次のうちどれか。[★]

☐　1．高圧ガス保安法の適用を受けない加圧用ガス容器は、本体容器から分離し
　　　排圧治具により排圧処理する。

　　2．化学泡消火薬剤は、内筒液と外筒液を混合することにより中和処理した後、
　　　大量の水で洗い流す。

　　3．強化液消火薬剤は、多量の水等で希釈し、水素イオン濃度指数を下げてか
　　　ら処理する。

　　4．蓄圧式の粉末消火器の排圧処理は、消火器を倒立させてからバルブを開き、
　　　粉末消火薬剤がなるべく噴出しないようにして行う。

【3】消火器又は消火薬剤の廃棄処理について、誤っているものは次のうちどれか。

☐　1．粉末消火薬剤を袋詰めにしてから缶に収めて処理した。

　　2．高圧ガス保安法の適用を受ける加圧用ガス容器を、高圧ガス専門業者等に
　　　依頼して処理した。

　　3．高圧ガス保安法の適用を受けない加圧用ガス容器を、本体容器から分離し
　　　て排圧処理するか、又は高圧ガス容器を高圧ガス容器専門業者等に依頼して
　　　して処理した。

　　4．化学泡消火薬剤を、内筒薬剤と外筒薬剤を混合中和して、大量の水で希釈
　　　して処理した。

▶ ▶ 正解＆解説‥‥

【1】正解2

1．強化液消火薬剤を廃棄する場合、水を流しながら放流処理する他、産業廃棄物として業者に処理を依頼する場合もある。

2．化学泡消火薬剤は、外筒薬剤（A溶液）と内筒薬剤（B溶液）を分離して、別々に処理する。混合すると大量に発泡して、泡の収集処理が困難になる。

【2】正解2

1．高圧ガス保安法の適用を受けない100cm³以下の加圧用ガス容器で未使用のものは、排圧処理した上で廃棄する。

2．化学泡消火薬剤は、外筒薬剤（A溶液）と内筒薬剤（B溶液）を分離して、別々に処理する。混合すると大量に発泡して、泡の収集処理が困難になる。

4．消火器を倒立させることで、上方の圧縮ガスだけをサイホン管から排出させることができる。

【3】正解4

2＆3．高圧ガス保安法の適用を受ける高圧ガス容器及び加圧用ガス容器は、いずれも専門業者に依頼して廃棄処理する。

4．化学泡消火薬剤は、外筒薬剤（A溶液）と内筒薬剤（B溶液）を分離して、別々に処理する。混合すると大量に発泡して、泡の収集処理が困難になる。

第6章　消火器の規格に関する省令

※規格に関する省令は、「消火器の技術上の規格を定める省令」（消火器規格）と「消火器用消火薬剤の技術上の規格を定める省令」（薬剤規格）がある。

第6章

1. 用語の定義

◎消火器…水その他の消火剤（以下、「消火剤」という）を圧力により放射して消火を行う器具で、人が操作するものをいう。ただし、収納容器に結合させることにより人が操作するものを含み、収納容器に固定した状態で使用するもの及びエアゾール式簡易消火具を除く（以下、消火器規格第1条の2）。

◎住宅用消火器…消火器のうち、住宅における使用に限り適した構造及び性能を有するものをいう。

◎交換式消火器…本体容器及びこれに附属するキャップ、バルブ、指示圧力計等を一体として交換できる消火器であって、収納容器に結合させることにより人が操作して消火を行うものをいう。

◎水消火器及び二酸化炭素消火器…水及び二酸化炭素を圧力により放射して消火を行う消火器をいう。

◎酸アルカリ消火器、強化液消火器、泡消火器、ハロゲン化物消火器及び粉末消火器…それぞれの消火薬剤を圧力により放射して消火を行う消火器をいう。

◎加圧式の消火器…加圧用ガス容器の作動、化学反応又は手動ポンプの操作により生じる圧力により消火剤を放射するものをいう。

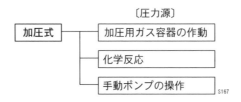

◎蓄圧式の消火器…消火器の本体容器内の圧縮された空気、窒素ガス等（圧縮ガス）の圧力又は消火器に充てんされた消火剤の圧力により消火剤を放射するものをいう。

〔解説〕「消火器に充てんされた消火剤の圧力」により消火剤を放射するものも蓄圧式となるため、二酸化炭素消火器は蓄圧式に該当する。

◎A火災（普通火災）…B火災以外の火災をいう。

◎B火災（油火災）…消防法 別表第1 (8P参照) に掲げる第4類の危険物（ガソリンや灯油など）並びに危険物令第4条に掲げる可燃性固体類及び可燃性液体類に係るものの火災をいう。

2. 能力単位

◎消火器は、第3条又は第4条の規定により測定した能力単位の数値が1以上でなければならない。ただし、大型消火器で、A火災に適応するものにあっては10以上、B火災に適応するものにあっては20以上でなければならない（消火器規格第2条）。

〔解説〕能力単位は、A火災は第1消火試験、B火災は第2消火試験または第3消火試験からそれぞれ算出された数値で、いずれも**整数**である（㉿B火災の場合、算出された数値の端数を切り捨てる。詳細は省略）。

〔解説〕C火災（電気火災）については、能力単位の数値は設定されていない。

消第26～42号
A－5・B－12・C
－20℃～＋40℃
6.0kg

▲能力単位の例

▶▶過去問題◀◀

【1】消火器（住宅用消火器以外の消火器（交換式を除く。））の能力単位の数値について、規格省令上、誤っているものは次のうちどれか。

☐ 1. 能力単位の数値は1以上でなければならない。

2. 能力単位の数値は正の整数であること。

3. 大型消火器でB火災に適応するものにあっては、能力単位の数値は10以上でなければならない。

4. 電気火災に対しては能力単位の数値は設定されていない。

▶▶正解＆解説……………………………………………………………………………………

【1】正解3

3. 大型消火器でB火災に適応するものにあっては、能力単位の数値は20以上でなければならない。

第6章

3. 操作の機構

◎消火器は、その保持装置から取りはずす動作、背負う動作、安全栓をはずす動作
及びホースをはずす動作を除き、一動作（化学泡消火器、据置式の消火器（車輪
を有するものを除く。））及び背負式の消火器にあっては二動作以内、車載式の消
火器（車輪を有する消火器をいう。）にあっては三動作以内）で容易に、かつ、
確実に放射を開始することができるものでなければならない（消火器規格第5条）。

消火器の種類	動作数	運搬方式による分類
手提げ式の消火器（化学泡消火器を除く）	一動作	手提げ式
化学泡消火器、据置式の消火器及び背負式の消火器	二動作以内	車載式
車載式の消火器	三動作以内	背負式 据置式

〔解説〕化学泡消火器‥‥‥‥泡消火器のうち消火薬剤の化学反応
により生成される泡を放射して消火
を行うもの。

手提げ式の消火器‥‥一般的な消火器で、消火器本体のレ
バーを手に持ち、使用する消火器。

据置式の消火器‥‥‥‥床面上に据え置いた状態でノズル部
分を持ちホースを延長して使用する
消火器。

背負式の消火器‥‥‥‥背負いひも等により、背負って使用
する消火器。

車載式の消火器‥‥‥‥運搬のための車輪を有する消火器。

◎動作数の算定にあたり、消火器を保持装置から取り外す動
作、背負う動作、安全栓を外す動作及びホースを外す動作
は、それぞれ除くものとする。

〔解説〕法令ではこれらの動作が除かれるため、手提げ式の消
火器では、主に「レバーを握る」が一動作となる。

▲手提げ式の使用方法

◎消火器の安全栓、ハンドル、レバー、押ボタン等の操作部分には、操作方法を見
やすい箇所に簡明に、かつ、消えないように表示しなければならない。

◎手提げ式の消火器は、次の表の○印を付した操作方法のいずれか一の方法により作動して放射を開始することができるものでなければならない。

消火器の区分		操作方法	
		レバーを握る	押し金具をたたく
強化液消火器	A火災又はB火災に対する能力単位の数値が1を超えるもの	○	ー
	その他のもの	○	○
二酸化炭素消火器	B火災に対する能力単位の数値が1を超えるもの	○	ー
	B火災に対する能力単位の数値が1のもの	○	○
粉末消火器	消火剤の質量が1kgを超えるもの	○	ー
	その他のもの	○	○

注：泡消火器等一部の表記は省略（編集部）

▶▶過去問題◀◀

【1】消火器の操作機構について、規格省令上、誤っているものは次のうちどれか。

□ 1．手提げ式の化学泡消火器は、その取付具からはずす動作及び安全栓をはずす操作を除き、1動作で泡を放射できるものであること。

2．手提げ式の強化液消火器は、A火災又はB火災に適応する能力単位の数値が1を超えるものにあっては、レバーを握ることにより放射できるものであること。

3．手提げ式の粉末消火器は、消火剤の充てん量が1kgを超えるものにあっては、レバーを握ることにより放射できるものであること。

4．手提げ式の二酸化炭素消火器は、B火災に適応する能力単位の数値が1を超えるものにあっては、レバーを握ることにより放射できるものであること。

【2】消火器の操作機構に関する記述において、文中の（　）に当てはまる語句の組み合わせとして、規格省令上、正しいものは次のうちどれか。

「背負式の消火器は、その保持装置から取りはずす動作、背負う動作、（ア）動作及び（イ）動作を除き、二動作以内で容易に、かつ、確実に放射を開始することができるものでなければならない。」

	（ア）	（イ）
□ 1．	着装する	安全栓をはずす
2．	安全栓をはずす	ホースをはずす
3．	安全栓をはずす	ホースをかまえる
4．	ホースをはずす	レバーをにぎる

第6章

279

▶▶正解＆解説‥‥‥‥‥‥‥‥‥‥‥‥‥‥‥‥‥‥‥‥‥‥‥‥‥‥‥‥‥‥‥‥‥‥‥‥‥‥

【1】正解1

　　1．化学泡消火器は、二動作以内で泡を放射できるものであること。化学泡消火器は、
　　本体容器を転倒させることにより外筒容器と内筒容器の消火薬剤が混合されて、化学
　　反応により大量の泡が生成される。

【2】正解2

4．自動車用消火器

◎自動車に設置する消火器（自動車用消火器）は、次に掲げる消火器でなければな
　らない（消火器規格第8条）。

> ・強化液消火器（霧状の強化液を放射するものに限る）
> ・機械泡消火器（化学泡消火器以外の泡消火器をいう）
> ・ハロゲン化物消火器
> ・二酸化炭素消火器
> ・粉末消火器

〔解説〕化学泡消火器は、自動車に設置することができない。

▲自動車用の表示例

▶▶ 過去問題 ◀◀

【1】自動車に設置することができる消火器として、規格省令上、誤っているもの
　　は次のうちどれか。

☐　1．機械泡消火器
　　2．化学泡消火器
　　3．二酸化炭素消火器
　　4．蓄圧式の粉末消火器

【2】自動車用消火器に関する次の記述のうち、文中の（　）に当てはまる語句の組合せとして、規格省令上、正しいものはどれか。

　　「自動車に設置する消火器は、（ア）消火器（霧状の（ア）を放射するものに限る。）、（イ）消火器（（ウ）消火器以外の泡消火器をいう。以下同じ。）、ハロゲン化物消火器、二酸化炭素消火器又は粉末消火器でなければならない。」

	（ア）	（イ）	（ウ）
□　1.	強化液	機械泡	化学泡
2.	水	機械泡	化学泡
3.	強化液	化学泡	機械泡
4.	水	化学泡	機械泡

▶▶正解＆解説‥‥‥‥‥‥‥‥‥‥‥‥‥‥‥‥‥‥‥‥‥‥‥‥‥‥‥‥‥‥‥‥‥‥‥‥

【1】正解2

【2】正解1

　　問題文は、法令の原文である。また、自動車用消火器として、化学泡消火器は設置できない。

5. 大型消火器

◎大型消火器は、**能力単位**が次に掲げる数値以上のものでなければならない（消火器規格第2条）。

消火器の種類	能力単位
A火災に適応するもの	10以上
B火災に適応するもの	20以上

◎大型消火器に充てんされた**消火剤の量**は、消火器の種類ごとに次に掲げる数値以上でなければならない（消火器規格第9条）。

消火器の種類	消火剤の量
水消火器	80リットル以上
化学泡消火器	80リットル以上
強化液消火器	60リットル以上
機械泡消火器	20リットル以上
二酸化炭素消火器	50kg以上
ハロゲン化物消火器	30kg以上
粉末消火器（加圧式・蓄圧式）	20kg以上

第6章

▲粉末（ABC）消火器の例
薬剤質量 20kg
能力単位 A-10・B-20・C

▲機械泡消火器の例
薬剤容量 20L
能力単位 A-10・B-20

▶▶過去問題◀◀

【1】 大型消火器の種類と充てんされた消火剤の量の組合せとして、規格省令上、
誤っているものは次のうちどれか。

	大型消火器の種類	消火剤の量
1.	二酸化炭素消火器	50kg以上
2.	粉末消火器	20kg以上
3.	化学泡消火器	50リットル以上
4.	機械泡消火器	20リットル以上

▶▶正解＆解説………………………………………………………………………………

【1】 正解3

3. 化学泡消火器は、水消火器とともに80リットル以上のものが大型消火器となる。

6. 放射性能

◎消火器は、正常な操作方法で放射した場合において、次に適合するものでなければならない（消火器規格第10条）。

①放射の操作が完了した後すみやかに消火剤を有効に放射するものであること。

②放射時間は、温度20℃において10秒以上であること。

③消火に有効な放射距離を有するものであること。

④充てんされた消火剤の容量又は質量の90%（化学泡消火薬剤にあっては、85%）以上の量を放射できるものであること。

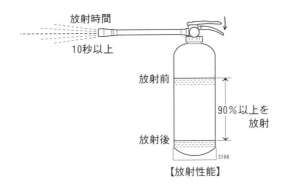

【放射性能】

▶▶過去問題◀◀

【1】消火器を正常な操作方法で放射した場合における放射性能として、規格省令に定められているものは、次のうちどれか。

☐　1．放射時間は20℃において20秒以上であること。

　　2．放射時間は20℃において15秒以上であること。

　　3．充てんされた消火薬剤の容量又は質量の80%（化学泡消火薬剤にあっては75%）以上の量を放射できるものであること。

　　4．充てんされた消火薬剤の容量又は質量の90%（化学泡消火薬剤にあっては85%）以上の量を放射できるものであること。

【2】消火器の放射性能に関する次の記述のうち、文中の（　）に当てはまる数値の組合せとして、規格省令上、正しいものはどれか。

「充てんされた消火剤の容量又は質量の（ア）％（化学泡消火薬剤にあっては（イ）％）以上の量を放射できるものであること。」

	（ア）	（イ）
□ 1.	80	95
2.	85	90
3.	90	85
4.	95	80

【3】消火器を正常な操作方法で放射した場合における放射性能として、規格省令上、誤っているものは次のうちどれか。

□ 1．放射の操作が完了した後、すみやかに消火剤を有効に放射するものであること。

2．放射時間は、温度20℃において10秒以上であること。

3．消火に有効な放射距離を有するものであること。

4．化学泡消火薬剤を充てんした消火器以外は、充てんされた消火薬剤の質量又は容量の85％以上の量を放射できるものであること。

▶▶正解＆解説‥‥‥‥‥‥‥‥‥‥‥‥‥‥‥‥‥‥‥‥‥‥‥‥‥‥‥‥‥‥‥‥‥‥‥‥

【1】正解4

【2】正解3

【3】正解4

4．「85％以上の量」⇒「90％以上の量」。

◎消火器は、その種類に応じ、次に掲げる**温度範囲**で使用した場合において、正常に操作することができ、かつ、消火及び放射の機能を有効に発揮することができるものでなければならない（消火器規格第10条の2）。

①化学泡消火器 　　　　　…5℃以上40℃以下

②化学泡消火器以外の消火器…0℃以上40℃以下

〔解説〕市販品における使用温度範囲は、次のとおりとなっている。

消火器の種類	使用温度範囲
化学泡消火器	5℃〜40℃
純水ベースの水消火器	0℃〜40℃
強化液消火器	−20℃〜40℃
機械泡消火器	−20℃〜40℃
二酸化炭素消火器	−30℃〜40℃
蓄圧式粉末消火器	−30℃〜40℃
加圧式粉末消火器	主に−20℃〜40℃

▶▶過去問題◀◀

【1】化学泡消火器の使用温度範囲について、規格省令に定められているものは、次のうちどれか。

□ 1．0℃以上35℃以下

　　2．5℃以上35℃以下

　　3．5℃以上40℃以下

　　4．10℃以上45℃以下

【2】消火器の種類と使用温度範囲の組合せとして、規格省令上、正しいものは次のうちどれか。

□ 1．強化液消火器 　　……0℃以上40℃以下

　　2．粉末消火器 　　　……5℃以上40℃以下

　　3．二酸化炭素消火器 ……0℃以上50℃以下

　　4．化学泡消火器 　　……0℃以上50℃以下

▶▶正解＆解説‥‥‥‥‥‥‥‥‥‥‥‥‥‥‥‥‥‥‥‥‥‥‥‥‥‥‥‥‥‥‥‥‥‥‥‥‥‥

【1】正解3　　【2】正解1

「市販品」での使用温度範囲ではなく、「規格省令上」の使用温度範囲で考えること。

8. 本体容器の板厚

◎次の表に掲げる加圧式の消火器又は蓄圧式の消火器の本体容器は、それぞれに掲げる数値以上の**板厚**を有する堅ろうなものでなければならない（消火器規格第11条）。

区　分		板厚
JIS G 3131 に適合する材質又はこれと同等以上の耐食性を有する材質を用いたもの	内径120mm以上のもの	1.2mm
	内径120mm未満のもの	1.0mm
JIS H 3100若しくはJIS G 4304に適合する材質又はこれらと同等以上の耐食性を有する材質を用いたもの	内径100mm以上のもの	1.0mm
	内径100mm未満のもの	0.8mm

〔解説〕JIS G 3131…熱間圧延軟鋼板及び鋼帯
　　　　JIS H 3100…銅及び銅合金の板及び条
　　　　JIS G 4304…熱間圧延ステンレス鋼板及び鋼帯

〔用語〕熱間圧延：金属を一定温度以上に加熱して圧延する加工法。
　　　　鋼帯：鋼板を帯状にしてロール状に丸めたもの。
　　　　条：金属をコイル状に巻いた形状にしたもの。

▶ ▶ 過去問題 ◀ ◀

【1】 蓄圧式消火器の本体容器について、その内径区分ごとに必要とされる板厚の組み合わせとして、規格省令上、正しいものは次のうちどれか。ただし、日本産業規格（JIS）H 3100 若しくは日本産業規格（JIS）G 4304 に適合する材質又は同等以上の耐食性を有する材質を用いるものとする。

	本体容器の内径	板厚
□ 1.	100mm以上のもの	1.0mm以上
2.	100mm未満のもの	0.6mm以上
3.	120mm以上のもの	1.2mm以上
4.	120mm未満のもの	1.0mm以上

▶ ▶ 正解＆解説……………………………………………………………………………
【1】 正解 1

286

9. 蓄圧式の消火器の気密性

◎蓄圧式の消火器は、消火剤を充てんした状態で、使用温度範囲の**上限**の温度に24時間放置してから使用温度範囲の**下限**の温度に24時間放置することを**3回**繰り返した後に、温度20℃の空気中に**24時間**放置した場合において、圧縮ガス及び消火剤が漏れを生じないものでなければならない（消火器規格第12条の2）。

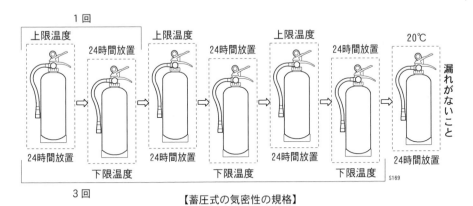

【蓄圧式の気密性の規格】

▶▶過去問題◀◀

【1】蓄圧式の消火器の気密性に関する次の記述のうち、文中の（ ）に当てはまる数値の組合せとして、規格省令上、正しいものはどれか。

「蓄圧式の消火器は、消火剤を充てんした状態で、使用温度範囲の上限の温度に24時間放置してから使用温度範囲の下限の温度に24時間放置することを（ア）回繰り返した後に温度20℃の空気中に（イ）時間放置した場合において、圧縮ガス及び消火剤が漏れを生じないものでなければならない。」

	（ア）	（イ）
□ 1.	2	24
2.	2	48
3.	3	24
4.	3	48

【2】蓄圧式の消火器の気密性について、次の文中の（　）内に当てはまる語句及び数値の組合せとして、規格省令上、正しいものはどれか。

「蓄圧式の消火器は、消火剤を充てんした状態で、使用温度範囲の（ア）の温度に（イ）時間放置してから使用温度範囲の（ウ）の温度に（イ）時間放置することを３回繰り返した後に温度20℃の空気中に（イ）時間放置した場合において、圧縮ガス及び消火剤が漏れを生じないものでなければならない。」

	（ア）	（イ）	（ウ）
□ 1.	下限	6	上限
2.	上限	12	下限
3.	上限	24	下限
4.	下限	32	上限

▶▶正解＆解説‥‥

【1】正解3　　【2】正解3

10. キャップ等

◎消火器のキャップ、プラグ、口金及びパッキンは、次の各号に適合するものでなければならない（消火器規格第13条１項１号・２号・４号）。

① キャップ又はプラグ及び口金には、その間に容易にはずれないようにパッキンをはめ込むこと。

▲キャップのパッキンの例

② キャップ又はプラグは、本体容器の耐圧試験を行った場合において、漏れを生じず、かつ、著しい変形を生じないこと。

③ キャップ若しくはプラグ又は口金には、充てんその他の目的でキャップ又はプラグを外す途中において本体容器内の圧力を完全に減圧することができるように有効な減圧孔又は減圧溝を設けること。この場合において、キャップ又はプラグは、減圧が完了するまでの間は、本体容器内の圧力に耐えることができること。

▲キャップの減圧孔の例

【1】消火器のキャップについて、規格省令上、誤っているものは次のうちどれか。

□　1．容易に外れないようにパッキンをはめ込まなければならない。

　　2．キャップを外す時に本体容器内の圧力を完全に減圧することができるように、減圧溝又は減圧孔を設けなければならない。

　　3．本体容器の耐圧試験を行った場合に、著しい変形を生じても漏れを生じてはならない。

　　4．キャップを外す際、容器内の圧力を減圧する場合に、減圧が完了するまでの間は、本体容器内の圧力に耐えることができなければならない。

▶▶正解＆解説……………………………………………………………………………………

【1】正解3

　　3．耐圧試験では、キャップに漏れを生じず、かつ、著しい変形を生じないこと。

11. ホース

◎消火器には、ホースを取り付けなければならない。ただし、次に掲げるものについては、この限りでない（消火器規格第15条1項）。

①ハロゲン化物消火器でその消火剤の質量が4kg未満のもの

②粉末消火器でその消火剤の質量が1kg以下のもの

◎消火器のホースは、次に掲げる内容に適合するものでなければならない（同条2項）。

①消火器の本体容器と同じ耐圧試験を行った場合において、漏れを生じず、かつ、著しい変形を生じないこと。

②長さは、消火剤を有効に放射するに足るものであること。据置式の消火器にあっては、有効長が10m以上であること。

▲ホースのない例

　〔解説〕ホースの有効長とは、ホースを有効に使用することができる状態で、もっとも長く延長したときの長さをいう。

③使用温度範囲で耐久性を有するものであって、かつ、円滑に操作できるものであること。

④ホースを延長して使用するものにあっては、延長の操作により変形、き裂その他の異常を生じないものであること。

▶据置式の消火器
　消火器本体を移動させず、ノズル及びホースを火元まで移動させて使用するものをいう。重い消火器本体を移動させる必要がない。

据置式の例▶
（セコムの消火器）

▶ ▶ 過去問題 ◀ ◀

【1】消火器のホースについて、規格省令上、誤っているものは次のうちどれか。

[編]

☐　1．ホースは、使用温度範囲で耐久性を有し、かつ、円滑に操作できるものであること。

　　2．ホースの長さは、30cm 以上であること。

　　3．強化液消火器（蓄圧式）には、消火剤の質量に関係なくホースを取り付けなければならない。

　　4．粉末消火器で消火剤の質量が 1 kg 以下のものにはホースを取り付けなくてもよい。

　　5．ホースは本体容器と同じ耐圧試験を行っても漏れを生じず、かつ、著しい変形を生じないこと。

【2】消火器のホースについて、規格省令上、正しいものは次のうちどれか。

☐　1．温度 10℃ 以上 60℃ 以下で耐久性を有するものでなければならない。

　　2．粉末消火器で、その消火剤の質量が 1 kg 以下の消火器には、ホースを取り付けなくてもよい。

　　3．据置式の消火器にあっては、有効長が 5 m 以上でなければならない。

　　4．据置式以外の消火器にあっては、ホースの長さが 30cm 以上でなければならない。

【3】消火器（住宅用消火器を除く。）の各部分に関する記述について、規格省令上、誤っているものは次のうちどれか。

☐　1．消火器のうち強化液消火器で、その消火剤の質量が 1 kg 以下のものは、ホースを取り付けなくてもよい。

2．開閉式のノズルにあっては、0.3MPa の圧力を 5 分間加える試験を行った場合において、漏れを生じないこと。

3．ろ過網の目の最大径は、ノズルの最小径の 4 分の 3 以下であること。

4．化学泡消火器の本体容器の内面には、充てんされた消火剤の液面を示す簡明な表示をしなければならない。

【4】消火器のホースについて、規格省令上、正しいものの組合せはどれか。

ア．粉末消火器でその消火剤の質量が 1 kg 以下のものについては、ホースを設けなくてもよい。

イ．据置式の消火器にあっては、ホースを有効に使用することができる状態で、もっとも長く延長したときの長さが 10m 以上であること。

ウ．据置式以外の消火器にあっては、ホースの長さは、消火剤を有効に放射するに足るものであること。

☐　1．ア、イ　のみ　　　2．ア、ウ　のみ
　　3．イ、ウ　のみ　　　4．ア、イ、ウ　すべて

▶▶正解＆解説‥‥‥‥‥‥‥‥‥‥‥‥‥‥‥‥‥‥‥‥‥‥‥‥‥‥‥‥‥‥‥‥‥‥

【1】正解2

2．据置式以外の消火器のホースの長さは、「消火剤を有効に放射するに足るもの」と規定されているだけで、具体的な長さは指定されていない。

【2】正解2

1．ホースは使用温度範囲で、耐久性を有するものでなければならない。使用温度範囲は、消火器によって異なる。

3．「5m以上」⇒「10m以上」。

4．据置式以外の消火器のホースの長さは、「消火剤を有効に放射するに足るもの」と規定されているだけで、具体的な長さは指定されていない。

【3】正解1

1．消火剤の質量が 1 kg 以下のものでホースを取り付けなくてもよいのは、粉末消火器である。

2．「12. ノズル」292P 参照。

3．「13. ろ過網」292P 参照。

4．「14. 消火剤の液面表示」294P 参照。

【4】正解4

12. ノズル

◎消火器（車載式の消火器を除く。）のノズルには、開閉式及び切替式の装置を設けてはならない。ただし、据置式の消火器及び背負式の消火器のノズルにあっては、開閉式の装置を設けることができる（消火器規格第16条）。

◎消火器のノズルは、次の各号に適合するものでなければならない。

①消火器の本体容器と同じ耐圧試験を行った場合において、漏れを生ぜず、かつ、著しい変形を生じないこと。

②内面は、平滑に仕上げられたものであること。

③開閉式又は切替式のノズルにあっては、開閉又は切替えの操作が円滑に行われ、かつ、放射の際、消火剤の漏れその他の障害を生じないこと。

④開閉式のノズルにあっては、**0.3MPa の圧力を5分間加える**試験を行った場合において、漏れを生じないこと。

⑤開放式のノズルで栓を施しているものにあっては、使用温度範囲で漏れを生じないものであって、かつ、作動させた場合において、確実に消火剤を放射することができるものであること。

13. ろ過網

◎次に掲げる消火器には、ノズル又はホースに通ずる薬剤導出管の本体容器内における開口部に、**ろ過網**を設けなければならない（消火器規格第17条）。

①手動ポンプにより作動する水消火器

②ガラスびんを使用する酸アルカリ消火器

③ガラスびんを使用する強化液消火器

④**化学泡消火器**

〔解説〕これらの消火器のうち、現在も製造されているのは化学泡消火器のみである。

▲ろ過網の例

◎ノズル又はホースに通ずる薬剤導出管の本体容器内における開口部に設けるろ過網は、次に掲げるものでなければならない。

①ろ過網の目の**最大径**は、ノズルの最小径の**4分の3以下**であること。

②ろ過網の目の部分の**合計面積**は、ノズルの開口部の最小断面積の**30倍以上**であること。

◎「ろ過網の例」（写真）のろ過網は泡消火器のもので、ろ過網の目の部分の直径が約2.6mmで、目が70個であった。また、ノズル開口部の最小直径は約3.6mmであった。この場合、各種数値は次のとおりとなる（編集部）。

① ろ過網の目の合計面積……………… 約371mm²
② ノズル開口部の最小断面積………… 10mm²

▲ノズル開口部

▶▶ 過去問題 ◀◀

【1】消火器に設けなければならないろ過網に関する記述について、文中の（　）に当てはまる数値の組合せとして、規格省令上、正しいものは次のうちどれか。

[★]

「ろ過網の目の最大径は、ノズルの最小径の（ア）以下であること。また、ろ過網の目の部分の合計面積は、ノズルの開口部の最小断面積の（イ）倍以上であること。」

	（ア）	（イ）
□ 1.	1／4	15
2.	1／2	20
3.	3／4	30
4.	4／5	40

【2】ろ過網を設けなければならない消火器について、規格省令に定められているものは次のうちどれか。

□ 1. 化学泡消火器　　　　　2. 機械泡消火器
　 3. ハロゲン化物消火器　　4. 蓄圧式の粉末消火器

【3】消火器のろ過網について、規格省令上、誤っているものは次のうちどれか。

□ 1. 大型化学泡消火器は、ノズル先端にろ過網を設けなければならない。
　 2. 機械泡消火器は、ろ過網を設けなくてよい。
　 3. ろ過網の目の最大径は、ノズルの最小径の3／4以下であること。
　 4. ろ過網の目の部分の合計面積は、ノズルの開口部の最小断面積の30倍以上であること。

【1】正解3

【2】正解1

【3】正解1

　1．法令では、化学泡消火器にろ過網を設けるよう定めており、小型と大型の別は規定していない。大型の化学泡消火器も「開口部」にろ過網を設ける。「▶開がい転倒式の構造（車載式の大型消火器）」の図209P参照。

14. 消火剤の液面表示

◎手動ポンプにより作動する水消火器、酸アルカリ消火器及び化学泡消火器の本体容器の内面には、充てんされた消火剤の液面を示す簡明な表示をしなければならない（消火器規格第18条）。

▲外筒の液面表示　　　　　　　　　▲内筒の液面表示

▶▶過去問題◀◀

【1】本体容器の内面に充てんされた消火剤の液面を示す表示をしなければならない消火器として、規格省令に定められているものは、次のうちどれか。

□　1．化学泡消火器

　　2．粉末消火器

　　3．蓄圧式の強化液消火器

　　4．二酸化炭素消火器

【1】正解1

15. 安全栓

◎消火器には、不時の作動を防止するため**安全栓**を設けなければならない。ただし、手動ポンプにより作動する水消火器又は転倒の一動作で作動する消火器については、この限りでない（消火器規格第21条）。

〔解説〕「転倒の一動作で作動する消火器」とは、転倒式化学泡消火器が該当する。また、「手動ポンプにより作動する水消火器」は、現在は製造されていない。

◎安全栓は、**一動作で容易に引き抜く**ことができ、かつ、その**引き抜きに支障のない封**が施されていなければならない。

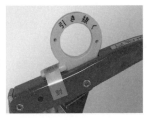

▲安全栓と封の例

◎**手提げ式の消火器**のうち、押し金具をたたく一動作及びふたをあけて転倒させる動作で作動するもの以外の消火器並びに据置式の消火器の安全栓については、前項の規定によるほか、次に定めるところによらなければならない。

〔解説〕手提げの消火器とは、手にさげた状態で使用する消火器をいう。また、「ふたをあけて転倒させる」ものは、破がい転倒式化学泡消火器が該当する。破がい転倒式化学泡消火器には、一般にキャップ状の安全栓が設けられている。

①内径が２cm以上のリング部、軸部及び軸受部より構成されていること。

▲軸受部

▲リング部及び軸部

②装着時において、リング部は軸部が貫通する**上レバーの穴**から引き抜く方向に引いた線上にあること。

③リング部の塗色は、**黄色仕上げ**とすること。

④材質は、JIS G 4309（ステンレス鋼線）のSUS304に適合し、又はこれと同等以上の耐食性及び耐候性を有すること。

〔解説〕SUS304…18-8ステンレス鋼。ステンレスの中で最も広く流通している。

⑤上方向に引き抜くよう装着されていること。

〔解説〕上方向とは、消火器を水平面上に置いた場合、垂直軸から30度以内の範囲をいう。

⑥安全栓に衝撃を加えた場合、及びレバーを強く握った場合においても引き抜きに支障を生じないこと。

⑦引き抜く動作以外の動作によっては容易に抜けないこと。

▶▶過去問題◀◀

【1】 消火器の安全栓について、規格省令上、誤っているものは次のうちどれか。

□　1．転倒の一動作で作動する消火器は、安全栓を設けなくてもよい。

　　2．二動作以内で容易に引き抜くことができること。

　　3．手提げ式の消火器（押し金具をたたく一動作及びふたをあけて転倒させる動作で作動する消火器を除く。）の安全栓は、上方向に引き抜くよう装着されていること。

　　4．引き抜きに支障のない封が施されていること。

【2】 手提げ式消火器の安全栓について、規格省令上、誤っているものは次のうちどれか。ただし、押し金具をたたく一動作及びふたをあけて転倒させる動作で作動するものを除くものとする。[★]

□　1．安全栓は、一動作で容易に引き抜くことができ、かつ、その引き抜きに支障のない封が施されていること。

　　2．装着時において、安全栓のリング部は軸部が貫通する下レバーの穴から引き抜く方向に引いた線上にあること。

　　3．安全栓は、上方向（消火器を水平面上に置いた場合、垂直軸から30度以内の範囲をいう）に引き抜くように装着されていること。

　　4．安全栓は、内径が2cm以上のリング部、軸部及び軸受部より構成されていること。

【3】 手提げ式消火器の安全栓について、規格省令上、誤っているものは次のうちどれか。ただし、押し金具をたたく一動作及びふたをあけて転倒させる動作で作動する消火器を除く。

□　1．内径が2cm以上のリング部、軸部及び軸受部により構成されていること。

　　2．上方向又は横方向に引き抜くよう装着されていること。

　　3．リング部の塗色は、黄色仕上げとすること。

　　4．引き抜く動作以外の動作によっては容易に抜けないこと。

【4】手提げ式の消火器の安全栓について、規格省令上、正しいものは次のうちどれか。ただし、押し金具をたたく一動作及びふたをあけて転倒させる動作で作動する消火器に付ける安全栓を除く。

☐　1．安全栓は、二動作で容易に引き抜くことができ、かつ、その引き抜きに支障のない封が施されていること。

　　2．安全栓のリング部の塗色は、黄色又は赤色仕上げとすること。

　　3．安全栓は、上方向（消火器を水平面上に置いた場合、垂直軸から30°以内の範囲をいう）に引き抜くように装着されていること。

　　4．安全栓は、内径が1.5cm以上のリング部、軸部及び軸受部より構成されていること。

【5】安全栓が設けてある手提げ式の消火器について、規格省令上、誤っているものは次のうちどれか。

☐　1．安全栓は、安全栓に衝撃を加えた場合及びレバーを強く握った場合において、引き抜きに支障がないものでなければならない。

　　2．安全栓は、一動作で容易に引き抜くことができ、引き抜く動作以外の動作によっては、容易に抜けないものでなければならない。

　　3．安全栓は、消火器を水平面上に置き、垂直軸から45°以内の傾き範囲で上方向に引き抜くように装着されていなければならない。

　　4．リング部は、装着時において、軸部が貫通する上レバーの穴から引き抜く方向に引いた線上でなければならない。

▶▶正解＆解説‥‥‥‥‥‥‥‥‥‥‥‥‥‥‥‥‥‥‥‥‥‥‥‥‥‥‥‥‥‥‥‥‥‥‥‥‥

【1】正解2
　1．「転倒の一動作で作動する消火器」とは、転倒式化学泡消火器が該当する。
　2．安全栓は、一動作で容易に引き抜くことができること。

【2】正解2
　2．「下レバーの穴から」⇒「上レバーの穴から」。

【3】正解2
　2．安全栓は、上方向に引き抜くよう装着されていること。横方向に引き抜くよう装着されていてはならない。

【4】正解3
　1．安全栓は、一動作で容易に引き抜くことができること。
　2．安全栓のリング部の塗色は、黄色仕上げとすること。
　4．安全栓は、内径が2cm以上のリング部、軸部及び軸受部より構成されていること。

3.「垂直軸から45°以内の傾き範囲」⇒「垂直軸から30°以内の傾き範囲」。

16. 使用済みの表示

◎手提げ式の消火器には、使用した場合、自動的に作動し、**使用済**であることが判別できる装置を設けなければならない。ただし、次に掲げる消火器については、この限りでない（消火器規格第21条の２）。

①指示圧力計のある蓄圧式の消火器

〔解説〕指示圧力計の表示により、判別できるため。

②バルブを有しない消火器

〔解説〕放射開始すると途中で止めることができず、消火薬剤が全て放射されるため、使用の有無は消火器を持ってみれば重さで判別できる。化学泡消火器や加圧式粉末消火器（開放式に限る）等が該当する。

③手動ポンプにより作動する水消火器

〔解説〕現在では製造されていない。

▲使用済み表示装置の例（いずれも未使用）。使用すると、表示装置が脱落する。

▶▶過去問題◀◀

【1】規格省令上、手提げ式の消火器のうち、使用した場合に自動的に作動し、使用済みであることが判別できる装置を設けなければならないものは、次のうちどれか。

□ 1．指示圧力計のある蓄圧式強化液消火器

2．バルブを有しない転倒式化学泡消火器

3．指示圧力計のある蓄圧式機械泡消火器

4．指示圧力計のない加圧式粉末消火器

【2】規格省令上、手提げ式の消火器のうち、使用した場合に自動的に作動し、使用済みであることが判別できる装置を設けなければならないものは、次のうちどれか。

□　1．指示圧力計のある蓄圧式の粉末消火器
　　2．バルブを有する強化液消火器
　　3．バルブを有しない化学泡消火器
　　4．手動ポンプにより作動する水消火器

▶▶正解＆解説‥‥‥‥‥‥‥‥‥‥‥‥‥‥‥‥‥‥‥‥‥‥‥‥‥‥‥‥‥‥‥‥‥‥

【1】正解4

【2】正解2

17. 携帯又は運搬の装置

◎消火器は、保持装置及び背負ひも又は車輪の質量を除く部分の質量に応じ、運搬装置等を次に掲げる方式のものにしなければならない（消火器規格第23条）。
　①質量が28kg以下のもの　‥‥‥‥‥‥ 手提げ式、据置式又は背負式
　②質量が28kg超35kg以下のもの　‥‥‥ 据置式、車載式又は背負式
　③質量が35kg超のもの ‥‥‥‥‥‥‥‥ 車載式
◎消火器の携帯又は運搬に用いる取手等、背負ひも又は車輪は、堅ろうで、かつ、消火器の携帯又は運搬及び作動に適した寸法及び形状のものでなければならない。

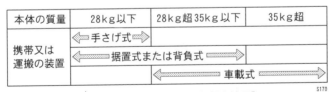

本体の質量	28kg以下	28kg超35kg以下	35kg超
携帯又は 運搬の装置	⇐手さげ式⇒		
	⇐据置式または背負式⇒		
		⇐車載式⇒	

S170

【携帯又は運搬の装置の種類と適用】

【1】消火器の携帯又は運搬の装置に関する次の記述のうち、文中の（　）に当てはまる数値の組み合わせとして、規格省令上、正しいものは次のうちどれか。

[★]

「消火器は、保持装置及び背負ひも又は車輪の質量を除く部分の質量が（ア）kg以下のものにあっては手提げ式、据置式又は背負式に、（ア）kgを超え（イ）kg以下のものにあっては、据置式、車載式又は背負式に、（イ）kgを超えるものにあっては車載式にしなければならない。」

	（ア）	（イ）
□ 1.	28	35
2.	28	40
3.	30	35
4.	30	40

【2】消火器の携帯又は運搬の装置に関する次の記述のうち、文中の（　）に当てはまる語句の組合せとして、規格省令上、正しいものは次のうちどれか。[★]

「消火器は、保持装置及び背負ひも又は車輪の質量を除く部分の質量が28kg以下のものにあっては（ア）に、28kgを超え35kg以下のものにあっては（イ）に、35kgを超えるものにあっては（ウ）にしなければならない。」

	（ア）	（イ）	（ウ）
□ 1.	手提げ式、据置式、背負式	手提げ式、据置式、背負式	車載式
2.	手提げ式、据置式、背負式	据置式、車載式、背負式	車載式
3.	手提げ式、背負式	手提げ式、据置式、背負式	据置式、車載式
4.	手提げ式、背負式	据置式、車載式、背負式	据置式、車載式

▶▶ 正解＆解説 ⋯⋯⋯⋯⋯⋯⋯⋯⋯⋯⋯⋯⋯⋯⋯⋯⋯⋯⋯⋯⋯⋯⋯⋯⋯⋯⋯⋯⋯⋯⋯⋯⋯

【1】正解 1

【2】正解 2

◎消火器の**安全弁**は、次の各号に適合するものでなければならない（消火器規格第24条）。

①本体容器内の圧力を有効に減圧することができること。

②みだりに分解し、又は**調整する**ことができないこと。

③安全弁の取付ねじは、JIS B 0202（管用平行ねじ）に適合し、かつ、パッキンをはめ込んだ場合において、確実に取付部にかみ合うこと。

④封板式のものにあっては、噴き出し口に封を施すこと。

⑤「安全弁」と表示すること。

◎安全弁は、容器内の圧力が異常に上昇したとき、直ちに弁が開いて圧力を下げるための装置である。

◎安全弁は、次の消火器及び加圧用ガス容器に装着されている。

①**化学泡消火器**（化学反応が異常に進んだり、ノズルが閉塞したりして圧力が異常に上昇すると作動する）

②高圧ガス保安法の適用を受ける**二酸化炭素消火器、ハロン1301消火器**（加熱されて内部の圧力が異常に上昇すると作動する）

③高圧ガス保安法の適用を受ける**加圧用ガス容器**（作動封板を設けたものを除く）

| （化学泡消火器） | （二酸化炭素消火器） | （加圧用ガス容器） |

▲安全弁の例

◎安全弁は、次の3種類に分類される。

①封板式……… 一定の圧力以上で作動するもの。

②溶栓式……… 一定の温度以上で作動するもの。

③封板溶栓式… 一定の圧力及び温度以上で作動するもの。

【1】消火器の安全弁について、規格省令上、誤っているものは次のうちどれか。

□ 1．本体容器内の圧力を有効に減圧することができること。

2．封板式のものにあっては、噴き出し口に封を施すこと。

3．「安全弁」と表示すること。

4．容易に調整することができること。

▶▶正解&解説‥‥‥‥‥‥‥‥‥‥‥‥‥‥‥‥‥‥‥‥‥‥‥‥‥‥‥‥‥‥‥‥‥

【1】正解4

4．安全弁は、調整することができないこと。

19. 加圧用ガス容器

〔解説〕消火器の加圧用ガス容器は、消火薬剤を放射するための加圧源として用いられる。内容積が100cm³を超えるものは、高圧ガス保安法の適用対象（容器検査）となる。ガス容器に充てんされるガスは、液化炭酸ガス、窒素ガス、混合ガス（液化炭酸ガス＋窒素ガス）の3種類がある。ガス容器は円筒形をしており、ガス充てん口は作動封板で溶着されて密閉してある。消火器のレバーを握ると作動軸が押し込まれ、先端部分がガス容器の作動封板を破る。作動封板は、作動軸先端で容易に破られるような材質で作られている。なお、内容積100cm³超のもので、更に容積が大きいガス容器には、容器弁が取り付けられている。この場合、容器弁を開くことで消火器本体内に加圧用ガスを供給する。

■1．内容積が100cm³超の容器

◎内容積が100cm³を超える加圧用ガス容器は、次に掲げる内容に適合するものでなければならない（消火器規格第25条1項）。

①ガスを充てんして40℃の温水中に2時間浸す試験を行った場合において、漏れを生じないこと。

②本体容器の内部に取り付けられる加圧用ガス容器の外面は、本体容器に充てんされた消火剤に侵されないものであり、かつ、表示、塗料等がはがれないこと。

③本体容器の外部に取り付けられる加圧用ガス容器は、外部からの衝撃から保護されていること。

④二酸化炭素を用いる加圧用ガス容器の内容積は、充てんする液化炭酸の1gにつき1.5cm³以上であること。

⑤**作動封板**は、17.5MPa 以上設計容器破壊圧力
の4分の3以下の圧力を水圧力で加える試験を
行った場合において、破壊されること。

▲作動封板の例

■2．内容積が100cm³以下の容器

◎内容積が100cm³以下の加圧用ガス容器は、上記の1項①～④まで及び次に掲げ
る内容に適合するものでなければならない（同条2項）。

①二酸化炭素を充てんするものにあっては 24.5MPa の圧力を、窒素ガスを充て
んするものにあっては最高充てん圧力の3分の5倍の圧力を水圧力で2分間加
える試験を行った場合において、漏れ又は異常膨脹がないこと。

②作動封板は、①に規定する圧力を水圧力で加える試験を行った場合において、
破壊されないこと。

③加圧用ガス容器は、破壊されるとき周囲に危険を及ぼすおそれが少ないこと。

〔解説〕この規定は、作動封板が作動軸（カッター）
　　　　で破壊されたとき、内部から大量のガスが一
　　　　気に噴出することがないよう求めている。注
　　　　射針状のカッターが押し込まれると、作動封
　　　　板は針の太さに応じた孔が開き、孔を通して
　　　　ガスを噴出する。決して封板全体が破壊され
　　　　ることがないようにしてある。

▲開封後の封板

▶▶過去問題◀◀

【1】消火器の加圧用ガス容器で内容積が100cm³を超えるものについて、規格省令
に定められていないものは次のうちどれか。［★］

☐　1．本体容器の内部に取り付けられる加圧用ガス容器の外面は、本体容器に充
　　　てんされた消火剤に侵されないものであり、かつ、表示、塗料等がはがれな
　　　いこと。

　　2．本体容器の外部に取り付けられる加圧用ガス容器は、外部からの衝撃から
　　　保護されていること。

　　3．加圧用ガス容器は、破壊されるとき周囲に危険を及ぼすおそれが少ないこ
　　　と。

　　4．二酸化炭素を用いる加圧用ガス容器の内容積は、充てんする液化炭酸の1g
　　　につき 1.5cm³ 以上であること。

【1】正解3

3．この規定は、加圧用ガス容器で内容積が100cm³以下のものを対象に定められている。

20. 指示圧力計

◎蓄圧式の消火器には、次に定めるところにより、指示圧力計を設けなければならない。ただし、二酸化炭素消火器及びブロモトリフルオロメタン（ハロン1301）消火器は除くものとする（消火器規格第28条）。

①指示圧力計の指示圧力の許容誤差は、次に掲げる試験を行った場合において、使用圧力の範囲の圧力値の上下10%以内であること。

　イ．使用圧力の上限値の2倍の圧力を30分以上持続する静圧試験

　ロ．0MPaから使用圧力の上限値まで加圧した後、再び0MPaまで減圧し、これを毎分15回の割合で1,000回反復する試験

　ハ．指示圧力計を収納した質量1kgの木箱を50cmの高さから堅木の床面に自然落下させる試験

　ニ．温度を−30℃から60℃までの温度範囲に変化させる試験

　ホ．第30条（自動車用消火器の振動試験）に規定する試験に準ずる試験

②指標は、見やすいものであること。

③指針及び目盛り板は、耐食性を有する金属であること。

④圧力検出部及びその接合部は、耐久性を有すること。

⑤ケースは、温度60℃の温水中に20分間浸す試験を行った場合において、漏れがなく、かつ、圧力がケース内に閉そくされた場合に有効に減圧することができる構造であること。

⑥圧力検出部の材質、使用圧力範囲（単位MPa）及び消の記号を表示すること。

⑦使用圧力の範囲を示す部分を緑色で明示すること。

⑧指示圧力計の取付ねじは、JIS B 0202（管用平行ねじ）に適合し、かつ、指示圧力計を取り付けた場合において、確実に取付部にかみ合うものであること。

⑨外部からの衝撃に対し保護されていること。

◁「SUS」は、圧力検出部の材質（ステンレス鋼）を表している。

◁「7」と「9.8」及び「×10⁻¹」は、使用圧力範囲が0.7MPa〜0.98MPaであることを表している。

◁目盛り板の緑色部分で使用圧力の範囲を示している。

▲指示圧力計

▶▶ 過去問題 ◀◀

【1】 蓄圧式消火器の指示圧力計について、規格省令上、誤っているものを2つ選びなさい。［編］

☐ 1. 指針及び目盛り板は、耐食性を有する金属又は合成樹脂であること。

2. 圧力検出部及びその接合部は、耐久性を有すること。

3. 使用圧力の範囲を示す部分を緑色で明示すること。

4. 外部からの衝撃に対し保護されていること。

5. 二酸化炭素消火器には、指示圧力計を設ける必要はない。

6. 指示圧力の許容誤差は、指示圧力の範囲の圧力値の上下15%以内であること。

【2】 消火器に設ける指示圧力計について、規格省令上、正しいものは次のうちどれか。

☐ 1. 蓄圧式の消火器には、すべて設けなければならない。

2. 二酸化炭素消火器には、すべて設ける必要がない。

3. 加圧式の消火器には、すべて設けなければならない。

4. 強化液消火器には、すべて設ける必要がない。

【3】 消火器に設ける指示圧力計の設置について、規格省令上、正しいものは次のうちどれか。

☐ 1. 強化液消火器には、すべて設ける必要がある。

2. 粉末消火器には、すべて設ける必要がある。

3. 二酸化炭素消火器には、すべて設ける必要がない。

4. 泡消火器には、すべて設ける必要がない。

【4】 蓄圧式消火器の指示圧力計に表示しなければならない事項について、次のア
からエまでのうち、規格省令上、正しいものはいくつあるか。

ア．消火器の種別　　　　　イ．圧力検出部の材質

ウ．使用圧力範囲（MPa）　　エ．使用温度範囲

□　1．1つ　　　　2．2つ　　　3．3つ　　　4．4つ

【5】 蓄圧式消火器の指示圧力計の指示圧力の許容誤差の範囲として、規格省令上、
正しいものは次のうちどれか。

□　1．使用圧力の範囲の圧力値の上下5％以内であること。

　　2．使用圧力の範囲の圧力値の上下10％以内であること。

　　3．使用圧力の範囲の圧力値の上下15％以内であること。

　　4．使用圧力の範囲の圧力値の上下20％以内であること。

▶▶正解＆解説‥‥‥‥‥‥‥‥‥‥‥‥‥‥‥‥‥‥‥‥‥‥‥‥‥‥‥‥‥‥‥‥‥

【1】 正解1＆6

　1．指針及び目盛り板は、耐食性を有する金属であること。合成樹脂であってはならない。

　6．「上下15％以内」⇒「上下10％以内」。

【2】 正解2

　1．蓄圧式の消火器であっても、二酸化炭素消火器及びブロモトリフルオロメタン消火器（ハロン1301消火器）の消火剤（ガス）は、高圧で液化された状態で充てんされているため、指示圧力計は設けなくてもよい。

　3．法令で指示圧力計を設けるよう定められているのは、蓄圧式の消火器である。加圧式の消火器は使用時のみ加圧される構造となっており、指示圧力計は必要ない。

　4．強化液消火器には、蓄圧式と加圧式があり、加圧式のもののみ指示圧力計を設ける必要がない。

【3】 正解3

　1．強化液消火器には、蓄圧式と加圧式があり、蓄圧式のもののみ指示圧力計を設ける必要がある。

　2．粉末消火器には、蓄圧式と加圧式があり、蓄圧式のもののみ指示圧力計を設ける必要がある。

　4．泡消火器は、化学泡のものと機械泡のものに大別される。化学泡のものは、使用時に薬剤を化学変化させ、発生した炭酸ガスの圧力によって泡を放射する。従って、指示圧力計を設ける必要がない。一方、機械泡のものは、手提げ式で蓄圧式を採用しており、この場合は指示圧力計が必要となる。なお、大型の機械泡消火器は、蓄圧式と加圧式がある。

【4】正解2

　　指示圧力計には、イ．圧力検出部の材質、ウ．使用圧力範囲（単位MPa）のほかに、㊥の記号も表示しなければならない。

【5】正解2

21. 二酸化炭素消火器の充てん比

◎二酸化炭素消火器の本体容器の内容積は、充てんする液化炭酸の質量1kgにつき、1,500cm³以上の容積としなければならない（消火器規格第35条）。

◎充てん比は、二酸化炭素消火剤など、消火剤を液体の状態で貯蔵する場合に用いられる指標である。

◎充てん比は、次の式で表すことができる。

$$〔充てん比〕=\frac{〔容器の内容積〕}{〔充てん質量〕}=\frac{1,500cm^3}{1kg}=\frac{1.5L}{1kg}=1.5L/kg$$

◎例えば、本体容器の内容積が3.8Lで、薬剤質量が2.4kgの仕様の二酸化炭素消火器の場合、充てん比は、3.8L／2.4kg＝1.58…L/kgとなり、基準の1.5L/kgより大きくなる。

◎充てん比は、容器の内容積を大きくするほど、また充てんする質量を少なくするほど大きな値となる。逆に、容器の内容積を小さくするほど、また充てんする質量を多くするほど、充てん比は小さな値となる。

```
▶▶ 過去問題 ◀◀
```

【1】二酸化炭素消火器に充てんする液化二酸化炭素の充てん比として、規格省令に定められているものは、次のうちどれか。ただし、充てん比とは、容器の内容積の数値と、消火剤の質量の数値との比をいう。[★]

□　1．0.7 以上　　　2．0.9 以上
　　3．1.3 以上　　　4．1.5 以上

【2】二酸化炭素消火器に充てんされる液化二酸化炭素の質量1kgにつき、必要な本体容器の内容積として、規格省令上、定められているものは次のうちどれか。

□　1．　800cm³以上　　　2．1,200cm³以上
　　3．1,500cm³以上　　　4．2,000cm³以上

【1】正解4

　消火器規格では、充てん比の単位を「cm³/kg」としているが、他の法令では「L/kg」を使うこともある。単位に「L/kg」を用いた場合、充てん比は1.5以上としなければならない。

【2】正解3

22. 塗色

◎消火器の外面は、その25%以上を赤色仕上げとしなければならない（消火器規格第37条）。

〔解説〕高圧ガス保安法の適用を受ける次の消火器は、表面積の2分の1以上をそれぞれに掲げる塗色で塗装しなければならない。

　　　二酸化炭素消火器……緑色

　　　ハロン1211消火器及びハロン1301消火器……ねずみ色

消火器	⇒ 25%以上を赤色
二酸化炭素消火器	⇒ 25%以上を赤色 ＋ 50%以上を緑色
ハロン1301消火器	⇒ 25%以上を赤色 ＋ 50%以上をねずみ色

S171

【法令による塗色】

▶▶ 過去問題 ◀◀

【1】消火器の外面を赤色仕上げとしなければならない面積として、規格省令に定められているものは、次のうちどれか。

□　1．15%以上
　　2．25%以上
　　3．50%以上
　　4．75%以上

▶▶正解＆解説‥‥‥‥‥‥‥‥‥‥‥‥‥‥‥‥‥‥‥‥‥‥‥‥‥‥‥‥‥‥‥‥‥

【1】正解2

◎消火器には、その見やすい位置に次の各号に掲げる事項を記載した**簡明な表示を**しなければならない（消火器規格第38条１項）。

①水消火器、酸アルカリ消火器、強化液消火器、泡消火器、ハロゲン化物消火器、二酸化炭素消火器又は粉末消火器の区別

②住宅用消火器でない旨

③加圧式の消火器又は蓄圧式の消火器の区別

④使用方法（手提げ式の消火器及び据置式の消火器にあっては、併せて図示すること）

⑤使用温度範囲

⑥Ｂ火災（油火災）又はC火災（電気火災）に使用してはならない消火器にあっては、その旨

⑦Ａ火災（普通火災）又はＢ火災（油火災）に対する**能力単位の数値**

⑧放射時間　　⑨放射距離　　⑩製造番号　　⑪製造年　　⑫製造者名

⑬型式番号（自動車用消火器を除く）　　⑭本体容器の耐圧試験に用いた圧力値

⑮安全弁の作動圧力値　　　　⑯充てんされた消火剤の容量又は質量

⑰総質量（充てんされた消火剤を容量で表わすものを除く）

⑱ホースの有効長（**据置式の消火器に限る**）

⑲**取扱い上の注意事項**として次に掲げる事項

　イ．加圧用ガス容器に関する事項（加圧式の消火器に限る）

　ロ．指示圧力計に関する事項（蓄圧式の消火器に限る）

　ハ．標準的な使用条件の下で使用した場合に安全上支障がなく使用することができる標準的な期間又は期限として設計上設定される期間又は期限

　ニ．使用時の安全な取扱いに関する事項

　ホ．維持管理上の適切な設置場所に関する事項

　ヘ．点検に関する事項

　ト．廃棄時の連絡先及び安全な取扱いに関する事項

　チ．その他取扱い上注意すべき事項

型式番号	消第26〜42号
能力単位	A−5・B−12・C
使用温度範囲	−20℃〜+40℃
薬剤質量	6.0kg
総質量	9.9kg
放射時間	約22秒（於20℃）

◀能力単位の数値例。C火災については、数値自体が設定されていないため、表示されることがない。

【1】消火器に表示しなければならない事項として、規格省令上、誤っているものは次のうちどれか。

☐　1．使用方法　　　　　　　　　2．使用温度範囲

　　3．電気火災に対する能力単位の数値　　　4．放射距離

【2】加圧式の粉末消火器の見やすい箇所に表示しなければならない事項で、規格省令上、正しいものは次のうちどれか。

☐　1．加圧用ガス容器に関する取扱い上の注意事項

　　2．電気火災に対する能力単位の数値

　　3．放射までの動作数

　　4．薬剤の製造年月

【3】消火器には、表示しなければならない事項が規格省令に定められているが、その必要のないものが含まれているのは、次のうちどれか。

☐　1．消火器の区別及び使用温度範囲

　　2．使用方法及び充てんされた消火剤の容量又は質量

　　3．製造年及び製造番号

　　4．取扱い上の注意事項及び電気火災に対する能力単位の数値

【4】消火器に表示しなければならない事項として、規格省令上、誤っているものは次のうちどれか。

☐　1．使用方法及び使用温度範囲

　　2．放射時間及び放射距離

　　3．A火災又はB火災に対する能力単位の数値

　　4．放射を開始するまでの動作数

【5】手提げ式の強化液消火器（蓄圧式に限る。）に表示しなければならない事項として、規格省令上、誤っているものは次のうちどれか。[★]

☐　1．指示圧力計に関する注意事項　　2．使用方法（併せて図示すること。）

　　3．ホースの有効長　　　　　　　4．使用温度範囲

【1】正解3

3．電気火災（C火災）に対しては、消火の能力単位の数値自体が設定されていない。従って、消火器に表示されることはない。

【2】正解1

3．使用方法は表示しなければならないが、動作数は表示事項に含まれていない。

4．薬剤の製造年月は表示事項に含まれていない。

【3】正解4　　【4】正解4

【5】正解3

3．ホースの有効長は、据置式の消火器の場合に表示しなければならない。

▌**24. 簡明な表示［2］**

◎自動車用消火器にあっては、第38条1項の表示のほか、次の表示をしなければならない。この場合において、**「自動車用」**の文字は赤色とし、表示の大きさは横5cm以上、縦2cm以上でなければならない（消火器規格第38条3項）。

◎消火器には、その見やすい位置に次に定めるところにより、表示をしなければならない（同4項）。

①適応する火災の区分ごとに、**絵表示**をすること。

火災の区分	A火災	B火災	C火災
表　示	「普通火災用」	「油火災用」	「電気火災用」
絵表示の色	炎…赤色 可燃物…黒色 地色…白色	炎…赤色 可燃物…黒色 地色…黄色	電気の閃光…黄色 地色…青色
旧表示	普通 火災用	油 火災用	電気 火災用

②絵表示の大きさは、充てんする消火剤の容量又は質量が、2L又は3kg以下のものにあっては**半径1cm以上**、2L又は3kgを超えるものにあっては**半径1.5cm以上**の大きさとする。

【1】消火器の適用火災の表示に関する次の記述のうち、文中の（ ）に当てはまる数値の組合せとして、規格省令上、正しいものは次のうちどれか。[★]

「絵表示は、充てんする消火剤の容量又は質量が、2L又は3kg以下のものにあっては半径（ア）cm以上、2L又は3kgを超えるものにあっては半径（イ）cm以上の大きさとすること。」

	（ア）	（イ）
□ 1.	0.5	1
2.	1	1.5
3.	1.5	2
4.	2	2.5

▶▶正解＆解説‥‥‥‥‥‥‥‥‥‥‥‥‥‥‥‥‥‥‥‥‥‥‥‥‥‥‥‥‥‥‥‥‥‥‥‥

【1】正解2

25. 消火薬剤の技術上の基準

■1. 化学の基礎用語

①酸…水に溶けて水素イオン H^+ を生じる物質をいう。また、酸の水溶液の性質を酸性という。塩酸HCl、硝酸HNO3、硫酸H2SO4、酢酸CH3COOHは、いずれも水に溶けて水素イオン H^+ を生じるため、酸である。

②アルカリ…水に可溶性の塩基をいう。現在の高校用化学の教科書は、「塩基」に名称を統一している。

③塩基…水に溶けて水酸化物イオン OH^- を生じる物質をいう。また、塩基の水溶液の性質を塩基性という。水酸化ナトリウム NaOH や水酸化カルシウム Ca(OH)2 は、いずれも水に溶けて水酸化物イオン OH^- を生じるため、塩基である。

④塩…塩化ナトリウムNaClのように、酸と塩基の中和反応で水とともに生成する物質をいう。

　　酸　＋　塩基　　⟶　　塩　＋　水

　HCl　＋　NaOH　⟶　NaCl　＋　H2O

⑤無機酸…有機酸に対する名称で、塩酸や硫酸など。酢酸CH3COOHは有機酸である。

⑥アルカリ塩…アルカリ金属の水酸化物と酸との中和で生じる塩をいう。

　例　NaOH ＋ H2CO3 ⟶ NaHCO3 ＋ H2O

⑦アルカリ金属…リチウムLi、ナトリウムNa、カリウムKなど。元素の周期表の1族に属し、1価の陽イオンになりやすい。

■2．酸アルカリ消火薬剤

◎酸アルカリ消火薬剤は、次の内容に適合するものでなければならない（消火薬剤規格第2条）。

①酸は、良質の無機酸又はその塩類であること。

②アルカリは、水に溶けやすい良質のアルカリ塩類であること。

〔解説〕かつて、酸に濃硫酸、アルカリに炭酸水素ナトリウムNaHCO₃（重曹）を用いたものが生産されていた。この2つを反応させ、発生する二酸化炭素の圧力で消火薬剤を放射するもので、生産中止されて久しい。

■3．強化液消火薬剤

◎強化液消火薬剤（内部において化学反応により発生するガスを放射圧力の圧力源とする消火器に充てんするものを除く）は、次の内容に適合するアルカリ金属塩類等の水溶液でなければならない（消火薬剤規格第3条）。

①アルカリ金属塩類の水溶液にあっては**アルカリ性反応**を呈すること。

②凝固点が−20℃以下であること。

◎内部において化学反応により発生するガスを放射圧力の圧力源とする消火器に充てんする強化液消火薬剤は、アルカリ金属塩類等の水溶液及び凝固点が−20℃以下である良質の酸又はその塩類でなければならない。

◎強化液消火器用の粉末状のアルカリ金属塩類等は、水に溶けやすいものでなければならない。

◎消火器を正常な状態で作動した場合において放射される強化液は、**防炎性**を有していなければならない。

〔解説〕防炎性とは、燃えにくい性質をいう。強化液の防炎性は、紙などを強化液に浸して乾かすと、その紙に火を着けようとしても煤がでるだけで、なかなか火が着かない性質をいう。

■4．泡消火薬剤

◎泡消火薬剤は、次の内容に適合するものでなければならない（消火薬剤規格第4条）。

①消火薬剤は、防腐処理を施したものであること。ただし、腐敗、変質等のおそれのないものは、この限りでない。

②消火器から放射される泡は、**耐火性**を持続することができるものであること。

◎化学泡消火薬剤は、次の内容に適合するものでなければならない。

〔解説〕化学泡消火薬剤は、化学反応により消火効果を有する泡を生成する消火薬剤をいう。

①粉末状の消火薬剤は、水に溶けやすい乾燥状態のものであること。

②不溶解分は、１質量％以下であること。

〔解説〕「質量％」とは、質量に対するパーセントをいう。「１質量％以下」とは、水に溶けない粉末消火薬剤が全体の質量の１％以下としなければならない。

③温度20℃の消火薬剤を充てんした消火器を作動した場合において、放射される泡の容量は、手提げ式の消火器及び背負式の消火器にあっては消火薬剤の容量の７倍以上、車載式の消火器にあっては消火薬剤の容量の5.5倍以上であって、かつ、放射終了時から15分経過したときにおける泡の容量の減少は、25％を超えないこと。

◎機械泡消火薬剤は、次の内容に適合するものでなければならない。

〔解説〕機械泡消火薬剤は、化学泡消火薬剤以外の泡消火薬剤をいう。

①消火薬剤は、水溶液又は液状若しくは粉末状のものであること。この場合において、液状又は粉末状の消火薬剤にあっては、水に溶けやすいものであり、消火薬剤の容器（容器に表示することが不適当な場合にあっては、包装）には、「取扱い上の注意事項」として、「飲料水を使用すること」と表示すること。

②温度20℃の消火薬剤を充てんした消火器を作動させた場合において放射される泡の容量は、消火薬剤の容量の５倍以上であって、かつ、発泡前の水溶液の容量の25％の水溶液が泡から還元するために要する時間は、１分以上であること。

■５．粉末消火薬剤

◎粉末消火薬剤は、防湿加工を施したナトリウム若しくはカリウムの重炭酸塩その他の塩類又はりん酸塩類、硫酸塩類その他防炎性を有する塩類（りん酸塩類等）で、次の内容に適合するものでなければならない（消火薬剤規格第７条）。

①呼び寸法180μm以下の消火上有効な微細な粉末であること。

②温度30℃及び相対湿度60％の恒温恒湿槽中に48時間以上恒量になるまで静置した後に、温度30℃及び相対湿度80％の恒温恒湿槽中に48時間静置する試験において、質量増加率が２％以下であること。

〔解説〕「恒温恒湿」とは、温度と湿度が共に一定であることをいう。「恒量」とは、化学などにおいて、特定の操作などの前後で変化しない質量のことをいう。

③水面に均一に散布した場合において、1時間以
内に沈降しないこと。

▲水面に均一に散布した状態

◎りん酸塩類等には淡紅色系の着色を施さなければならない。

◎再利用消火薬剤のうち粉末消火薬剤は、上記に定めるもののほか、次の内容に適
合するものでなければならない。

〔解説〕再利用消火薬剤は、使用済等消火薬剤であって、それぞれの消火薬剤の規定に
適合する処置を施したものをいう。

①含水率が2%以下であること。

②均質であって、かつ、固化を生じないような措置が講じられていること。

■6．浸潤剤等

◎消火薬剤（水を含むものとする）には、浸潤剤、不凍剤その他消火薬剤の性能を
高め、又は性状を改良するための薬剤（浸潤剤等）を混和し、又は添加すること
ができる（消火薬剤規格第8条）。

〔用語〕浸潤：液体がしみこんで濡れること。

◎浸潤剤等は、消火薬剤の性状又は性能に悪影響を与えないものでなければならな
い。

■7．容器への表示

◎消火薬剤の容器（容器に表示することが不適当な場合にあっては、包装）には、
次のそれぞれに掲げる事項を記載した簡明な表示をしなければならない（消火薬
剤規格第10条）。

①品名　　　　　　　　　②充てんされるべき消火器の区別

③消火薬剤の容量又は質量　④充てん方法　　　　　⑤取扱い上の注意事項

⑥製造年月　　　　　　　⑦製造者名又は商標　　　⑧型式番号

【1】強化液消火器（内部において化学反応により発生するガスを放射圧力の圧力源とするものを除く。）に充てんする消火薬剤の成分又は性状について、規格省令上、誤っているものは次のうちどれか。

□　1．無色透明で浮遊物がないこと。

　　2．アルカリ金属塩類の水溶液にあっては、アルカリ性反応を呈すること。

　　3．凝固点は－20℃以下であること。

　　4．消火器を正常な状態で作動した場合において放射される強化液は、防炎性を有すること。

【2】消火器用消火薬剤の技術上の基準として、規格省令上、誤っているものは次のうちどれか。

□　1．りん酸塩類等の粉末消火薬剤は、白色でなければならない。

　　2．消火器から放射される泡は、耐火性を持続することができるものでなければならない。

　　3．粉末状の化学泡消火薬剤は、水に溶けやすい乾燥状態のものでなければならない。

　　4．消火器から放射される強化液は、防炎性を有するものでなければならない。

【3】消火器用消火薬剤の技術上の基準として、規格省令上、正しいものは次のうちどれか。

□　1．消火器用消火薬剤には、浸潤剤、不凍剤等を混和し、又は添加しないこと。

　　2．強化液消火薬剤は、凝固点が－20℃以下であること。

　　3．泡消火薬剤には、防腐剤等を混和し、又は添加しないこと。

　　4．粉末消火薬剤は、水面に均一に散布した場合において、30分以内に沈降しないものであること。

【4】消火器用消火薬剤について、規格省令上、誤っているものは次のうちどれか。

□　1．粉末消火薬剤は、水面に均一に散布した場合において、1時間以内に沈降しないものでなければならない。

　　2．化学泡消火薬剤のうち、粉末状の消火薬剤は、水に溶けにくいものでなければならない。

　　3．酸アルカリ消火薬剤の酸は、良質の無機酸又はその塩類でなければならない。

　　4．粉末消火薬剤のうち、りん酸塩類等には、淡紅色系の着色を施さなければならない。

【5】消火器用消火薬剤について、規格省令上、誤っているものは次のうちどれか。

□　1．防湿加工を施したりん酸塩類等の粉末消火薬剤は、水面に均一に散布した場合において、1時間以内に沈降しないものでなければならない。

　　2．酸アルカリ消火薬剤の酸は、良質の無機酸又はその塩類であり、アルカリは水に溶けやすい良質のアルカリ塩類でなければならない。

　　3．粉末消火薬剤でりん酸塩類等のものには、淡紅色系の着色を施さなければならない。

　　4．消火器を正常な状態で作動させた場合において放射される強化液消火薬剤は、防炎性を有し、かつ、凝固点が－10℃以下のものでなければならない。

【6】消火器用消火薬剤の容器（容器に表示することが不適当な場合にあっては、包装）に表示しなければならない事項として、規格省令上、定められていないものを2つ選びなさい。[編]

□　1．消火薬剤の容量又は質量　　　2．使用温度範囲
　　3．取扱い上の注意事項　　　　　4．充てん方法
　　5．放射時間　　　　　　　　　　6．充てんされるべき消火器の区別
　　7．品名　　　　　　　　　　　　8．製造年月

【7】消火器用粉末消火薬剤の技術上の基準として、規格省令上、誤っているものは次のうちどれか。

□　1．防湿加工を施したナトリウム若しくはカリウムの重炭酸塩その他の塩類又はりん酸塩類、硫酸塩類その他防炎性を有する塩類であること。

　　2．目開きが180μmの網ふるいを通過する消火上有効な微細な粉末であること。

　　3．水面に均一に散布した場合において、30分以内に沈降しないこと。

　　4．りん酸塩類等には淡紅色系の着色を施さなければならない。

▶▶▶正解＆解説··

【1】正解1

　1．強化液消火薬剤は、濃厚な水溶液で、水と区別するため淡黄色に着色されている。規格省令には「無色透明で浮遊物がないこと」という規定はない。

【2】正解1

　1．りん酸塩類等の粉末消火薬剤は、淡紅色系に着色されていなければならない。

317

【3】正解2

1．消火薬剤には、浸潤剤、不凍剤等を混和し、又は添加することができる。

3．泡消火薬剤には、防腐剤等を混和し、又は添加して、防腐処理を施すことができる。

4．「30分以内に沈降しないものであること」⇒「1時間以内に沈降しないものであること」。

【4】正解2

2．化学泡消火薬剤のうち、粉末状の消火薬剤は、水に溶けやすい乾燥状態のものでなければならない。

【5】正解4

4．「凝固点が−10℃以下」⇒「凝固点が−20℃以下」。

【6】正解2＆5

5．放射時間は、個々の消火器によって異なるため、消火薬剤の容器に放射時間を表示することはできない。また、規格省令上でも表示を定めていない。

【7】正解3

3．水面に均一に散布した場合において、1時間以内に沈降しないこと。

〔次ページ「第7章　実技／鑑別等試験」についての注意事項〕（編集部）

※実際の「実技　鑑別等試験」の試験問題は、写真がカラー印刷となっています。このため、適応火災マークの識別が容易にでき、また、ガス容器は、緑色とねずみ色の識別ができるようになっています。本書は白黒印刷のため、このような識別が難しいため、適応火災マークを読み取る等の必要がある問題においては、消火器メーカー各社からいただいた写真に、一部加工（適応火災マークのはめ込み等）を施しています。

※水消火器及び強化液消火器は、法令では〔棒状〕〔霧状〕の区分がありますが、一般には、霧状に放射するノズルが装着されたものが流通しています。そのため、「実技　鑑別等試験」においては、**問題で特に指定がない限り、水消火器及び強化液消火器については〔霧状〕**として問題を解いてください。

※消火器の全体写真は、消火器メーカー各社のご協力をいただいて掲載しました。
本書で表記している略称と会社名は次のとおりです。
◇ヤマトプロテック…ヤマトプロテック株式会社
◇モリタ宮田…モリタ宮田工業株式会社
◇ハツタ…株式会社初田製作所
◇セコム…セコム株式会社

第7章

1. メーカー別の主な消火器の外観

■1. 純水ベースの水（浸潤剤等入り）消火器

ヤマトプロテック YWS-3X	モリタ宮田 WS3	ハツタ PWE-3S

■2. 強化液（中性）消火器

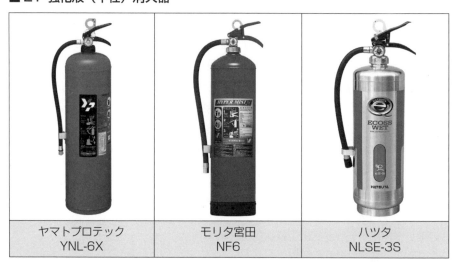

ヤマトプロテック YNL-6X	モリタ宮田 NF6	ハツタ NLSE-3S

第7章

■３．化学泡消火器

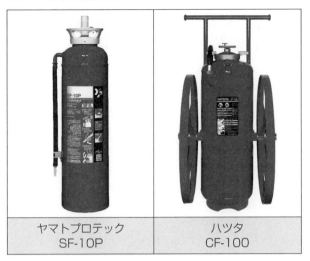

ヤマトプロテック SF-10P	ハツタ CF-100

■４．機械泡（水成膜）消火器

ヤマトプロテック YVF-6	モリタ宮田 FF6	ハツタ ARMFE-6S

■5．二酸化炭素消火器

ヤマトプロテック YC-10XⅡ	モリタ宮田 MCF10	ハツタ CG-10

■6．蓄圧式粉末消火器

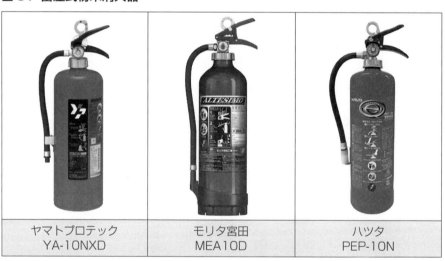

ヤマトプロテック YA-10NXD	モリタ宮田 MEA10D	ハツタ PEP-10N

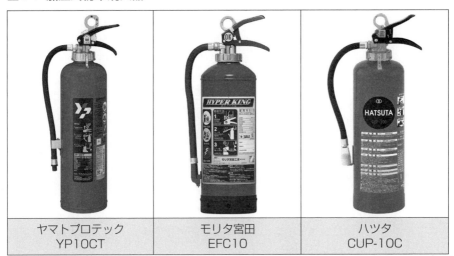

ヤマトプロテック YP10CT	モリタ宮田 EFC10	ハツタ CUP-10C

2. 適応する消火器

【1】下の写真の中から、「油火災」と「電気火災」のみに適応するとされている消火器を選び、記号で答えなさい。また、その消火器の名称を答えなさい。

□　　A　　　　　　　B　　　　　　　C　　　　　　　D

※ノズルは若干異なる場合があります（編集部）。

【1】正解

記号：D　　　名称：二酸化炭素消火器

　写真A：化学泡消火器で、電気火災（C火災）には適応しない。

　写真B＆C：強化液消火器（霧状）または蓄圧式粉末消火器である。写真だけでは特定できない。また、粉末消火剤はABC用とBC用のものがあり、BC用と仮定した場合、答えが２つ存在することになり、不合理である。このような場合は、明らかに「油火災」と「電気火災」にのみ適応するDの二酸化炭素消火器を答えとする。

3. 車載式&大型消火器

【1】下の写真A～Eは、車載式消火器を示したものである。危険物施設に設置する第５種消火設備に該当するものを２つ選び記号で答えなさい（消火器名の下段には消火薬剤の質量又は容量を示す。）。

A．強化液消火器
30リットル

B．機械泡消火器
20リットル

C．粉末消火器
20キログラム

D．二酸化炭素消火器
23キログラム

E．化学泡消火器
80リットル

【2】 下の写真は、車載式の消火器の一例を示したものである。大型消火器に該当しないものを2つ選び、記号A～Eで答えなさい。なお、写真の下の表記は、消火薬剤別の消火器の名称及び充てんされている消火薬剤の量である。[★]

A．強化液消火器
20リットル

B．機械泡消火器
20リットル

C．粉末消火器
20キログラム

D．二酸化炭素消火器
23キログラム

E．化学泡消火器
96リットル

【3】 下の写真は、車載式の消火器の一例を示したものである。危険物施設に設置
する第4種消火設備に該当するものをすべて選び、A〜Dで答えなさい。なお、
写真の下の表記は、消火薬剤別の消火器名及び消火薬剤の容量又は質量である。

[★]

□

A.

強化液消火器
20リットル

B.

機械泡消火器
20リットル

C.

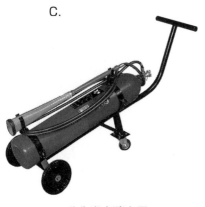

二酸化炭素消火器
23キログラム

D.

粉末消火器
20キログラム

【4】下の写真は、大型消火器の一例を示したものである。次の各設問に答えなさい。

□　1．この消火器は、消防法で定める危険物を取り扱う製造所に設置する場合
　　　に、第何種の消火設備として設置されるか答えなさい。
　　2．この消火器の消火剤の質量は何 kg 以上でなければならないか答えなさい。

【5】下の写真は「大型粉末消火器」を示したものである。次の各設問に答えなさ
い。

□　1．この消火器の適応火災は、A 火災、B 火災、C 火災である。消火薬剤の色
　　　を答えなさい。
　　2．B 火災に適応する大型消火器の総務省令に定められている能力単位の数値
　　　を答えなさい。

【6】下の写真はある大型粉末消火器を示したものである。次の各設問に答えなさい。

(横)　　　　　　　(正面)　　　　　　　(後方)

☐　1．消火器は、携帯又は運搬の方法により4種類に分類されるが、この消火器はいずれに分類されるか答えなさい。

2．この消火器がA火災に適応する場合、能力単位の数値はいくつ以上か答えなさい。

【7】下の写真A及びBに示す消火器の名称を、下記の語群から選び記号で答えなさい。

 　　A　　　　　　　　　　　　B

語　群

ア．機械泡消火器	イ．蓄圧式粉末消火器
ウ．加圧式粉末消火器	エ．大型消火器（粉末）
オ．大型消火器（ハロゲン化物）	

【8】 下の写真は、粉末消火器の一例を示したものである。次の各設問に答えなさい。

（消火薬剤質量 40kg）

☐ 1. この消火器は、規格省令上、何動作以内で放射できるか答えなさい。

2. この消火器は、何 kg 以上の消火薬剤を放射できなければならないか、計算式とともに答えなさい。

3. 規格省令上、この消火器の使用温度範囲として含めなくてはならない温度範囲を答えなさい。

【9】 下の写真A及びBに示す大型消火器について、次の各設問に答えなさい。

A

B

☐ 1. これらに充てんされる消火剤の量をそれぞれ答えなさい。

（A：　　　　　リットル以上）　　（B：　　　　　kg 以上）

2. これらの大型消火器でB火災に適応するものの能力単位の数値は、いくつ以上でなければならないか答えなさい。

【1】正解

A、D

　危険物の規制に関する政令第20条では、危険物の設備ごとに設置しなければならない消火設備を定めている。また、**同政令別表第5**では、消火設備を次のように定めている。

第１種消火設備	屋内消火栓設備、屋外消火栓設備
第２種消火設備	スプリンクラー設備
第３種消火設備	水蒸気・水噴霧・泡・不活性ガス・ハロゲン化物・粉末の各消火設備
第４種消火設備	大型消火器
第５種消火設備	小型消火器、簡易消火用具

〔大型消火器〕

消火器の種類	消火薬剤の量
水消火器	80リットル以上
化学泡消火器	80リットル以上
強化液消火器	60リットル以上
機械泡消火器	20リットル以上
二酸化炭素消火器	50kg以上
ハロゲン化物消火器	30kg以上
粉末消火器（加圧式・蓄圧式）	20kg以上

　第５種消火設備は、小型消火器及び簡易消火用具が該当する。小型消火器に該当するのは、大型消火器としての消火薬剤の規定量を満たしていないAとDである。

【2】正解

A、D

【3】正解

B、D

　第４種消火設備は、大型消火器が該当する。大型消火器としての消火薬剤の規定量を満たしているものは、BとDである。

【4】正解

> 1．第4種
> 2．20kg以上

　写真は、本体容器の後部に加圧用ガス容器（ボンベ）が設けられている形式の「大型粉末消火器」である。

　危険物の規制に関する政令の別表第5より、大型消火器は第4種消火設備に該当し、粉末消火器の消火薬剤の質量は20kg以上でなければならない。

【5】正解

> 1．淡紅色
> 2．20

　写真は、本体容器の後部に加圧用ガス容器（ボンベ）が設けられている形式の「大型粉末消火器」である。A・B・C火災（普通・油・電気火災）に適応することから、消火薬剤はリン酸塩類（リン酸二水素アンモニウム）が使われている。この場合、消火薬剤規格第7条により、消火薬剤は淡紅色に着色されていなければならない。

　大型消火器の能力単位は、消火器規格第2条によりA火災（普通火災）で10以上、B火災（油火災）で20以上と定められている。

【6】正解

> 1．車載式
> 2．10以上

　写真は、本体容器の後部に加圧用ガス容器（ボンベ）が設けられている形式の「大型粉末消火器」である。消火器は、携帯又は運搬の装置により、①手提げ式、②据置式、③背負式、④車載式に分類される。写真の「大型粉末消火器」は車載式である。

　大型消火器の能力単位は、消火器規格第2条によりA火災（普通火災）で10以上、B火災（油火災）で20以上と定められている。

注意：実際の試験問題では、消火器の横及び正面から撮影した写真が提示されましたが、本書では、加圧用ガス容器が装着されていることがよく解るように後方からの写真を追加しています（編集部）。

【7】正解

```
A．イ
B．エ
```

　写真Aは、指示圧力計が装着されていることから、蓄圧式となる。語群を見ると、大
型消火器を除いたものは、３種類ある。このうち、ウの加圧式は除外できる。また、ア
の機械泡消火器も、ノズルの形状から除外できる。従って、写真Aは残るイの蓄圧式粉
末消火器となる。

　写真Bは、形状と語群から大型消火器である。本体容器の後部に加圧用ガス容器（ボ
ンベ）が設けられていることから、消火薬剤は粉末タイプである。ハロゲン化物の場合
は、蓄圧式となる。

【8】正解

```
1．三動作以内
2．36kg以上　　計算式：40kg×90％
3．0℃以上40℃以下
```

　写真は、本体容器の後部に加圧用ガス容器（ボンベ）が設けられている形式の「大型
粉末消火器」である。

1．動作数は、手提げ式が一動作、化学泡消火器及び背負式が二動作以内、車載式が三
　動作以内となっている。「第6章　３．操作の機構」278P参照。

2．充てんされた消火薬剤は、容量または質量の90％以上（化学泡は85％以上）を放
　射できなければならない。「第6章　６．放射性能」283P参照。

3．規格省令上の使用温度範囲は、０℃以上40℃以下（化学泡は５℃以上40℃以下）。
　「第6章　７．使用温度範囲」285P参照。

【9】正解

```
1．A：80リットル以上　　B：20kg以上
2．20以上
```

1．写真Aは、適応火災が普通火災（A火災）・油火災（B火災）になっている。更に、
　充てんされる消火剤の量が「リットル」で示されていることから、化学泡消火器また
　は機械泡消火器となる。写真Aは、形状から化学泡消火器と憶える。

　　水（霧状）消火器 ⇒ 普通火災（A火災）・電気火災（C火災）に適応し、強化液
　　（霧状）消火器 ⇒ 普通・油・電気火災（A・B・C火災）に適応するため、ここで
　　は除外される。

　　写真Bは、適応火災が普通火災（A火災）・油火災（B火災）・電気火災（C火
　　災）となっている。更に、充てんされる消火剤の量が「kg」で示されていることか
　　ら、写真Bは、粉末消火器となる。

2．大型消火器の能力単位は、消火器規格第２条によりA火災（普通火災）で10以上、
　B火災（油火災）で20以上と定められている。

4. 各種消火器の特徴と構造（1種類）

【1】 下の写真は二酸化炭素消火器を示したものである。次の各設問に答えなさい。

☐ 1. この消火器で適応するとされている火災種別を、ア～
　　カから選び記号で答えなさい。

　　ア. 普通火災（A火災）

　　イ. 油火災（B火災）

　　ウ. 電気火災（C火災）

　　エ. 普通火災（A火災）と油火災（B火災）

　　オ. 油火災（B火災）と電気火災（C火災）

　　カ. 普通火災（A火災）と電気火災（C火災）

　2. 普通火災（A火災）、油火災（B火災）、電気火災（C火災）
　　のうち、能力単位の数値が総務省令に定められていない
　　ものはどれか答えなさい。

【2】 下の写真に示す消火器（【1】と同じため省略）について、次の各設問に答え
なさい。

☐ 1. 法令上、この消火器を設置することができない防火対象物の用途をすべて
　　答えなさい。

　2. この消火器に充てんされている消火薬剤の状態について、適切な語句を○
　　で囲みなさい。

　　［　気体　・　液体　・　固体　］

【3】 次の文は、写真に示す消火器（【1】と同じため省略）について述べたもので
ある。この消火器の名称を答えなさい。また、文中の（　）内に当てはまる語句
を答えなさい。

☐ 　　この消火器の消火薬剤は、通常、消火器に充てんされた状態では（①）し
　　ており、消火効果としては、消火薬剤放出の際の気化潜熱による若干の（②）
　　効果と消火薬剤自体による（③）効果が考えられる。

【4】下の写真は、蓄圧式の消火器の一例を示したものである。次の各設問に答えなさい。

□ 1．蓄圧式の消火器で、指示圧力計を設けなくてもよいとされているものをすべて答えなさい。

2．指示圧力計の圧力検出部の材質が、SUSと表示されている。その材質を答えなさい。

【5】下の写真は、蓄圧式の消火器を示したものである。次の各設問に答えなさい。

□ 1．この消火器の名称を答えなさい。

2．この消火器について、規格省令に定められている使用温度の範囲を、下記から選び記号で答えなさい。

　　　ア．−10℃以上＋40℃以下　　　　イ．−5℃以上＋40℃以下
　　　ウ．0℃以上＋40℃以下　　　　　　エ．＋5℃以上＋40℃以下

【6】下の写真に示す消火器について、次の各設問に答えなさい。

☐ 　1．この消火器の名称を答えなさい。
　　2．この消火器の使用温度範囲を答えなさい。

【7】下の図は、ある消火器の概略を示したものである。次の各設問に答えなさい。

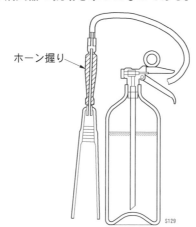

ホーン握り

☐ 　1．この消火器の名称を答えなさい。
　　2．この消火器は、外面の25パーセント以上を何色仕上げとしなければならな
　　　いか答えなさい。
　　3．この消火器は、どのような火災に適応するか、解答欄の該当する火災種別
　　　をすべて○で囲み答えなさい。
　　解答欄　〔普通火災（A火災）・油火災（B火災）・電気火災（C火災）〕

335

【8】右の図は、ある消火器を示したものである。次の各設問に答えなさい。

□　1．この消火器は自動車用消火器として
　　　使用されているが、この消火器の名称
　　　を答えなさい。

　　2．この消火器を第4類の危険物を移送
　　　する移動タンク貯蔵所に設置する場合、
　　　消火器1本あたり最低限必要とされる
　　　消火剤の充てん量を答えなさい。また、
　　　何本以上設置しなければならないか答
　　　えなさい。

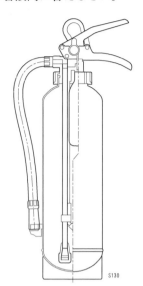

S130

【9】右の写真は加圧用ガス容器を取り外した粉末消火器の一部を表したものであ
　　る。次の各設問に答えなさい。[★]

□　1．加圧用ガスは、矢印A～Eのどの
　　　部分から消火器の内部へ噴射される
　　　か、記号で答えなさい。

　　2．矢印Bで示す部分の名称を答えな
　　　さい。

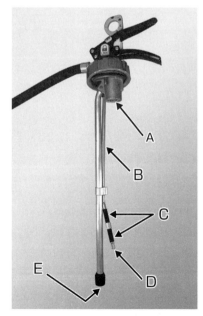

【10】写真は消火器の部品の一例を示したものである。矢印A及びBで示す部品の名称及び役割をそれぞれ答えなさい。

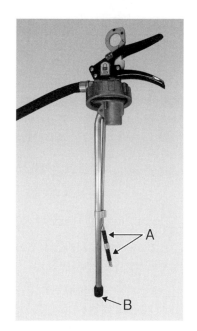

【11】下の写真は粉末消火器の内部構造の一例を示したものである。矢印A〜Dの各部分の名称を下の語群から選び、記号で答えなさい。

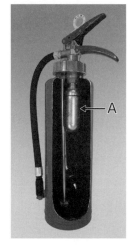

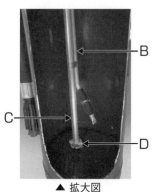

▲ 拡大図

語群

ア．封板	イ．逆流防止装置	ウ．起動用ガス容器
エ．キャップ	オ．粉上り防止用封板	カ．サイホン管
キ．加圧用ガス容器	ク．ガス導入管	

【12】下の図は加圧式粉末消火器の構造を示したものである。次の各設問に答えな
さい。

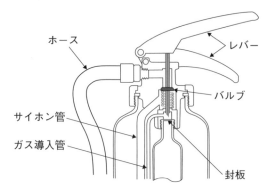

□ 1．バルブが付設されているものについて、放射の機構としてのバルブの役割
を答えなさい。
2．バルブが付設されていないものは、一般に消火薬剤の量が何kg以下の場合
か答えなさい。

【13】右の図は、化学泡消火器の断面図を示したものである。次の各設問に答えな
さい。

□ 1．この化学泡消火器の操作機構上の
方式を答えなさい。
2．この消火器の薬剤を放射する際の
操作の手順を記述しなさい。

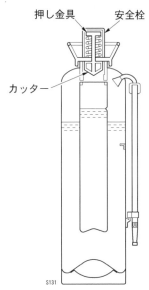

【14】下の写真に示す消火器について、次の各設問に答えなさい。

□ 1．この消火器の名称及び加圧方式を答えなさい。
   2．矢印で示す消火器の外面は何％以上を赤色仕上げとしなければならないか
   答えなさい。

【15】下の写真に示す消火器について、次の各設問に答えなさい。

□ 1．この消火器の名称及び操作機構上の方式を答えなさい。
   2．この消火器の使用温度範囲を答えなさい。

【16】 右の写真はある消火器を示したものである。下の説明文のア〜カについて誤っているものをすべて選び、記号で答えなさい。

[説明文]

☐ ア．消火薬剤の主成分は炭酸水素ナトリウムである。

　イ．消火薬剤を霧状に放射する。

　ウ．油火災には適応しない。

　エ．指示圧力計は、内部の加圧用ガス容器の圧力を
　　　表示している。

　オ．使用温度範囲は－20℃〜＋40℃である。

　カ．レバー操作により放射停止ができる。

【17】 下の写真に示す消火器について、次の各設問に答えなさい。[編]

☐ 1．この消火器は、どのような火災の消火に適応するか、該当する火災種別を
　　すべて○で囲み答えなさい。

　　〔普通火災（A火災）　　油火災（B火災）　　電気火災（C火災）〕

　2．この消火器に使用される消火薬剤を答えなさい。

　3．次の記述について、（　）内に当てはまる語句を記入しなさい。

> 　この消火器は、施行令別表第1（16の2）項、（16の3）項に掲げる防
> 火対象物並びに総務省令で定める（　）、（　）その他の場所に設置しては
> ならない。

　4．設問3の場所に、この消火器を設置してはならない理由を答えなさい。

【18】下の写真に示す消火器について、次の各設問に答えなさい。

□　1．この消火器の名称を答えなさい。

　　2．この消火器が適応する火災について、
　　　解答欄の語句を○で囲みなさい。

　　　解答欄　〔 普通火災 ・ 油火災 ・ 電気火災 〕

消火薬剤質量 23kg

【19】下の写真及び図に示す消火器について、次の各設問に答えなさい。

ハンドル

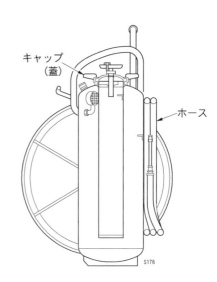

キャップ
（蓋）

ホース

□　1．この消火器の名称及び操作の方式を答えなさい。

　　2．この消火器について、消火薬剤を放射するための操作を2つ答えなさい。
　　　ただし、ホース（ノズル）を取り外す動作は除くものとする。

▶▶正解＆解説‥‥‥

【1】正解

> 1．オ［油火災（Ｂ火災）と電気火災（Ｃ火災）］
> 2．電気火災

二酸化炭素消火器では、能力単位が例えば「Ｂ－2・Ｃ」などと表示されている。

【2】正解

> 1．地下街、準地下街、地階、無窓階（施行令第10条2項）
> 2．液体

写真はホーンがあることから、二酸化炭素消火器である。二酸化炭素消火器は、窒息作用があるため、地下街等への設置が禁止されている。また、二酸化炭素は常温常圧では気体であるが、消火器には高圧で圧縮して液体の状態で充てんされている。

【3】正解

> 名称：二酸化炭素消火器
> ①…液化　　②…冷却　　③…窒息

写真はホーンがあることから、二酸化炭素消火器である。二酸化炭素は常温常圧では気体であるが、消火器には高圧で圧縮して液化した状態で充てんされている。

潜熱は、物質が蒸発したり融解したりするときに、状態の変化のためにだけ費やされて、温度上昇にあずからない熱をいう。融解熱・気化熱（蒸発熱）・昇華熱がある。

【4】正解

> 1．二酸化炭素消火器、ハロン1301消火器
> 2．ステンレス鋼

2．写真は、ステンレス製の蓄圧式消火器である。機械泡消火器はノズルの形状が大きく異なる。このため、純水ベースの水（浸潤剤等入り）消火器、強化液消火器、粉末消火器のいずれかである。

指示圧力計には、圧力検出部（ブルドン管）の材質を表示することになっている。

SUS…ステンレス鋼、Bs…黄銅、PB…リン青銅、BeCu…ベリリウム銅

これらのうち、水系の消火器（水・強化液・機械泡）には、腐食を防ぐためステンレス鋼を使用しなければならない。

【5】正解

> 1．機械泡消火器
> 2．ウ（0℃以上＋40℃以下）

写真は、ノズルの形状から機械泡消火器であることがわかる。

機械泡消火器や強化液消火器の使用温度範囲は、メーカーにより主に−20～40℃に設定されている。しかし法令（消火器規格第10条の2）では次のように定められている。

　　①化学泡消火器　　　　　　　… 5℃以上40℃以下
　　②化学泡消火器以外の消火器 … 0℃以上40℃以下

【6】正解

> 1．蓄圧式強化液消火器
> 2．−20℃～+40℃

　写真は指示圧力計があることから、純水ベースの水（浸潤剤等入り）消火器、強化液消火器、粉末消火器のいずれかである。ノズルの形状からこれらを区別するのは、非常に難しい。しかし、出題者側は必ず正解を用意していることから、編集部では「蓄圧式強化液消火器」であると判断した。

　なお、純水ベースの水（浸潤剤等入り）消火器とした場合、使用温度範囲は0℃～+40℃となる。また、蓄圧式粉末消火器とした場合、使用温度範囲は−30℃～+40℃となる。

【7】正解

> 1．二酸化炭素消火器
> 2．赤色
> 3．油火災（B火災）、電気火災（C火災）

　図は、ホーンがあることから二酸化炭素消火器である。消防法の適用により外面の25％以上を赤色に塗装しなければならない。また、高圧ガス保安法の適用も受けるため、外面の50％以上を緑色に塗装しなければならない。

【8】正解

> 1．加圧式粉末消火器
> 2．充てん量：3.5kg　　本数：2本以上

　図は、加圧用ガス容器の一部が描かれているため、加圧式粉末消火器である。

　「危険物の規制に関する規則」では、危険物の施設を①著しく消火困難な製造所等、②消火困難な製造所等、③その他の製造所等、に分け第5種消火設備（小型消火器等）の設置基準を定めている。

　移動タンク貯蔵所（タンクローリーなど）は③に該当し、自動車用消火器のうち次のものを2本以上設けることとしている（第35条1項2号）。

自動車用消火器	強化液消火器（霧状）…充てん量8L以上	2本以上
	二酸化炭素消火器………充てん量3.2kg以上	
	粉末消火器……………充てん量3.5kg以上	

【9】正解

1．C　　　2．ガス導入管

矢印A：加圧用ガス容器の取付け部。矢印B：ガス導入管。矢印C：逆流防止装置。矢印D：ガス導入管の端部（圧栓）。矢印E：粉上り防止用封板。

加圧用ガス容器内のガスは、ガス導入管⇒逆流防止装置⇒本体容器内へと流れる。逆流装置にはガス噴出孔が開けられている。本体容器内に充てんした圧縮ガスは、粉末消火剤を撹拌するとともに、粉上り防止用封板を破ってサイホン管⇒バルブ⇒ホース⇒ノズルを通り、粉末消火剤と共に放射される。

［参考］矢印B（ガス導入管）の隣の管（サイホン管）を指した問題で出題される可能性もある。

【10】正解

Aの名称：逆流防止装置
Aの役割：粉末消火剤がガス導入管に逆流するのを防止する。
Bの名称：粉上り防止用封板
Bの役割：粉末消火剤がサイホン管に入って詰まるのを防ぐ。

「第4章　15．粉末消火器（加圧式）」226P参照。

【11】正解

A．キ（加圧用ガス容器）　　B．ク（ガス導入管）
C．カ（サイホン管）　　　　D．オ（粉上り防止用封板）

【12】正解

1．バルブの役割：バルブ（開閉バルブ式）は、レバーを放すことによりバルブが閉じるため、放射を停止することができる。
2．消火薬剤の量：3kg以下

バルブがないもの（開放式）は、いったん放射を開始すると途中で放射を停止することができない。主に消火薬剤の量が3kg以下の消火器に採用される方式である。

「第4章　15．粉末消火器（加圧式）」226P参照。

【13】正解

1．破がい転倒式
2．①安全栓を取り外し、押し金具を押し込む。
　　②ホースを外し、ノズルを火元に向ける。
　　③本体容器を転倒させ、底の提手を持つ。

押し金具を押し込むことで、内筒封板が破れる。この後、本体容器を転倒させることで、A剤とB剤が混ざり合い、化学反応が開始する。

【14】正解

1. 名称：粉末消火器　　加圧方式：蓄圧式
2. 25%以上

　写真は、指示圧力計が装着されていることから、蓄圧式の消火器である。蓄圧式の場合、純水ベースの水消火器、強化液消火器、粉末消火器が考えられるが、ノズルがやや広がっている形状であることから、粉末消火器である。

【15】正解

1. 名称：化学泡消火器　　　　操作機構上の方式：破がい転倒式
2. ＋5〜40℃

　破がい転倒式では、押し金具を押し、中のカッターで内筒封板を破る操作が必要となる。この後に、本体容器を転倒させる。

【16】正解

ア、イ、ウ、エ、オ（蓄圧式の粉末（ABC）消火器と判断した場合）

　写真は、指示圧力計が装着されており、また適応火災の表示がＡ火災（普通火災）、Ｂ火災（油火災）、Ｃ火災であるため、蓄圧式の粉末（ABC）消火器もしくは蓄圧式の強化液消火器のどちらかである。粉末（ABC）消火器と強化液消火器でそれぞれの選択肢をみると以下のようになる。

	蓄圧式・粉末（ABC）	蓄圧式・強化液
ア. 消火薬剤の主成分は炭酸水素ナトリウム	×：主成分はリン酸二水素アンモニウム	×：主成分は炭酸カリウム水溶液など
イ. 消火薬剤を霧状に放射する	×	○
ウ. 油火災には適応しない	×：油火災に適応	×：霧状の場合は適応
エ. 指示圧力計は、内部の加圧用ガス容器の圧力を表示	×：蓄圧式のため、加圧用ガス容器はない。指示圧力計は、容器本体内の圧力を示す。	
オ. 使用温度範囲は－20℃〜＋40℃	×：－30℃〜＋40℃	○：－20℃〜＋40℃
カ. レバー操作により放射停止が可	○	○
※ア〜カで誤っているもの	ア、イ、ウ、エ、オ	ア、ウ、エ

【17】正解

1. 適応する火災…油火災（Ｂ火災）、電気火災（Ｃ火災）
2. 二酸化炭素
3. （地階）（無窓階）
4. 密閉空間で使用すると、二酸化炭素濃度が高くなり、人体に有害となるため

　3. の内容は、令第10条2項である。

【18】正解

> 1．車載式二酸化炭素消火器
>
> 2．適応する火災…油火災、電気火災

　二酸化炭素消火器は、普通火災（A火災）に適応しない。

【19】正解

> 1．名称：車載式化学泡消火器　　　操作方式：開がい転倒式
>
> 2．①ハンドルを回して内筒ふたを全開にする。　　②本体を逆さに倒す。

　化学泡消火器は、転倒式、破がい転倒式、開がい転倒式の３種類ある。ハンドルを回すことで内筒ふたが開き、次いで本体を逆さに倒すことで、外筒のA剤に内筒のB剤が混合して一気に発泡する。

5．各種消火器の特徴と構造（複数種類）

【1】下の写真に示す消火器の消火薬剤と消火作用の一般的な関係について、次の各設問に答えなさい。

A.
B.
C.

☐　1．冷却作用（熱、化学エネルギー除去）による消火に該当するものを２つ選び記号で答えなさい。

　2．酸素の希釈による消火に該当するものを選び記号で答えなさい。

　3．負触媒効果による燃焼の連鎖反応を遮断して消火する作用に該当するものを選び記号で答えなさい。

【2】写真のA〜Dは消火器の一例である。各消火器について、規格省令により定められている放射をするまでの動作は何動作か、語群から選び記号を記入しなさい。ただし、安全栓を外す動作及びホースを外す動作を除く。

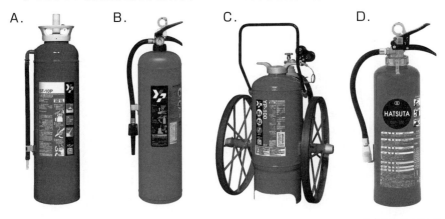

A.　　　　B.　　　　C.　　　　D.

□　語群　| ア．1動作 | イ．2動作以内 | ウ．2動作 | エ．3動作以内 |

【3】写真A〜Cに示す消火器について、次の各設問に答えなさい。

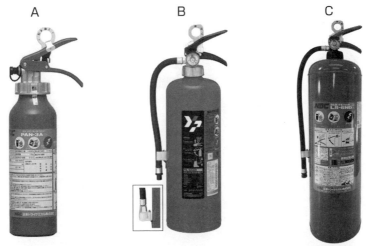

A　　　　B　　　　C

※ノズルは若干異なる場合があります（編集部）。

□　1．同じ種類の消火薬剤が使用されているものを選び、記号で答えなさい。
　　2．設問1で答えた消火器に使用されている消火薬剤の種類を答えなさい。
　　3．Aの消火器の消火薬剤の質量は、何kg以下であるか答えなさい。

【4】下の写真A及びBに示す消火器は、どのような消火作用を利用して消火するか、当てはまるものすべて○で囲みなさい。

A.

B.

□	A	冷却作用	窒息作用	抑制作用
	B	冷却作用	窒息作用	抑制作用

【5】下の写真ア〜ウに示す消火器について、次の各設問に答えなさい。

ア.

イ.

ウ.

□ 1．消火作用として抑制作用（負触媒作用）がないものをすべて選び記号で答えなさい。

2．消火作用として窒息作用と抑制作用があるものをすべて選び記号で答えなさい。

348

【6】下の写真A〜Cは消火器の一例を示したものである。次の各設問に答えなさい。

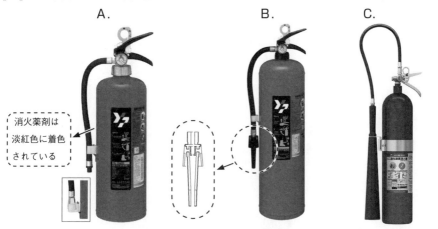

A.

B.

C.

消火薬剤は
淡紅色に着色
されている

※ノズルは若干異なる場合があります（編集部）。

□ 1．A〜Cの各消火器の名称を語群から選び記号で答えなさい。

語群
| ア．二酸化炭素消火器 | イ．粉末（ABC）消火器 |
| ウ．化学泡消火器 | エ．機械泡消火器 |

2．A〜Cの各消火器について、共通する加圧の方式を答えなさい。

【7】下の写真に示す消火器について、次の各設問に答えなさい。

A.  B.  C.  D.

water

□ 1．充てんされた消火剤がリットル表示されている消火器をすべて選び、記号
で答えなさい。

2．消火剤を検定対象機械器具等としない消火器をすべて選び、記号で答えな
さい。

3．Dは、規格省令上、充てんされた消火剤量の何％以上の量を放射できるも
のとされているか。

349

【8】 下の写真ア〜エに示す消火器について、次の各設問に答えなさい。

ア　　　　　　　イ　　　　　　　ウ　　　　　　　エ

- □　1．粉末（ABC）消火薬剤が使用されている消火器はどれか、記号で答えなさい。
- 　2．この消火薬剤の主成分は何か答えなさい。

【9】 写真A〜Cに示す消火器について、次の各設問に答えなさい。

A　　　　　　　　　B　　　　　　　　　C

- □　1．消火剤の種別による消火器の名称を、それぞれ答えなさい。
- 　2．これらのうち、加圧方式が他と異なるものを1つ選び、記号で答えなさい。

【10】 写真A～Dは消火器の一例を示したものである。各消火器の名称及び各消火
器に充てんされている消火剤の状態（気体・液体・固体）を答えなさい。

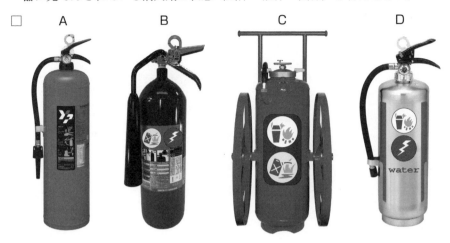

□　　　A　　　　　　　B　　　　　　　C　　　　　　　D

【11】 写真A～Cに示す消火器について、次の各設問に答えなさい。

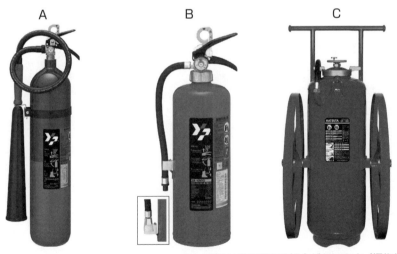

　　　　A　　　　　　　B　　　　　　　C

※ノズルは若干異なる場合があります（編集部）。

□　1．充てんされた消火剤が容量表示されている消火器をすべて選び、記号で答
　　　えなさい。
　　2．設問1の消火器の放射性能は、規格省令上、充てんされた消火剤の容量の
　　　何％以上の量を放射できるものでなければならないとされているか答えなさ
　　　い。

【1】正解

> 1．A、B　　2．B　　3．C

　写真Aはノズルの形状から機械泡消火器、写真Bはホーンがあることから二酸化炭素消火器、写真Cは蓄圧式の粉末消火器または強化液消火器である。しかし、強化液消火器とすると、設問1の答えはA、B、Cの3つになってしまうことから、写真Cは蓄圧式の粉末消火器である。

　二酸化炭素消火器は、内部に二酸化炭素が液化されて充てんされている。ノズルから放射すると、一気に蒸発する。この際、周囲から熱を奪うことによる冷却作用によっても消火する。⇒類似問題333ページ【3】

　設問2は、「酸素の希釈による消火」のため、「燃焼面を覆って酸素を遮断して消火」するAの機械泡消火器やCの粉末消火器は該当しない。

【2】正解

> A．イ（2動作以内）　　B．ア（1動作）
> C．エ（3動作以内）　　D．ア（1動作）

　「第6章　3．操作の機構」278P参照。

　A．破がい転倒式の化学泡消火器（据置式及び背負式）…2動作以内
　B．手提げ式の機械泡消火器（化学泡消火器を除く）……1動作
　C．車載式の大型粉末消火器………………………………3動作以内
　D．加圧式粉末消火器………………………………………1動作

【3】正解

> 1．AとB
> 2．消火薬剤の種類：粉末（ABC）
> 3．消火薬剤の質量：1kg以下

　Aは、日本ドライケミカルのホース無し粉末消火器である。本体側面に3種類の絵表示があることから、消火薬剤の種類は粉末（ABC）となる。また、指示圧力計が装着されていないことから、加圧式となる。

　消火薬剤の粉末（ABC）は、主成分がリン酸二水素アンモニウムとなる。

　Bは、ノズルの形状から、粉末消火器であると判断する。また、指示圧力計があることから蓄圧式となる。

　Cは、ノズルの形状から、強化液消火器であると判断する。

　ホースが無い消火器は、粉末消火器でその消火剤の質量が1kg以下のものが認められている。「第6章　11．ホース」289P参照。

　2．写真のみからBの消火薬剤は、粉末（ABC）と特定することはできない。しかし、（ABC）以外の粉末とした場合、設問2の答えが存在しなくなる。このため、Bの消火薬剤は、粉末（ABC）とした（編集部）。

【4】正解

> A：窒息作用、抑制作用
> B：冷却作用、窒息作用

　写真Aは、指示圧力計が装着されていないことから、加圧式である。また、加圧式で小型の消火器は粉末消火器のみである。更に、本体容器に貼り付けられている適応火災のマークから、加圧式粉末（ABC）消火器である。窒息作用と抑制作用により消火する。

　なお、安全栓下の円形のものは、指示圧力計ではなく使用済み表示装置である。取付位置の違いから判別が可能である。

　写真Bは、化学泡消火器である。冷却作用と窒息作用により消火する。

【5】正解

> 1．ア
> 2．イ、ウ

　写真アは、二酸化炭素消火器である。窒息作用の他、冷却作用がある。

　写真イは、ハロン1301消火器である。窒息作用の他、抑制作用がある。

　写真ウは、加圧式の粉末消火器である。窒息作用の他、抑制作用がある。

【6】正解

> 1．A…イ（粉末（ABC）消火器）
> 　　B…エ（機械泡消火器）
> 　　C…ア（二酸化炭素消火器）
> 2．蓄圧式

　写真Aは、消火薬剤が「淡紅色に着色されている」ことから、粉末（ABC）消火器である。更に指示圧力計が装着されていることから、蓄圧式である。

　写真Bはノズルの形状から機械泡消火器、写真Cはホーンがあることから二酸化炭素消火器である。

　消火器は、加圧の方式から加圧式と蓄圧式に区分される。写真A〜Cは、いずれも蓄圧式である。

【7】正解

> 1．B、D
> 2．A
> 3．85％以上

　写真Aはホーンがあることから二酸化炭素消火器、写真Bは「Water」の表示から霧状の水消火器、写真Cは粉末消火器（一般に、粉末消火器のノズルは先端がやや広がっているものが多いが、凸型の場合もある）、写真Dは適応火災の表示等から開がい転倒式の大型化学泡消火器である。

蓄圧式粉末消火器と強化液消火器は、キャップの大きさによって判定できる場合がある。粉末消火器は粉末を通過させる必要があることから、キャップの径がやや大きくなっている。

1. 消火剤をリットル（L）表示するのは、一般に水系（水・強化液・泡）の消火剤である。
2. 検定対象機械器具等については「第1章　21. 検定制度」84P参照。
3. 「第6章　6. 放射性能」283P参照。

【8】正解

> 1. ア
> 2. リン酸二水素アンモニウム（NH4H2PO4）

　この問題は、消火器本体に貼り付けられている銘板の適応火災のマークで判断する。

　写真イは、油火災（B火災）と電気火災（C火災）に適応する。写真だけではわからないが、蓄圧式の粉末（BC）消火器である。

　写真ウは、ノズルの形状から機械泡消火器である。

　写真エは、普通火災（A火災）と油火災（B火災）に適応する。このことから、機械泡消火器である。

　写真アには、適応火災のマークが貼り付けられていない。しかし、消去法で写真アが粉末（ABC）消火器ということになる。写真アは、日本ドライケミカルの加圧式粉末（ABC）消火器（ABC薬剤1.0kg）で、ノズルを火元に向けて放射する。

【9】正解

> 1. A：機械泡消火器　　B：二酸化炭素消火器　　C：加圧式粉末消火器
> 2. C（加圧式）

　2. Aの機械泡消火器は指示圧力計が装着されており、加圧方式は「蓄圧式」である。また、Bの二酸化炭素消火器は二酸化炭素が液体の状態で充てんされており、加圧方式は「蓄圧式」である。Cの粉末消火器は加圧方式が「加圧式」となっている。Cの消火器はホースが装着されていないが、消火剤の質量が1kg以下の粉末消火器はホース未装着が認められている。「第6章　11. ホース」289P参照。

【10】正解

名称	消火剤の状態
A. 機械泡消火器	液体
B. 二酸化炭素消火器	液体
C. 化学泡消火器	液体
D. 水消火器	液体

【11】正解

> 1. C（化学泡消火器）
> 2. 85%以上

1．A（二酸化炭素消火器）とB（粉末消火器）は質量（g）表示される。
2．放射性能は、「充てんされた消火剤の容量又は質量の90％（化学泡消火薬剤にあっ
ては、85％）以上の量を放射できるものであること」。

■ 6. 簡明な表示（記載表示）

【1】下に示すものは、消火器の写真とその消火器の記載表示の一部である。A～
Eの記載事項及びFに当てはまる語句を答えなさい。

設計標準使用期限	○○○○年まで
製造番号　○　○○○○○○	
製　造　年	○○○○年
総　質　量	4.95kg
【　A　】	A－3・B－7・C
【　B　】	3～6m（＋20℃）
【　C　】	約15s（＋20℃）
【　D　】	－30℃～＋40℃
適　合　薬　剤	当社製薬剤
薬　剤　質　量	3.0kg
消火器の区別	【　F　】
耐圧試験圧力値	2.00MPa
【　E　】	消第○○－○○○号

▶▶正解＆解説‥‥‥‥‥‥‥‥‥‥‥‥‥‥‥‥‥‥‥‥‥‥‥‥‥‥‥‥‥‥‥‥‥‥‥

【1】正解

```
A．能力単位　　B．放射距離　　C．放射時間　　D．使用温度範囲
E．型式番号　　F．蓄圧式粉末消火器
```

　写真は、指示圧力計が装着されていることから、蓄圧式の強化液消火器または粉末消
火器である（機械泡消火器はノズルの形状が異なる）。強化液消火器は、使用温度範囲
が－20℃～40℃であるため除外できる。更に、C火災（電気火災）にも適応すること
から、粉末（ABC）消火器と特定できる。

　「第6章　23. 簡明な表示［1］」309P参照。

【1】下の図に示す防火対象物に、写真に示す消火器を設置する場合、法令上最低限何個必要とされるか、条件に基づき、計算式を示して答えなさい。

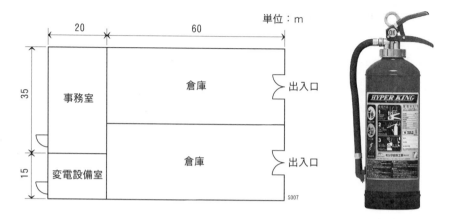

単位：m

条 件

1. 主要構造部が耐火構造である平家建の防火対象物である。
2. 用途は倉庫（消防法施行令別表第1 (14) 項）で飲料製品を保管している。
3. 内装の仕上げは不燃材料である。
4. 無窓階である。
5. 消火器の能力単位の数値は、A火災は4、B火災は10である。
6. 歩行距離及び他の消防用設備等の設置による設置個数の増減は考慮しない。

解答欄

	計算式	個数
総面積に対する設置個数		個
変電設備室への設置個数		個

【2】下の図は、消防法施行令別表第1（4）項に該当する防火対象物の平面図である。下記の条件に基づき、写真の消火器を設置する場合、消防法令上必要とされる本数をそれぞれ答えなさい。

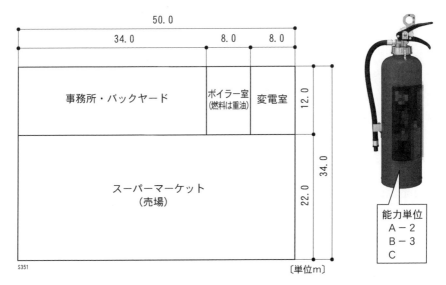

S351　　　　　　　　　　　　　　　　　　　　　　〔単位m〕

条　件

1．主要構造部は耐火構造で、平家建である。
2．内装の仕上げは不燃材料である。
3．ボイラー室以外では多量の火気を使用していない。
4．能力単位は、下の表を用いて算定すること。
5．歩行距離及び他の消防用設備等の設置による設置本数の増減は考慮しない。

表

防火対象物等の区分	面　積
（4）項	100m^2
ボイラー室	25m^2
変電室	100m^2

解答欄

（4）項の床面積に対する設置本数	本
ボイラー室の設置本数	本
変電室の設置本数	本

357

【3】下の図は、3階部分にある飲食店の平面図を示したものである。下記の条件に基づき、消火器（大型消火器以外の消火器）を設置する場合、能力単位はいくつ以上でなければならないか、また消火器は何本以上必要となるか、語群のア～コから選び、記号で答えなさい。

条　件

1．主要部分は耐火構造であり、かつ、内装は不燃材料で仕上げてある。
2．他の消防用設備等の設置による緩和については、考慮しない。
3．消火器の設置については、歩行距離を考慮しない。
4．設置する消火器1本の能力単位の数値は、2である。

表（消防法施行規則第6条抜粋）

防火対象物の区分		面積
（1）項イ　劇場等	（2）項　キャバレー、遊技場等	50m^2
（1）項ロ　公会堂等	（3）項　料理店、飲食店等	100m^2
（11）項　神社等	（15）項　事務所、その他の事業所等	200m^2

図　3階平面図

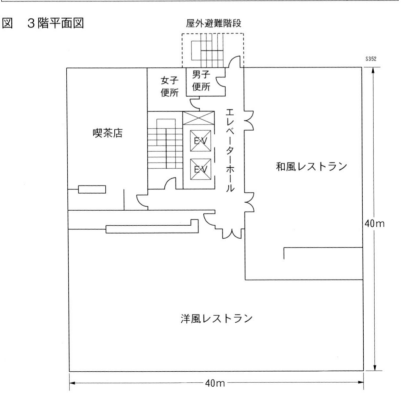

語　群

ア．16	イ．14	ウ．12	エ．10	オ．8
カ．6	キ．5	ク．4	ケ．3	コ．2

□ 解答欄

能力単位	
消火器本数	

【4】 下の立面図は、2階建ての複合用途防火対象物で、その階ごとの用途及び床面積を示したものである。下記の条件に基づき、消火器（大型消火器以外の消火器）を設置する場合、法令上必要とされる最小の能力単位の数値及び設置個数を、語群のア〜コから選び、記号で答えなさい。

条　件

1．主要構造部は耐火構造で、内装は不燃材料で仕上げてある。
2．能力単位の数値は、下の表を用いて算定すること。
3．消火器1個の能力単位の数値は、2とする。
4．他の消防用設備等の設置による緩和及び歩行距離については、考慮しないものとする。
5．飲食店に設置された火を使用する設備及び器具は、規則に定める有効な措置を講じたものである。

立面図

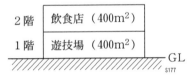

2階	飲食店（400m²）
1階	遊技場（400m²）

GL
S177

表

防火対象物の区分		面積
（1）項イ　劇場等	（2）項　キャバレー、遊技場等	50m²
（1）項ロ　公会堂等	（3）項　料理店、飲食店等	100m²

語　群

ア．14	イ．12	ウ．10	エ．8	オ．6
カ．5	キ．4	ク．3	ケ．2	コ．1

解答欄

□		1階	2階
	能力単位の数値		
	設置個数		

359

【5】図は、3階建の複合用途防火対象物の立面図で、その階ごとの用途及び床面積を示したものである。下記の条件により消火器を設置する場合、法令上必要とされる各階の最小の個数を答えなさい。

条　件

1．主要構造部は耐火構造であり、内装は不燃材料で仕上げてある。
2．他の消防用設備等の設置による緩和については、考慮しない。
3．消火器の設置については、歩行距離を考慮しない。
4．能力単位の数値（算定基礎数値）は、防火対象物又はその部分の床面積を、下表に定める面積で除した数値である。
5．設置する消火器1個の能力単位の数値は、A−2である。

立面図

表

防火対象物の区分		面積
（1）項イ　劇場等	（2）項　キャバレー、遊技場等	50m^2
（1）項ロ　公会堂等	（3）項　料理店、飲食店等	100m^2
（11）項　神社等	（15）項　事務所、その他の事業所等	200m^2

解答欄

	1階	2階	3階
設置個数			

【6】図に示した防火対象物に、次の条件に基づき消火器を設置する場合、その必要最小個数を、防火対象物の床面積及び防火対象物の各部分についてそれぞれ答えなさい。

〈条件〉

1．この防火対象物は、政令別表第1（12）項イに該当する用途である。
2．この階は、無窓階には該当しないものとする。
3．主要構造部は耐火構造で、この階の内装は準不燃材料で仕上げてある。
4．歩行距離による規制は考慮しないものとする。
5．他の消防用設備等の設置による設置個数の減少はないものとする。
6．能力単位の数値は、防火対象物の床面積を100m²（算定基準面積）で除して得たものとする。
7．設置する消火器1個の能力単位は、A火災及びB火災に対してともに1とする。

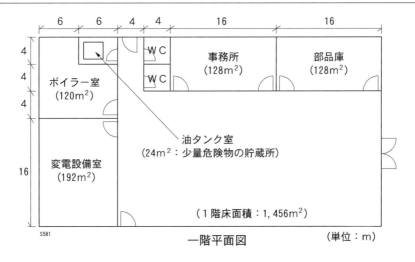

一階平面図　　　　　（単位：m）

解答欄

1階の床面積に対する個数	油タンク室（少量危険物の貯蔵所）

変電設備室	ボイラー室

【1】正解

総面積に対する設置個数	計算式	$\dfrac{4,000}{200} \div 4$	⇒	個数	5個
変電設備室への設置個数	計算式	$\dfrac{300}{100}$		⇒	個数	3個

◎〔総面積に対する設置個数〕

設問の条件より、防火対象物の用途は「倉庫」であるため、算定基準面積は100m²となる（「第2章 2．能力単位の算定」96P参照）。ただし、耐火構造で内装が不燃材料で仕上げられている場合は、算定基準面積は2倍の200m²となる。なお、法令（規則第6条2項）では「難燃材料」としているが、難燃材料は不燃材料を含むため、そのまま算定基準面積を2倍とする規定を適用する。（規則第6条1項・2項）。

床面積は、（15m＋35m）×（20m＋60m）＝4,000m²となる。

床面積を算定基準面積で除した数＝$\dfrac{4,000\text{m}^2}{200\text{m}^2}=20$

消火器の能力単位の数値は、A火災用の「4」を用いる。⇒20÷4＝5個必要となる。

◎〔変電設備室への設置個数〕

規則第6条4項では、電気設備がある場所の床面積100m²以下ごとに、電気火災（C火災）に適応する消火器を1個設けるよう規定している。変電設備室の床面積は、15m×20m＝300m²となり、300m²÷100m²＝3個必要となる。なお、写真の消火器は指示圧力計が装着されておらず、A火災（普通火災）に適応することから、加圧式の粉末（ABC）消火器である。

【2】正解

（4）項の床面積に対する設置本数…5本
ボイラー室の設置本数……………2本
変電室の設置本数…………………1本

写真は、加圧式粉末（ABC）消火器である。

◎〔（4）項の床面積に対する設置本数〕

（4）項は、「百貨店、マーケットその他の物品販売業を営む店舗又は展示場」となる。設問の表より、算定基準面積は100m²となる。ただし、耐火構造で内装が難燃材料（不燃材料を含む）で仕上げられている場合は、算定基準面積は2倍の200m²となる。

床面積は、50m×34m＝1,700m²となる。

床面積を算定基準面積で除した数＝$\dfrac{1,700\text{m}^2}{200\text{m}^2}=8.5$

消火器の能力単位の数値は、A火災用の「2」を用いる。⇒8.5÷2＝4.25 ⇒5本必要となる。

◎〔ボイラー室の設置本数〕
　防火対象物またはその部分にボイラー室など多量の火気を使用する場所があるとき
は、更に「建築物その他の工作物」の消火に適応する消火器具を備えなければならない
（規則第6条5項）。消火器具は、その能力単位の数値の合計数が、床面積を25m²で除
して得た数以上の数値となるようにする。ボイラー室の床面積は、8m×12m＝96m²
となり、96m²÷25m²＝3.84となる。消火器の能力単位の数値は、A火災用の「2」を
用いることから、3.84÷2＝1.92⇒2本必要となる。

◎〔変電室の設置本数〕
　規則第6条4項では、電気設備がある場所の床面積100m²以下ごとに、電気火災（C
火災）に適応する消火器を1本設けるよう規定している。変電室の床面積は、8m×
12m＝96m²となるため、1本必要となる。

【3】正解

能力単位…オ（8）　　　消火器本数…ク（4）

◎〔能力単位〕
　設問の条件より、防火対象物の用途は「料理店、飲食店等」であり、算定基準面積は
100m²となる。ただし、耐火構造で内装が難燃材料（不燃材料を含む）で仕上げられて
いる場合は、算定基準面積は2倍の200m²となる。
　必要とされる能力単位の数値⇒（40m²×40m²）÷200m²＝8となる。

◎〔消火器本数〕
　消火器1本の能力単位の数値が2であることから、必要な消火器は8÷2＝4本とな
る。

【4】正解

能力単位の数値　　1階…キ（4）　　　2階…ケ（2）
設置個数　　　　　1階…ケ（2）　　　2階…コ（1）

◎〔1階の床面積に対する能力単位及び設置個数〕
　1階は「遊技場」であるため、算定基準面積は50m²となる。ただし、耐火構造で内
装が不燃材料で仕上げられている場合は、算定基準面積は2倍の100m²となる。なお、
法令（規則第6条2項）では「難燃材料」としているが、この場合、難燃材料は準不燃
材料及び不燃材料を含むため、そのまま算定基準面積を2倍とする規定を適用する。
　必要とされる能力単位の数値⇒ 400m²÷100m²＝4
　消火器1個の能力単位の数値が2のため、必要な消火器は4÷2＝2個必要となる。
　〔参考〕建築基準法に定められた「防火材料」は、「不燃材料」「準不燃材料」「難燃材料」
　　　　の3つに分類され、主に以下のような違いがある。

　　　・不燃材料　　⇒　加熱開始後20分間、燃焼などを生じないこと

　　　・準不燃材料　⇒　加熱開始後10分間、燃焼などを生じないこと

　　　・難燃材料　　⇒　加熱開始後5分間、燃焼などを生じないこと

◎〔飲食店について〕

　火を使用する設備又は器具（防火上有効な措置として総務省令で定める措置が講じられたもの）を設置した場合、延べ面積が150m²以上で消火器の設置が必要となる。

「第2章　1．消火器具の設置が必要な防火対象物」90P参照。

◎〔2階の床面積に対する能力単位及び設置個数〕

　2階は「飲食店」であり、算定基準面積は100m²であるが、1階と同様に2倍の200m²となる。

　必要とされる能力単位の数値⇒ 400m²÷200m²＝2

　消火器1個の能力単位の数値が2のため、必要な消火器は2÷2＝1個となる。

【5】正解

> 設置本数：1階…2個　　2階…1個　　3階…1個

◎〔1階の床面積に対する能力単位及び設置個数〕

　1階は「遊技場」であるため、算定基準面積は50m²となる。ただし、耐火構造で内装が不燃材料で仕上げられている場合は、算定基準面積は2倍の100m²となる。なお、法令（規則第6条2項）では「難燃材料」としているが、この場合、難燃材料は準不燃材料及び不燃材料を含むため、そのまま算定基準面積を2倍とする規定を適用する。

　必要とされる能力単位の数値⇒ 400m²÷100m²＝4

　消火器1個の能力単位の数値がA－2のため、必要な消火器は4÷2＝2個必要となる。

◎〔2階の床面積に対する能力単位及び設置個数〕

　2階は「飲食店」であり、算定基準面積は100m²であるが、1階と同様に2倍の200m²となる。

　必要とされる能力単位の数値⇒ 400m²÷200m²＝2

　消火器1個の能力単位の数値がA－2のため、必要な消火器は2÷2＝1個となる。

◎〔3階の床面積に対する能力単位及び設置個数〕

　3階は「事務所」であり、算定基準面積は200m²であるが、1階と同様に2倍の400m²となる。

　必要とされる能力単位の数値⇒ 400m²÷400m²＝1

　消火器1個の能力単位の数値がA－2のため、必要な消火器は1個となる。

　消火器は、その能力単位の数値の合計数（この設問では2）が、計算で得られた数以上の数値（この設問では1）となるように設けなければならない。

【6】 正解

1階の床面積に対する個数：8個	油タンク室：1個
変電設備室：2個	ボイラー室：5個

◎〔1階の床面積に対する能力単位及び設置個数〕

1階は条件により、算定基準面積が100m²である。ただし、耐火構造で内装が準不燃材料で仕上げられている場合は、算定基準面積は2倍の200m²となる。なお、法令（規則第6条2項）では「難燃材料」としているが、この場合、難燃材料は準不燃材料及び不燃材料を含むため、そのまま算定基準面積を2倍とする規定を適用する。

必要とされる能力単位の数値⇒ 1,456m²÷200m²＝7.28

消火器1個の能力単位の数値が1のため、必要な消火器は8個となる。

◎〔油タンク室への設置個数〕

規則第6条3項では、少量危険物の貯蔵所に適応する消火器を設置するよう定めている。設問では少量危険物の数量が示されていないが、〔少量危険物＝指定数量の5分の1以上で指定数量未満〕であることから、〔少量危険物の数量÷指定数量〕は1未満となる。従って、必要な消火器は1個となる。

◎〔変電設備室への設置個数〕

規則第6条4項では、変圧器等の電気設備がある場所の床面積100m²以下ごとに、電気火災（C火災）に適応する消火器を1個設けるよう規定している。変電設備室の床面積は、192m²であることから、必要な消火器は2個となる。

◎〔ボイラー室への設置個数〕

防火対象物またはその部分にボイラー室など多量の火気を使用する場所があるときは、更に「建築物その他の工作物」の消火に適応する消火器具を備えなければならない（規則第6条5項）。消火器具は、その能力単位の数値の合計数が、床面積を25m²で除して得た数以上の数値となるようにする。ボイラー室の床面積は120m²であり、120m²÷25m²＝4.8となる。従って、必要な消火器は5個となる。

【1】 下の写真は、消火器の一部を示したものである。次の各設問に答えなさい。

□ 1．矢印で示す孔の名称を答えなさい。
　　2．この孔の機能を答えなさい。

【2】 下の写真は、消火器の一部を示したものである。次の各設問に答えなさい。

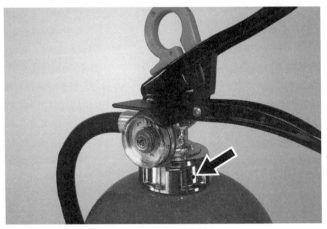

□ 1．矢印で示す孔の名称を答えなさい。
　　2．この孔（同じ働きをもつ溝を含む）が設けられていない消火器の種別を2
　　　つ答えなさい。

【3】 下の写真は、ガス加圧式の消火器に使用されている加圧用ガス容器を示した
ものである。次の各設問に答えなさい。

（亜鉛めっき）	（塗色：緑色）	（塗色：ねずみ色）
A	B	C

☐ 1. 高圧ガス保安法の適用を受けない容器をすべて選び、記号で答えなさい。
　 2. ガスの再充てんが可能な容器をすべて選び、記号で答えなさい。

【4】 下の写真は、ガス加圧式の消火器に使用されている加圧用ガス容器の一例を
示したものである。次の各設問に答えなさい。

☐ 1. この加圧用ガス容器に充てんされているガスの種類を2つ答えなさい。
　 2. この加圧用ガス容器の内容積は、何 cm^3 以下とされているか答えなさい。

【5】下の図は消火器の一部分を示したものである。次の各設問に答えなさい。

[★]

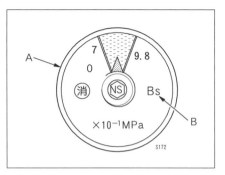

□ 1．矢印Aで示す計器を設けなくてもよいとされている蓄圧式の消火器の種類
　　　をすべて答えなさい。ただし、住宅用消火器を除く。
　2．矢印Bで示す記号（Bs）は、ある部分の材質を表示している。ある部分
　　　とはどこか答えなさい。
　3．「Bs」の材質を、下記から選び記号で答えなさい。
　　　ア．ステンレス鋼　　　　イ．リン青銅
　　　ウ．黄銅　　　　　　　　エ．ベリリウム銅

【6】下の写真は、蓄圧式の消火器の一例を示したものである。次の各設問に答え
なさい。

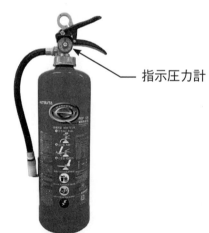

指示圧力計

□ 1．蓄圧式の消火器で、指示圧力計を設けなくてもよいとされているものをす
　　　べて答えなさい。
　2．指示圧力計の圧力検出部の材質が、SUSと表示されている。その材質を
　　　答えなさい。

【7】下の写真はある消火器の内部を示したものである。矢印で示す部分の名称と
　　役割を答えなさい。

□

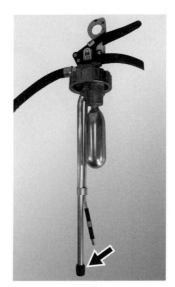

【8】下の写真は「ある消火器」の部品の一例を示したものである。この部品につ
　　いて、次の記述の①〜④に当てはまる語句を答えなさい。[★]

□

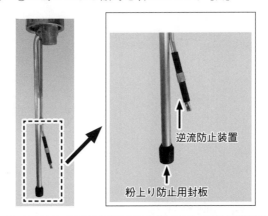

逆流防止装置

粉上り防止用封板

　粉上り防止用封板、逆流防止装置ともに（①）を防止する役割をもつもので
あり、粉上り防止用封板は（②）の、逆流防止装置は（③）の先端に装着される。
　また、粉上り防止用封板については開放式では、（④）の機能も兼ねている。

【9】下の写真は、粉末消火器の部品を示したものである。次の各設問に答えなさい。

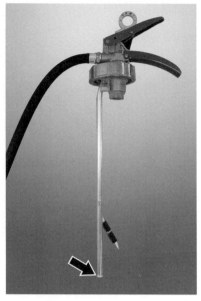

1. 写真では、矢印で示されている部品が取り外されている。この部品の名称を下記の語群から選び、記号で答えなさい。

語群

> ア．フィルター
> イ．粉上り防止用封板
> ウ．逆流防止装置
> エ．ゴムキャップ

2. この部品を取り付ける目的を1つ答えなさい。

【10】下の写真A及びBは、消火器の内部構造と消火薬剤の一例である。次の各設問に答えなさい。

A

B

1. 写真Aの矢印で示す部分の名称を答えなさい。
2. 写真Aの矢印で示す部分に充てんされるガスの種類を1つ答えなさい。
3. 写真Bのような淡紅色系の着色を施さなければならない粉末消火薬剤の主成分を1つ答えなさい。ただし、規格省令において「その他防炎性を有する塩類」とされているものを除く。

【11】右の図は、消火器の内部構造の一例を示したものである。次の各設問に答えなさい。

□ 1．この消火器の矢印Aで示す容器に充てんできる内容積は、何cm^{3}以下とされているか答えなさい。

2．この消火器が、すべての火災種別に適応するものである場合の消火薬剤の主成分を答えなさい。

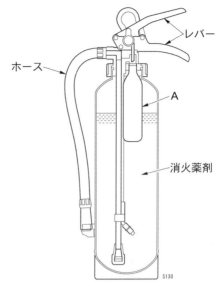

【12】下の写真は、手提げ式の消火器に取り付けられている安全栓の例を示したものである。次の各設問に答えなさい。

□ 1．安全栓を設けなければならない理由を答えなさい。

2．手提げ式の消火器のうち、安全栓を設けなくてもよいとされているものを答えなさい。

371

【13】 手提げ式の消火器には、下の写真のような部品が取り付けられているものがある。次の各設問に答えなさい。

☐ 1．この部品を取り付ける目的を答えなさい。
　 2．手提げ式の消火器のうち、この部品を取り付けなくてもよいとされている消火器はどのような構造のものか答えなさい。

【14】 下の写真は各種消火器のノズル部分を拡大して表示したものである。該当する消火器の名称をそれぞれ答えなさい。

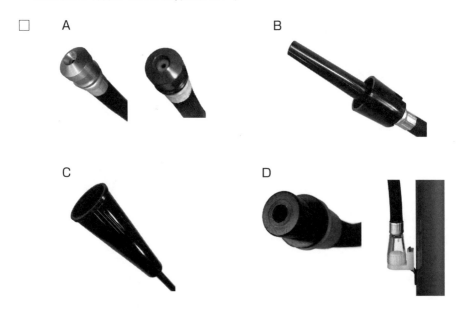

☐　A

　　B

　　C

　　D

【1】正解

1．名称：減圧孔
2．機能：消火器のキャップを緩める際に、本体容器内の残圧を排出する。

【2】正解

1．名称：減圧孔
2．二酸化炭素消火器、ハロン1301消火器

　減圧孔は、キャップを緩める際に、本体容器内の残圧を排出するためのものである。二酸化炭素消火器及びハロン1301消火器は、キャップではなく容器弁が装着されているため減圧孔はない。

【3】正解

1．A　　2．C

　写真Aは、外面に亜鉛めっきが施されていることから、容量が$100cm^3$以下のもので、高圧ガス保安法の適用を受けない。口金部には作動封板が取り付けられており、破封後は再使用できない。

　写真Bは、外面が緑色に塗装されていることから、容量は$100cm^3$を超え、高圧ガス保安法の適用を受ける。また、内部には液化した二酸化炭素が充てんされている。ガス容器の口金部に六角付きねじがねじ込まれているが、バルブ本体へ脱着する際にスパナを六角部にかけて使用する。また、口金部の六角付きねじには、内部に作動封板が取り付けられており、破封後は再使用できない。

　写真Cは、外面がねずみ色に塗装されていることから、容量は$100cm^3$を超え、高圧ガス保安法の適用を受ける。また、内部には窒素ガスが充てんされている。ガス容器の口金部に容器弁が取り付けられているため、ガスの再充てんが可能である。

【4】正解

1．二酸化炭素、窒素、二酸化炭素と窒素の混合ガス　このうちの2つ。
2．$100cm^3$以下

　写真は、作動封板付きの加圧用ガス容器である。亜鉛などのメッキが施されていることから、高圧ガス保安法が適用されない容量$100cm^3$以下のものである。

【5】正解

1. 二酸化炭素消火器、ハロン1301消火器
2. 圧力検出部（ブルドン管）
3. ウ

　　図は、指示圧力計である。Bsはbrass（黄銅）を表す。黄銅は、銅と亜鉛の合金で、真鍮（しんちゅう）と呼ばれることも多い。五円硬貨は黄銅製である。

　　ステンレス鋼…SUS　　ベリリウム銅…BeCu　　リン青銅…PB

【6】正解

1. 二酸化炭素消火器、ハロン1301消火器
2. ステンレス鋼

【7】正解

名称：粉上り防止用封板
役割：粉末薬剤がサイホン管内に流入して詰まるのを防ぐ。
　　　また、外部からの湿気の流入を防ぐ。

　　写真は、加圧式粉末消火器の内部である。

【8】正解

①…粉末薬剤の詰まり
②…サイホン管
③…ガス導入管
④…湿気の流入防止

　　写真は、加圧式粉末消火器の内部である。

【9】正解

1. イ（粉上り防止用封板）
2. 粉末薬剤がサイホン管内に流入して詰まるのを防ぐため

　　粉上り防止用封板の目的は、正解の他に、開放式では、外部からの湿気の流入を防ぐことが挙げられる。ただし、多くの加圧式粉末消火器は、開閉バルブ式を採用しており、この場合は「外部から湿気の流入を防ぐ」働きはないことになる。

【10】正解

> 1．名称：加圧用ガス容器
> 2．二酸化炭素
> 3．リン酸塩類（リン酸二水素アンモニウム）

　写真は、加圧式粉末（ABC）消火器である。写真のように本体容器の内部に取り付けられる加圧用ガス容器に充てんされるガスは、ほとんどが二酸化炭素で、液化状態となっている。また、内容積が100cm^{3}超で高圧ガス保安法の適用を受ける大容量のものには窒素ガスまたは二酸化炭素と窒素ガスの混合ガスが使われる。

　2の正解としては、「二酸化炭素」と覚えておく。

【11】正解

> 1．100cm^{3}以下
> 2．リン酸塩類（リン酸二水素アンモニウム）

　Aは、加圧用ガス容器である。図は小型の加圧式粉末消火器で、この場合、加圧用ガス容器の内容積はほとんど100cm^{3}以下とされている。内容積が100cm^{3}超の場合は高圧ガス保安法が適用される。

　普通・油・電気火災（A・B・C火災）の全てに適応する消火薬剤の主成分は、リン酸二水素アンモニウムである。

【12】正解

> 1．不時の作動を防止するため
> 2．転倒式化学泡消火器

　「第6章　15．安全栓」295P参照。

【13】正解

> 1．目的：使用済みであることが判別できるようにするため
> 2．構造：「指示圧力計のある蓄圧式のもの」、「バルブを有しないもの」のいずれか
> 　　　　1つ。

　「第6章　16．使用済みの表示」298P参照。

【14】正解

> A．強化液消火器、水消火器　いずれか1つ。
> B．機械泡消火器
> C．二酸化炭素消火器
> D．粉末消火器

　注意：実際の試験問題では、ノズル部分を撮影した写真が提示されていましたが、入手できなかったものについては、類似の写真等で代用しています。

【１】消火器の検定について、次の各設問に答えなさい。

☐　１．写真Ａ〜Ｄは、消火器の例を示したものである。検定対象機械器具等の対象となる消火剤を使用する消火器をすべて選び、記号で答えなさい。

A　　　　　　B　　　　　　C　　　　　　D

２．消火剤の検定合格表示を選び、ア〜エの記号で答えなさい。

ア　　　　　　イ　　　　　　ウ　　　　　　エ

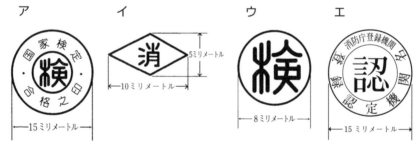

▶▶正解＆解説……………………………………………………………………………………

【１】正解

> 　１．Ａ、Ｃ、Ｄ
> 　２．ア

　１．写真Ａは指示圧力計が装着されていないことから加圧式であり、また、加圧式で小型の消火器は粉末消火器のみである。写真Ｂ・Ｃ・Ｄはノズル形状や適応火災の表示からそれぞれ　Ｂ：二酸化炭素消火器、Ｃ：機械泡消火器、Ｄ：強化液消火器に該当する。消火器用消火薬剤のうち、二酸化炭素は検定対象機械器具等の対象外である。「第１章　21．検定制度」84P参照。

2. アは検定対象機械器具等の種別「消火器用消火薬剤・泡消火薬剤」、イは自主表示対象機械器具等の種別「結合金具」、ウは検定対象機械器具等の種別「流水検知装置・一斉開放弁・住宅用防災警報器」、エは「当該消防用設備等又はこれらの部分である機械器具が当該消防用設備等又はこれらの部分である機械器具に係る設備等技術基準の全部又は一部に適合している旨の表示（規則第31条の４・消防用設備等の認定）」の印である。

10. 消火器の点検＆整備（粉末消火器）

【1】下の写真に示す消火器の内部及び機能の点検において、圧縮空気で清掃する場合、清掃すべき部位を４つ答えなさい。

☐

※ノズルは若干異なる場合があります（編集部）。

【2】右の写真は使用後の粉末消火器を示したものである。次の各設問に答えなさい。

☐　1．この消火器を分解する場合、最初に確認しなければならない事項を答えなさい。

2．設問１を確認した後、各部の清掃を行い、消火器に消火薬剤を充てんする際に注意すべき事項を２つ答えなさい。

【3】写真は「ある消火器」を示したものである。次の各設問に答えなさい。

□　1．この消火器の加圧方式について答えなさい。

　　2．この消火器の点検を行う順序について、記号ア→□→
　　　　□→□→□→□→キを並べ替えて答えなさい。

　　ア．総質量を秤量して、消火薬剤量を確認する。

　　イ．本体容器内、ホース、キャップ、ノズル、サイホン
　　　　管等を清掃する。

　　ウ．消火薬剤を他の容器に移す。

　　エ．指示圧力計の指度を確認する。

　　オ．排圧栓のあるものはそれを開き、ないものは容器を
　　　　逆さにしてバルブを開き、内圧を排出する。

　　カ．キャップ又はバルブ本体を本体容器から外す。

　　キ．各部分について確認する。

【4】下の写真は、蓄圧式の粉末消火器の点検又は整備に使用する器具の一例を示
　　したものである。この器具に使用されるガス（気体）の名称及びこの器具を使用
　　する目的を1つ答えなさい。

□

【5】消火器の点検・整備について、次の各設問に答えなさい。

□ 1．上の写真は粉末消火器の点検・整備を行う器具である。この器具でどのような点検・整備を行うか答えなさい。

2．消火器の点検・整備に際し、次のア～カの記述のうち適当でないものをすべて記号で答えなさい。

ア．粉末消火器のキャップに変形、損傷、緩み等があるものにあっては、消火薬剤の性状は点検を省略してもよいが、消火薬剤量は点検する。

イ．指示圧力計の指針が緑色範囲の下限より下がっているものは、消火薬剤量を点検する。

ウ．本体容器が著しく腐食しているもの及び錆がはく離しているものは整備した後、消火薬剤を交換する。

エ．銘板のないもの及び型式失効に伴う特例期間の過ぎたものでも、形状に異常が認められないときは、消火薬剤を交換、整備し使用する。

オ．著しい変形、損傷、老化等が見られるホースは交換する。

カ．本体容器内部に著しい腐食、防錆材料の脱落等のあるものは廃棄する。

【6】下の写真は、粉末消火器の点検及び整備を行う器具の一例である。次の各設問に答えなさい。

□ 1．これらの器具を使用して行う点検及び整備を答えなさい。

2．消火器の点検及び整備について、次のア〜カから不適当なものをすべて選び、記号で答えなさい。

ア．粉末消火器のキャップの変形、損傷、緩み等があるものにあっては、消火薬剤の性状は点検を省略できるが、消火薬剤量については点検する。

イ．指示圧力計の指針が緑色範囲の下限から下がっているものは、消火薬剤の量を点検する。

ウ．本体容器に著しい腐食があるもの及び錆がはく離しているものは、整備した後、消火薬剤を交換する。

エ．銘板のないもの及び型式失効に伴う特例期間が過ぎたものであっても、形状に異常が認められないものは、消火薬剤を交換し、整備して使用する。

オ．著しい変形、損傷、老化等が見られるホースは交換する。

カ．本体容器内面に著しい腐食があるもの及び防錆材料の脱落等のあるものは廃棄する。

▶▶正解＆解説……………………………………………………………………………

【1】正解

> ①本体容器内、②サイホン管、③キャップ（バルブ本体）、④ホース、⑤ノズル
> このうちの４つ（※ガス導入管の外側）。

　写真は、加圧式の粉末消火器である。法令（点検要領）では、上記の５つの部位を圧縮空気等で清掃するよう指示している。ガス導入管については、外側を圧縮空気で清掃する。ただし、逆流防止装置が装着されているため、内部の清掃はできない構造となっている。

【2】正解

> 1. 消火器本体内に残圧がないこと。
>   ※未使用の場合、「総質量を計量して、消火薬剤量を確認する」となるが、設問
>   では「使用後」となっているため、残圧の確認を行う。
> 2. ①メーカー指定の消火薬剤を使用する。
>   ②充てんする消火薬剤の質量を確認する。

　写真は、指示圧力計が装着されていることから、蓄圧式の粉末消火器である。

【3】正解

> 1. 蓄圧式
> 2. （ア）→ エ → オ → カ → ウ → イ →（キ）

　1. 写真の消火器は、指示圧力計が装着されていることから蓄圧式となる。

　2. 「第5章　3. 加圧方式の区分による確認の順序（例）」249P参照。

【4】正解

> 使用されるガス：窒素ガス
> 使用目的：湿気を含まない窒素ガスを使用して、清掃及び点検等を行うため。

　写真は、エアーガンと窒素ガスボンベを高圧エアホースで接続したものである。エアー
ガンには、圧力調整器を介して窒素ガスを供給する。

　粉末消火器については、圧縮空気を用いて清掃することもあるが、湿気を完全に取り
除きたい場合は、窒素ガスを使用する。

【5】＆【6】正解

> 1. 消火器の容器内外の清掃及びサイホン管の通気点検。
> 2. ア、ウ、エ、

　【5】写真は、エアーガンと窒素ガスボンベを高圧エアホースで接続したものである。
エアーガンには、圧力調整器を介して窒素ガスを供給する。

　【6】写真は左から、エアーガン、高圧エアホース、圧力調整器、窒素ガス容器本体。
「第5章　1. 消火器具の点検要領」232P参照。

　ア．粉末消火器のキャップに変形、損傷、緩み等があるものにあっては、消火薬剤の
　　　性状を点検すること。湿気が内部に入り込んでいる可能性が高い。

　イ．指示圧力計の指針が緑色範囲の下限より下がっているものは、薬剤を放射してい
　　　る可能性があるため、消火薬剤量を点検する。

　ウ．［溶接部の損傷しているもの］又は［著しい変形のあるもので機能上支障のおそ
　　　れのあるもの］、［著しく腐食しているもの及び錆がはく離するようなもの］は廃棄
　　　すること。

　エ．銘板のないもの及び型式失効に伴う特例期間の過ぎたものは、廃棄すること。た
　　　とえ形状に異常が認められないときでも、使用を続けてはならない。

【1】使用済みの消火器の整備を行うとき、本体容器の残圧に注意する必要がある。
写真の蓄圧式の強化液消火器の残圧を排出する方法として、ア～キから正しいも
のを2つ選び、記号で答えなさい。

□

ア．安全弁を緩め、徐々に排出する。

イ．減圧孔を徐々に開放して排出する。

ウ．消火器をさかさまにし、排出する

エ．消火器を静かに横にし、排出する。

オ．レバーをそっと握り、徐々に排出する。

カ．ホース取付口を取外し、そこから排出する。

キ．指示圧力計を徐々に緩め、取り外して排出する。

▶▶正解＆解説‥‥‥‥‥‥‥‥‥‥‥‥‥‥‥‥‥‥‥‥‥‥‥‥‥‥‥‥‥‥‥‥‥‥

【1】正解

> イ、ウ

　「第5章　3．加圧方式の区分による確認の順序（例）」249P、「第5章　5．蓄圧式消
火器の整備」255P 参照。

　　ア．「安全弁」は二酸化炭素消火器やハロン1301消火器、化学泡消火器に設けられ
　　　ている。

　　エ．消火器を横にすると、消火薬剤が放射されてしまう。

　　オ．蓄圧式の場合、減圧孔がある場合は減圧孔から、減圧孔がないものは消火器をさ
　　　かさまにしてレバーを徐々に握り、残圧を完全に排出する。

　　カ＆キ．ホース取付口や指示圧力計を取外したところから排出すると、危険である。

【1】 下の写真は、消火器の点検又は整備に使用する器具の一例である。圧縮ガスの充てんにこの器具を用いることができない蓄圧式の消火器を、下から2つ選び記号で答えなさい。

ア．強化液消火器 　　　オ．粉末消火器（背負式）

イ．粉末消火器 　　　　カ．ハロゲン化物消火器（ハロン 1301）

ウ．機械泡消火器 　　　キ．ハロゲン化物消火器（ハロン 2402）

エ．化学泡消火器 　　　ク．二酸化炭素消火器

【2】 下の写真（図）は、蓄圧式の消火器に蓄圧用ガスを充てんしているところを示したものである。矢印A〜Dで示す機器の名称を答えなさい。

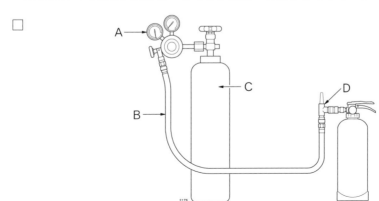

【3】図は、消火薬剤の詰め替えに使用する器具の一部を示したものである。次の各設問に答えなさい。

☐　1．この器具の名称を答えなさい。
　　2．矢印A～Dで示す各部の名称を答えなさい。

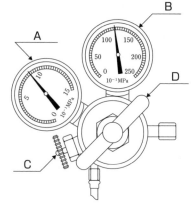

【4】下のイラストは、消火器を水に浸漬して、「ある点検」を行っているものである。次の各設問に答えなさい。

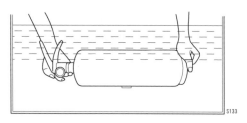

S133

☐　1．この消火器の加圧方式を答えなさい。
　　2．この点検は何を確認するために行うものか、簡素に答えなさい。

【1】正解

> カ、ク

　写真は、充圧用の窒素ガスボンベと圧力調整器、それに高圧エアホースである。蓄圧式消火器に窒素ガスを充てんする際に使用する。

エ．化学泡消火器は反応式であるため、対象から外す。蓄圧式の消火器ではない。

カ．ハロン1301は、常温常圧で気体であるが、圧縮すると無色透明な液体となり、この状態で高圧ガス容器に充てんされている。従って、圧縮ガスの充てんに窒素ガスボンベを使うことはない。

キ．ハロン2402は、比重が約2.2の蒸発性液体である。圧縮ガスの充てんに、窒素ガスボンベを使用する。

ク．二酸化炭素消火器は、液化した高圧の二酸化炭素（炭酸ガス）が充てんされている。従って、圧縮ガスの充てんに窒素ガスボンベを使うことはない。

【2】正解

> A…圧力調整器　　B…高圧エアホース
> C…窒素ガス容器　D…三方バルブ

　実際の試験では写真で出題されていたが、編集部で写真を用意することができなかったため、やむを得ず図に書き起こした。「第5章　6．蓄圧ガスの充てん」258P参照。

【3】正解

> 1．圧力調整器
> 2．A：二次側圧力計　　B：一次側圧力計
> 　　C：出口側バルブ　　D：圧力調整ハンドル

　「第5章　6．蓄圧ガスの充てん」258P参照。

【4】正解

> 1．蓄圧式
> 2．蓄圧ガスの充てん後、本体容器の気密性を確認する。

　バルブ部分やキャップなどから蓄圧されたガスが漏れていると、そこから小さな気泡が発生する。漏れのある場合は、パッキンの取替え等、不良箇所を整備して充圧後、再度気密試験を行う。「第5章　6．蓄圧ガスの充てん」258P参照。

13. 消火器の点検＆整備（加圧式粉末消火器）

【1】下の写真は、消火器（開閉バルブ式）の機器点検の一例である。A、Bそれ
ぞれについて、誤っている点を指摘し、正しい操作を答えなさい。

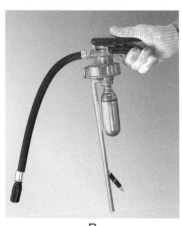

A   B

【2】下の写真は、使用後の粉末消火器を示したものである。次の各設問に答えな
さい。

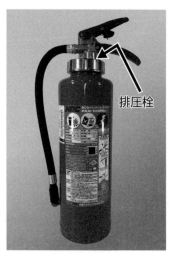

排圧栓

1. この消火器を分解する場合、最初にしなければならない事項を答えなさい。
2. 設問1の処置後、交換する加圧用ガス容器の適応性を判断する際に、注意
すべき事項を2つ答えなさい。

386

【3】下の写真は、使用後の粉末消火器の一部を示したものである。次の各設問に
答えなさい。

排圧栓

□ 1. この消火器を分解する前に、クランプ台に固定した後、最初にすべき処置
を答えなさい。

2. 次の文中の（　）に当てはまる語句を答えなさい。

「設問1の処置後、加圧用ガス容器を交換する際に、加圧用ガス容器に記載
されている［①］の種類や［②］記号で、装着部分の適合可否を確認してから、
装着する必要がある。」

【4】下の写真に示す消火器の機器点検において、消火薬剤を別容器に移すまでの
手順の一部について、A～Dに適当な語句又は文を記入しなさい。なお、消火器
には排圧栓が備えられているものとする。

《手順》
①（A）して薬剤量を確認する。
②（B）に固定する。
③排圧栓を開き、残圧があれば排出する。
④（C）。
⑤（D）を本体容器から抜き取る。
⑥消火薬剤をポリ袋等に移す。

※ノズルは若干異なる場合があります（編集部）。

▶▶正解＆解説‥‥‥‥‥‥‥‥‥‥‥‥‥‥‥‥‥‥‥‥‥‥‥‥‥‥‥‥‥‥‥‥‥‥‥

【1】正解

> A．誤っている点：サイホン管を握っているため、レバーが開いておりバルブが閉じ
> 　　　　　　　　　た状態になっている。
> 　正しい操作：レバーを握ってバルブが開いている状態にする。
> B．誤っている点：加圧用ガス容器が装着されている状態で、レバーを握っている。
> 　正しい操作：加圧用ガス容器を取り外した状態で、レバーを握る。

　写真A及びBは、加圧式の粉末消火器のバルプ部、サイホン管及びホース等である。

　写真Aは、サイホン管端部からエアーガンで圧縮空気を吹き込み、サイホン管⇒バル
ブ⇒ホース⇒ノズルの通気点検を行うとともに、内部を清掃しているものである。この
場合、レバーを握ってバルブを開けておく必要がある。

　写真Bは、レバーの操作具合を点検しているもので、安全栓のセット・解除に応じて
レバーが固定または作動しなければならない。この点検は、加圧用ガス容器を装着した
まま行ってはならない。作動封板を誤開封する危険があるため、**加圧用ガス容器を取り
外した状態でレバーを操作する**。

【2】正解

> 1．排圧栓を開いて、容器内の残圧を排出する。
> 2．①容器記号を確認する。
> 　　②ガスの種類を確認する。
> 　　　（ガスは、二酸化炭素、窒素、二酸化炭素と窒素の混合ガス、の3種類ある）
> 　　③総質量を測定して許容範囲内にあることを確認する。　このうちの2つ。

　容器記号でガスの質量やねじの種類が特定される。また、総質量はTWとしてガス容
器に刻印されており、総質量を測定することで、ガス漏れの有無を確認することができ
る。

　「第4章　4．加圧用ガス容器」191P参照。

　「第5章　1．消火器具の点検要領　■2．機器点検　◎加圧用ガス容器」237P参照。

　総質量は、TWとしてガス容器に刻印されている。

【3】正解

> 1．排圧栓を開いて、容器内の残圧を排出する。
> 2．①ガス（の種類）
> 　　②容器（記号）

【4】正解

> A．総質量を測定　　　　　　　　　　B．本体容器をクランプ台
> C．キャップスパナでキャップを緩める。　D．バルブ本体

　写真は、加圧式粉末消火器である。

388

14. 消火器の点検＆整備（化学泡の消火薬剤）

【1】機器点検において、下の写真に示す消火器の消火薬剤
をポリバケツ等に移してその性状を確認する場合、合否判
定のための確認項目を4つ答えなさい。

□

【2】下の写真と説明文は、ある消火器の消火薬剤を詰め替える手順の一部を示し
たものである。次の各設問に答えなさい。

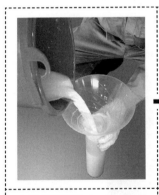  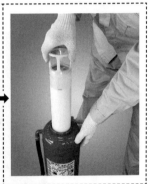

| 内筒用薬剤として炭酸水素ナトリウム（A剤：アルカリ性）を充てんする。 | 外筒用薬剤として硫酸アルミニウム（B剤：酸性）を充てんする。 | 内筒を外筒に挿入する。 |

□　1．この消火器の名称を答えなさい。
　　2．説明文の中にある誤りを指摘しなさい。また、その理由を答えなさい。

▶▶正解＆解説…………………………………………………………………………

【1】正解

> 変色、腐敗、沈澱物、汚れ、固化　このうちの4つ。

　写真は、化学泡消火器である。

　消火薬剤は、「性状」と「消火薬剤量」の2つを点検する。

　性状については、変色、腐敗、沈澱物、汚れ等がないこと。また、固化していないこと。

【2】正解

> 1．名称：化学泡消火器
>
> 2．外筒用薬剤にA剤を使用し、内筒用薬剤にB剤を使用する。
>
> 　理由：鉄製の外筒と酸性のB剤は、化学反応するため（鉄イオンとなって溶解）。
>
> 　　　　ただし、鉄とアルカリは反応しない。

15. 消火器の点検＆整備（抜取り方式）

【1】下の写真A及びBの消火器の機器点検を抜取り方式により行う場合、確認試料の作成要領について、下表の（①）～（④）に当てはまる語句又は数値を答えなさい。

A

B

□　抜取り方式による確認試料の作成要領

	消火器の区分		確認項目	
	加圧方式	対　象	放射能力を除く項目	放射能力
写真Aの消火器	（①）式	製造年から3年を経過したもの	抜取り数	抜取り数の（②）％以上
写真Bの消火器	（③）式	製造年から（④）年を経過したもの	抜取り数	抜取り数の50％以上

【2】下の写真A及びBに示す消火器の機器点検において、放射能力を確認する際の抜取り方式による確認試料の作り方について、語群から正しいものを選び記号で答えなさい。ただし、消火器はすべて製造後5年以上経過している。

A

B

語　群

ア．全数の10%以上	イ．全数の50%以上
ウ．抜取り数の10%以上	エ．抜取り数の50%以上

▶▶正解＆解説 ··

【1】正解

① …加圧　　②…50　　③…蓄圧　　④…5

「第5章　2.「消火器の内部及び機能」点検の対象」243P参照。

この問題は、次の内容を理解しておくと解くことができる。

1．粉末を除く消火器は、蓄圧式が主流となっており、加圧式は現在ほぼ製造されていない。

2．粉末を含めた蓄圧式は、対象が「製造年から5年を経過したもの」、放射性能が「抜取り数の50%以上」となっている。

3．粉末の加圧式は、対象が「製造年から3年を経過したもの」、放射性能が「抜取り数の50%以上」となっている

指示圧力計の有無により、写真Aは加圧式の粉末消火器、写真Bは蓄圧式の粉末消火器である（Bを強化液消火器としても正解に変更はない）。粉末消火器は、粉末を通すためにキャップ部の径が若干大きいという特徴がある。

【2】正解

A…ア（全数の10%以上）　　B…エ（抜取り数の50%以上）

写真Aは、化学泡消火器である。設置から1年を経過したものが点検の対象となる。点検で放射能力を除く項目は、全数の消火器が対象となる。また、放射能力の点検は、全数の10％以上が対象となる。

　写真Bは、蓄圧式の機械泡消火器である。設置から5年を経過したものが点検の対象となる。点検で放射能力を除く項目は、抜取った消火器が対象となる。また、放射能力の点検は、抜取り数の50％以上が対象となる。

■ 16. 消火器の点検＆整備（耐圧性能試験）

【1】図は消火器の機器点検を行っている状態を示している。次の各設問に答えなさい。

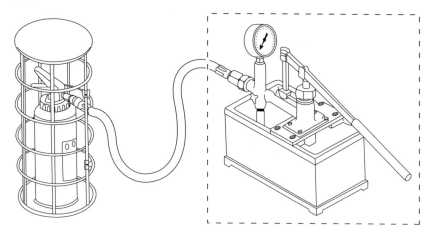

　□　1．具体的に何の点検を行っているか答えなさい。
　　　2．点線で囲まれた器具名を答えなさい。

▶▶正解＆解説……………………………………………………………………………………
【1】正解

```
1．点検：消火器の耐圧性能に関する点検
2．器具名：手動水圧ポンプ
```

　「第5章　4．消火器の整備の要点　■2．耐圧性能試験の順序（蓄圧式の場合）」252P参照。

　手動水圧ポンプのレバーを上下すると、消火器に加える水圧を昇圧させることができる。手動水圧ポンプに付いている圧力計は、加える水圧を表示する。消火器にかぶせてある保護枠は、万が一、消火器が耐圧できずに破裂した場合、周囲の安全性を確保するためのものである。

【1】下の写真は、蓄圧式消火器の指示圧力計の一例を示したものである。次の各設問に答えなさい。

☐　1．消火器の機能点検で、指示圧力計を目視により確認したところ、指針が写真で示す位置であった。指示圧力値は適正かどうか解答欄のどちらかを〇で囲みなさい。

〔　　適正　　／　　不適正　　〕

　2．この場合、確認をしなければならない点検事項を2つ答えなさい。

【2】図は、蓄圧式強化液消火器の指示圧力計を示したものである。次の各設問に答えなさい。

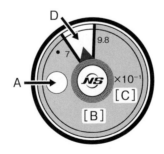

☐　1．矢印Aで示す〇の中に記載されている文字を答えなさい。

　2．圧力検出部の材質がステンレス鋼の場合、［B］に記載されている語句を答えなさい。

　3．［C］に記載されている単位を答えなさい。

　4．矢印Dで示す使用圧力の範囲は、何色で明示するか答えなさい。

【1】正解

1．「不適正」
2．①消火薬剤量の点検
　　②指示圧力計の作動点検

　写真の指示圧力計では、指針がほぼ圧力ゼロの値を示している。すでに消火薬剤が放射されているか、指示圧力計が誤表示している可能性がある。

【2】正解

1．矢印Aで示す○の中の文字：消
2．[B] の語句：SUS
3．[C] の単位：MPa
4．矢印Dで示す使用圧力の範囲の色：緑色

　「第6章　20．指示圧力計」304P参照。

【1】下の写真に示す消火器の機能点検で、下記点検票の点検項目のうち実施すべき点検項目に該当する事項で、消火器の種別欄に○印の抜けている箇所に○印の表示をしなさい。ただし、消火器は、製造年から３年を経過したものとする。

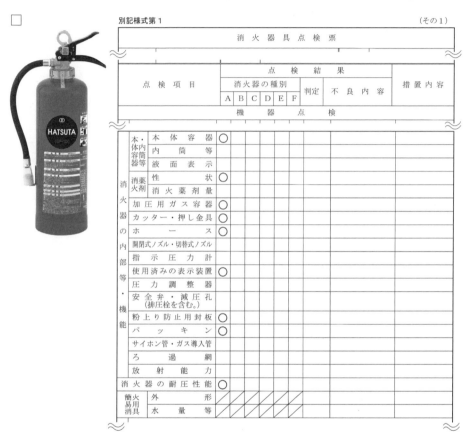

別記様式第1　（その1）

消火器具点検票

点 検 項 目		点　検　結　果									措 置 内 容
		消火器の種別						判定	不 良 内 容		
		A	B	C	D	E	F				
		機　　器　　点　　検									
本・体内容器等	本 体 容 器	○									
	内 筒 等										
	液 面 表 示										
消薬火剤	性 状	○									
	消 火 薬 剤 量										
消火器の内部等・機能	加 圧 用 ガ ス 容 器	○									
	カッター・押し金具										
	ホ ー ス	○									
	開閉式ノズル・切替式ノズル										
	指 示 圧 力 計										
	使用済みの表示装置	○									
	圧 力 調 整 器										
	安 全 弁 ・ 減 圧 孔（排圧栓を含む。）										
	粉上り防止用封板										
	パ ッ キ ン	○									
	サイホン管・ガス導入管										
	ろ 過 網										
	放 射 能 力										
消 火 器 の 耐 圧 性 能		○									
簡火易用消具	外 形	/	/	/	/	/	/				
	水 量 等	/	/	/	/	/	/				

備考　1　この用紙の大きさは、日本工業規格Ａ４とすること。

　　　2　消火器の種別欄は、該当するものについて記入すること。Ａは粉末消火器、Ｂは泡消火器、Ｃは強化液消火器、Ｄは二酸化炭素消火器、Ｅはハロゲン化物消火器、Ｆは水消火器をいう。

　　　3　判定欄は、正常の場合は○印、不良の場合は不良個数を記入し、不良内容欄にその内容を記入すること。

　　　4　選択肢のある欄は、該当事項に○印を付すこと。

　　　5　措置内容欄には、点検の際措置した内容を記入すること。

【2】下の表は、消火器具点検票の一部を抜粋したものである。蓄圧式の強化液消火器の点検の際、実施すべき点検項目すべてについて異常がなかった場合、消火器の種別Cの欄の該当箇所で○印が未記入の箇所に、○印の表示をしなさい。ただし、消火器は、製造年から5年を経過したものとする。

□

別記様式第1 (その1)

消 火 器 具 点 検 票

点 検 項 目			消火器の種別						判定	不 良 内 容	措 置 内 容
			A	B	C	D	E	F			
機 器 点 検											
消火器の内部等・機能	本・体内筒容器等	本 体 容 器			○						
		内 筒 等									
		液 面 表 示									
	消火薬剤	性　　　状									
		消 火 薬 剤 量			○						
	加 圧 用 ガ ス 容 器										
	カ ッ タ ー・押 し 金 具										
	ホ ー ス				○						
	開閉式ノズル・切替式ノズル										
	指 示 圧 力 計										
	使 用 済 み の 表 示 装 置										
	圧 力 調 整 器										
	安 全 弁・減 圧 孔（排圧栓を含む。）										
	粉 上 り 防 止 用 封 板										
	パ ッ キ ン										
	サ イ ホ ン 管・ガ ス 導 入 管				○						

S456

備考　1　この用紙の大きさは、日本産業規格A4とすること。
　　　2　消火器の種別欄は、該当するものについて記入すること。Aは粉末消火器、Bは泡消火器、Cは強化液消火器、Dは二酸化炭素消火器、Eはハロゲン化物消火器、Fは水消火器をいう。
　　　3　判定欄は、正常の場合は○印、不良の場合は不良個数を記入し、不良内容欄にその内容を記入すること。
　　　4　選択肢のある欄は、該当事項に○印を付すこと。
　　　5　措置内容欄には、点検の際措置した内容を記入すること。

【1】正解

> ○印の抜けている箇所：「消火薬剤量」「安全弁・減圧孔（排圧栓を含む。）」
> 　　　　　　　　　　　「サイホン管・ガス導入管」「放射能力」

　写真は、加圧式粉末消火器である。製造年から３年を経過しているため、「消火器の内部及び機能」点検の対象となる。「第５章　２．「消火器の内部及び機能」点検の対象」243P参照。放射能力については、抜取り数の50％以上の消火器を対象に、実際に放射して点検する。

【2】正解

> ○印の抜けている箇所：「消火薬剤の性状」「開閉式ノズル・切替式ノズル」「指示圧力計」
> 　　　　　　　　　　　「安全弁・減圧孔（排圧栓を含む。）」「パッキン」

　「カッター」は、加圧用ガス容器の作動封板を破るためのものである。また、「押し金具」は、大型消火器の加圧用ガス容器の作動封板を破るためのものである。いずれも加圧用消火器に使用されるが、「押し金具」は現在ではほとんど使用されていない。ハンドル車式の容器弁が主流となっている。

　「開閉式ノズル・切替式ノズル」は大型消火器等のホース先端に取り付けられているもので、「開閉式ノズル」は開閉することで消火剤を放射・停止することができ、「切替式ノズル」は消火剤を棒状放射又は噴霧放射に切り替えることができる。

　「使用済みの表示装置」は、手提げ式であって加圧式粉末消火器に装着しなければならない。ただし、指示圧力計のある蓄圧式は、圧力計で使用の有無が判別できるため、装着しなくてもよいことになっている。「第６章　16. 使用済みの表示」298P参照。従って、「使用済みの表示装置」の欄に○印を付けてはならない。また、該当しない点検項目等は、一般に斜線（／）を書き込むが、設問ではその旨の指示がないため、斜線を書き込んではならない。

　蓄圧式消火器は、一般にキャップ側面に「減圧孔」が装着されている。なお、排圧栓は加圧式粉末消火器で残圧を排出するためのもので、一般にキャップ上部に取り付けられている。

【1】下の写真は、粉末消火器に粉末消火剤を充てんしている主なものである。次の各設問に答えなさい。[★]

A．加圧用ガス容器を取り付ける。

B．薬剤を徐々に注入する。

C．本体容器を固定し、キャップを締める。

ア

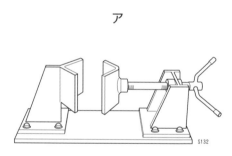

□　1．写真A〜Cの中で、使用されている器具又は工具の名称をそれぞれ答えなさい。

　　2．写真Cで本体容器を固定する際に用いる図アの器具の名称を答えなさい。

398

【2】機器点検の際、下の写真に示す消火器の分解に使用する工具又は器具の名称
を2つ答えなさい。

☐

排圧栓

【3】下の写真に示す消火器について、次の各設問に答えなさい。

☐　1．この消火器の機器点検で、キャップを開閉するときに使用する器具又は工
具を答えなさい。

　　2．キャップを開けるときに取るべき処置を答えなさい。

【4】 写真及び図ア〜クは、点検器具の一例を示したものである。蓄圧式消火器（高圧ガス式を除く。）の耐圧性能を確認する点検を行うときに必要なものをすべて選び、記号で答えなさい。

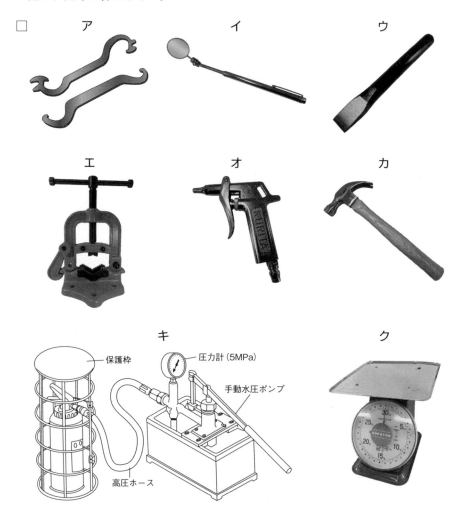

ア

イ

ウ

エ

オ

カ

キ

保護枠

圧力計（5MPa）

手動水圧ポンプ

高圧ホース

ク

▶▶正解＆解説‥‥‥‥‥‥‥‥‥‥‥‥‥‥‥‥‥‥‥‥‥‥‥‥‥‥‥‥‥‥‥‥‥‥‥‥

【1】正解

> 1．A：プライヤー　　B：漏斗（ろうと）　　C：キャップスパナ
> 2．クランプ台

写真A：プライヤーで加圧用ガス容器を回しながら取り付ける。

写真B：漏斗を消火器に挿入してから、粉末消火薬剤を注入する。

写真C：縦型のクランプ台に消火器を固定し、キャップスパナでキャップを締め込む。

【2】正解

> ドライバー、クランプ台、キャップスパナ、プライヤー　　このうちの2つ。

写真は、加圧式粉末消火器（排圧栓付き）である。分解に際し、ドライバー、クランプ台、キャップスパナ、プライヤーの各工具又は器具を使用する。

【3】正解

> 1．キャップスパナとクランプ台
> 2．内部の圧力をあらかじめ排出しておく。

写真は、蓄圧式粉末消火器（または蓄圧式強化液消火器）である。蓄圧式の消火器は、キャップを開ける前に内部の圧力をあらかじめ排出しておく。また、使用済みのものであっても、内部に圧力が残っている場合があるため、同様に排出する。

【4】正解

> ア（キャップスパナ）　　イ（反射鏡）
> オ（エアーガン）　　キ（耐圧用水圧試験機）

蓄圧式消火器の耐圧性能を確認する点検については、「第5章　4．消火器の整備の要点　■2．耐圧性能試験の順序（蓄圧式の場合）」252P参照。また、下記の ③・⑤ …等の数字は252に記載している手順の番号を示す。

ア．キャップスパナは、キャップを外す際に使用する。‥‥‥‥‥‥‥‥‥‥ ③

イ．反射鏡は、本体容器内面に腐食又は防錆材料の脱落等がないか確認する際に使用する。‥‥‥‥‥‥‥‥‥‥‥‥‥‥‥‥‥‥‥‥‥‥‥‥‥‥‥‥‥ ⑤

ウ．平タガネ。タガネは金属材料のはつり及び切断に用いる。キャップの開閉には、所定のキャップスパナを用い、ハンマーで叩いたり、タガネをあてたりしないこと。

　「第5章　1．消火器具の点検要領　■1．一般的留意事項」232P参照。

エ．パイプバイス。パイプを固定するための工具である。

オ．エアーガンは、エアーブロー等で本体容器の内外を清掃する際や、水分を除去する際に使用する。‥‥‥‥‥‥‥‥‥‥‥‥‥‥‥‥‥‥‥‥‥‥‥ ⑤・⑬

カ．釘抜き付きハンマー。

キ．耐圧用水圧試験機‥‥‥‥‥‥‥‥‥‥‥‥‥‥‥‥‥‥‥‥ ⑨・⑩・⑪

ク．はかり。消火器の機器点検や整備時に、消火薬剤量の質量の確認が必要な場合は、
　　はかりで測定する。

●主な工具又は器具

◎プライヤー…バルブ本体に加圧用ガス容器を脱着するときに使用する。

◎キャップスパナ…キャップを緩めたり、締め込むときに使用する。

◎クランプ台…消火器本体を固定するときに使用する。

◎スパナ…ねじの六角部にかけて使用する。具体的には、ホースや加圧用ガス容器（六
　　角部付き）、圧力調整器などの脱着時に、ねじを緩めたり締め込む。

◎漏斗…消火薬剤を消火器の本体容器に注入するとき、漏斗を本体容器に挿入して使用
　　する。消火薬剤がこぼれるのを防止する。

◎標準圧力計…蓄圧式消火器の圧力を測定したり、指示圧力計の精度を確認するときに
　　使用する。

◎エアーガン…消火器において、内外の消火薬剤やゴミ等を吹き飛ばして清掃する。ま
　　た、サイホン管の通気点検にも使用する。湿気を完全に取り除きたい場合は、窒素
　　ガスを使用する。

◎接手金具（継手金具）…消火器のホース接続部にねじ込む。消火器に蓄圧用の圧縮ガ
　　スを充てんしたり、耐圧試験をするときに使用する。

◎反射鏡…消火器本体の内部における腐食の有無や塗装の状態を点検するときに使用す
　　る。

◎圧力調整器…窒素ガスボンベから蓄圧式消火器に窒素ガスを充てんするとき、適正な
　　圧力に減圧調整する器具である。窒素ガスボンベ側の圧力を表示する一次側圧力計、
　　調整後の供給圧力を表示する二次側圧力計、二次側ガスの出口バルブ及び二次側の
　　圧力を調整する圧力調整ハンドルなどから構成されている。

◎ドライバー…排圧栓を開けるときに使用する。

▲プライヤー

▲キャップスパナ（小）

▲クランプ台（横型）

▲スパナ

▲漏斗

▲標準圧力計

▲エアーガン

▲接手（継手）金具

▲反射鏡

▲圧力調整器

索　引

407

書籍の訂正について

本書の記載内容について正誤が発生した場合は、弊社ホームページに
正誤情報を掲載しています。

株式会社公論出版 ホームページ
書籍サポート/訂正
URL：https://kouronpub.com/book_correction.html

本書籍に関するお問い合わせ

メール ✉	お問合せフォーム	FAX 📠	03-3837-5740

必要事項
・お客様の氏名とフリガナ
・FAX番号（FAXの場合のみ）
・書籍名　・該当ページ数　・問合せ内容

※お問い合わせは、**本書の内容に限ります**。下記のようなご質問にはお答えできません。

例・実際に出た試験問題について　　　・書籍の内容を大きく超える質問
　・個人指導に相当するような質問　　・旧年版の書籍に関する質問　等

また、回答までにお時間をいただく場合がございます。ご了承ください。
なお、**電話でのお問い合わせは受け付けておりません。**

消防設備士第6類　令和6年版

■発行所　株式会社 公論出版
　　　　　〒110-0005
　　　　　東京都台東区上野3-1-8
　　　　　TEL. 03-3837-5731
　　　　　FAX. 03-3837-5740

■定価　2,750円　■送料　300円（共に税込）

■発行日　令和6年4月15日　初版

ISBN978-4-86275-279-6